中南民族大学中央高校基本科研业务费专项资金资助
（CSQ19010，CSQ23018）

韧性视域下
项目进度风险应对策略

别黎 著

PROJECT SCHEDULE
RISK

Project Schedule Risk Response Strategies
from the Perspective of Resilience

中国社会科学出版社

图书在版编目（CIP）数据

韧性视域下项目进度风险应对策略 / 别黎著.
北京：中国社会科学出版社，2024. 6. -- ISBN 978-7
-5227-3962-5

Ⅰ．F224.5

中国国家版本馆 CIP 数据核字第 2024VE1310 号

出 版 人	赵剑英
责任编辑	刘晓红
责任校对	阎红蕾
责任印制	戴　宽

出　　版	中国社会科学出版社
社　　址	北京鼓楼西大街甲 158 号
邮　　编	100720
网　　址	http://www.csspw.cn
发 行 部	010-84083685
门 市 部	010-84029450
经　　销	新华书店及其他书店
印　　刷	北京君升印刷有限公司
装　　订	廊坊市广阳区广增装订厂
版　　次	2024 年 6 月第 1 版
印　　次	2024 年 6 月第 1 次印刷
开　　本	710×1000　1/16
印　　张	14.75
字　　数	222 千字
定　　价	86.00 元

凡购买中国社会科学出版社图书，如有质量问题请与本社营销中心联系调换
电话：010-84083683
版权所有　侵权必究

前　言

　　党的二十大报告指出，近十年来，中国提出并贯彻新发展理念，着力推进高质量发展，推动构建新发展格局。建成世界最大的高速铁路网、高速公路网，机场港口、水利、能源、信息等基础设施建设取得重大成就。随着5G、云计算、大数据、人工智能和量子计算等新一代数字技术的发展，作为数字产业化和产业数字化的基础设施，将给产业升级带来更大的空间，是国家正大力加快实施的新基建的主要对象。为此，国家"十四五"规划提出不仅要加快布局建设信息基础设施、融合基础设施、创新基础设施等新型基础设施，还要进一步加强交通、能源、水利等传统基础设施的建设和数字化改造升级。相关数据显示，2023年新基建投资或达2.6万亿元至3万亿元，预计"十四五"时期，新基建投资规模将超过15万亿元，是基建整体投资增速和地方经济转型升级的重要组成部分。大规模基础设施项目的建设，短期内可以促进投资、稳住国家经济大盘，长期内可以为未来经济高质量发展提供超前性的动力支撑。

　　面对百年未有之大变局，当前项目建设环境充满各种易变性、不确定性、复杂性和模糊性（VUCA）。项目不同阶段出现的变化经常呈现跳跃性和震荡性，突发事件、资源紧缺、信息爆炸等各种问题随时出现，给项目组织带来了很大的管控风险。在此背景下，基础设施项目的按期交付极具挑战。进度不仅是项目管理和交付的主要目标之一，也决定着项目能否成功并获得预期收益。项目延期会进一步引发项目安全以及公众争议等一系列社会问题。项目进度管理成为项目组织和政府部门关注的焦点。

　　项目进度风险管理是对影响进度的复杂不确定性的管理，是VU-

CA背景下基础设施项目进度管理的核心内容。基建项目的大规模和一次性等特征，导致历史数据的参考价值大打折扣；基建项目的复杂性使其受不确定性因素的影响更为显著，也更难以预测。即使制订了完备的进度风险计划，也无法有效应对项目建设中出现的各类突发事件。项目组织在应对扰动冲击时的快速响应和及时调整价值进一步凸显，如何建立和提升这些能力是项目进度风险应对的关键。

韧性（Resilience）是指系统在受到破坏或干扰后仍保持系统功能的能力，它首次出现在生态学领域，当前已拓展至物理、信息、认知和社会等领域，成为工程项目管理中的热点。韧性管理是指探讨一个系统在扰动发生之前、期间和之后如何运作的过程，并在过程中增强计划与准备、吸收、恢复和适应不利事件的韧性能力，强调帮助目标系统尽快、高效地恢复全部功能，注重目标系统的灵活性和适应性。在风险类型上，更关注"黑天鹅"事件，即难以预测，但突然发生时会引起连锁反应、带来巨大负面影响的小概率事件。在扰动发生之前，管理者要基于潜在威胁的预测建立一个尽可能全面地应对各种突发情形的管理方案；在扰动期间，基于自身绩效与环境监控注重提高快速反应能力；在扰动发生之后，能容忍"试错"的代价，强调能根据监控反馈结果及时调整应对方案，关注恢复全部功能所需的时间和所投入的资源。增强韧性成为应对各种不确定性的有效手段。

本书正是从这一实际出发，以提升复杂不确定性扰动下基建项目进度风险管理绩效为目标，从韧性视域下提出了项目进度风险应对策略。全书共分九章：第一章和第二章主要介绍了项目进度风险应对的研究概况和基础理论。第三章至第八章从扰动发生的不同阶段分别介绍了项目进度风险应对策略。其中，第三章和第四章探讨了单项目和多项目环境下进度风险应对计划中的缓冲配置策略，第五章提出了扰动发生期间基于动态缓冲管理的项目进度风险监控策略，第六章和第七章主要针对扰动发生之后且项目出现进度失控的情况提出了项目进度风险响应策略，第八章分析了贯穿扰动各阶段的项目进度风险应对中的组织学习策略，第九章对全书内容进行了总结并提出了下一步的研究方向。本书所提出的一系列应对策略，进一步发展并完善了不确定环境下项目进度管理理论，进一步丰富了工程项目韧性管理理论与方法。当然，笔者对该方向的思考和研究还存在不少盲点，书中难免出现错漏之处，恳请专家学者和读者朋友批评指正。

本书基于多年研究及其成果撰写而成，得到了中南民族大学、中南民族大学管理学院、中国社会科学出版社的大力支持。在书稿完成之际，笔者对崔南方教授、冷凯君教授、赵宝春教授、张劲松教授、翟华云教授、王翠波副教授、田文迪副教授、赵雁博士等专家学者表示衷心的感谢，感谢他们对选题、内容体系策划提出的宝贵意见和建议。还要感谢董昕源、黄永思、石春玉、韦丽鸿、钟艳琼等同学在本书资料收集和整理过程中付出的努力。

本书系中南民族大学中央高校基本科研业务费专项资金项目（CSQ23018）的研究成果，受到国家民委人文社会科学重点研究基地民族地区数字化发展与治理研究中心、中南民族大学校级学术团队（数据科学与管理决策）等单位资助。

目 录

第一章 绪论 ……………………………………………………… 1

第一节 项目进度风险管理的研究概况 …………………………… 1
第二节 项目进度风险管理的主要内容 …………………………… 14
第三节 项目进度风险管理的重要意义 …………………………… 22
第四节 本书的研究特色与结构安排 ……………………………… 24

第二章 项目进度风险应对的理论与方法 ……………………… 28

第一节 项目风险应对 ……………………………………………… 28
第二节 韧性理论 …………………………………………………… 37
第三节 关键链缓冲管理法 ………………………………………… 50

第三章 项目进度风险应对计划中的缓冲配置策略 …………… 67

第一节 扰动发生之前的项目进度风险应对计划 ………………… 67
第二节 不确定性因素扰动下项目任务相关性 …………………… 71
第三节 任务相关性影响项目进度风险的量化分析 ……………… 74
第四节 考虑任务相关性的项目缓冲配置策略 …………………… 80
第五节 缓冲配置策略的计算实验及结果分析 …………………… 86
第六节 本章小结 …………………………………………………… 91

第四章 多项目进度风险应对计划中的缓冲配置策略 ………… 92

第一节 应对多项目进度风险的能力约束缓冲 …………………… 92
第二节 能力约束缓冲配置的影响因素分析 ……………………… 96

第三节　集中式能力约束缓冲配置策略 ………………… 99
　　第四节　分散式能力约束缓冲配置策略 ………………… 103
　　第五节　两种策略的比较实验及结果分析 ……………… 106
　　第六节　本章小结 ………………………………………… 114

第五章　基于动态缓冲管理的项目进度风险监控策略 ……… 115
　　第一节　项目进度风险监控概述 ………………………… 115
　　第二节　扰动发生期间项目进度风险的动态监控 ……… 118
　　第三节　基于动态缓冲管理的项目进度风险监控模型 … 120
　　第四节　考虑任务相关性的动态缓冲监控模型 ………… 125
　　第五节　计算实验及结果分析 …………………………… 131
　　第六节　本章小结 ………………………………………… 137

第六章　考虑任务灵敏度的项目进度风险响应策略 ………… 139
　　第一节　任务灵敏度的含义及计算 ……………………… 139
　　第二节　基于任务灵敏度的进度控制 …………………… 141
　　第三节　集成任务关联度信息的动态缓冲控制模型及
　　　　　　响应策略 ………………………………………… 144
　　第四节　计算实验及结果分析 …………………………… 150
　　第五节　本章小结 ………………………………………… 160

第七章　控制预算限制下的项目进度风险响应策略 ………… 162
　　第一节　项目进度风险控制预算 ………………………… 162
　　第二节　关键链计划中的任务相关性建模 ……………… 164
　　第三节　考虑任务相关性的行动阈值与预算分配 ……… 167
　　第四节　考虑控制预算限制的项目进度风险响应
　　　　　　框架与策略 ……………………………………… 172
　　第五节　四种策略的比较实验与结果分析 ……………… 176
　　第六节　本章小结 ………………………………………… 184

第八章 项目进度风险应对中的组织学习策略 ………… 185

第一节 项目组织学习概述 ………………………… 185
第二节 项目组织学习对韧性的驱动价值 ………… 188
第三节 项目组织学习的基本过程 ………………… 189
第四节 项目扰动冲击下的组织学习策略 ………… 191
第五节 基于数字技术的项目组织学习及风险
应对框架 ……………………………………… 196
第六节 本章小结 …………………………………… 202

第九章 研究总结与展望 …………………………………… 204

第一节 研究总结 …………………………………… 204
第二节 研究展望 …………………………………… 207

参考文献 …………………………………………………… 209

第一章

绪 论

项目进度风险管理是在复杂不确定性环境下识别、分析、评价和应对项目进度风险，确保项目按期完工，实现项目预期经济与社会价值的主要手段。由于当前"黑天鹅"事件[①]频发，应对各类突发事件扰动的系统快速响应能力和及时调整能力成为项目进度风险管理的重点。

第一节 项目进度风险管理的研究概况

有效的项目进度风险应对策略需针对项目的特点，在对进度风险进行充分分析与评估的基础上，于项目计划阶段制订风险应对计划，在项目执行阶段动态监控风险水平并根据结果迅速实施应对策略，从而有效恢复项目进度，实现按期完工目标。基建项目的结构复杂性、不确定性和各种约束条件是制定进度风险策略必须考虑的要素，各种进度风险分析与评估的工具与方法是制定进度风险策略的定量分析基础，对项目进度风险进行动态评估是决定采取何种应对策略的判断依据。据此，对本书前期相关研究成果从项目任务特征分析、项

---

① "黑天鹅"事件（Black Swan Event）是指难以预测，但突然发生时会引起连锁反应、带来巨大负面影响的小概率事件。它存在于自然、经济、政治等各个领域，虽然属于偶然事件，但如果处理不当就会导致系统性风险，产生严重后果。此外，"灰犀牛"事件通常与"黑天鹅"事件进行互补说明，表示明显的、高概率的却又屡屡被人忽视、最终有可能酿成大危机的事件。

目进度风险分析与评估方法以及项目进度风险应对策略三个方面进行综述。

一 项目任务特征分析研究

（一）进度风险的任务相关性分析

在不确定性环境下，项目任务常受到各种外部风险因素的同时或先后影响，使这些任务的工期并不是独立的，而是具有统计上的相关性。① 这种由风险因素驱动的相关性连同网络结构复杂性和任务自身变动性一起被认作影响项目完工期的三大关键因素。② 受此影响的任务工期倾向于一起变化，且变坏可能性要高于变好可能性。在项目进度风险管理中，考虑这种相关性的影响有利于进一步设定合同奖惩的时间条款以及设置应急储备；而忽视这种相关性的影响会导致对项目实际风险的低估，进而形成系统性偏差。③④

为了进一步分析和评价因素驱动相关性的影响，学者提出了相关性建模方法，用其量化相关性参数并构建出相关系数矩阵，然后使用PERT和Monte Carlo模拟技术来评价其对项目进度风险造成的影响。⑤ 目前，相关性建模方法分为两类：一类是关联型建模（correlation-driven modeling），另一类是辅助因子建模（additive factors modeling）。关联型建模是在单变量分布函数基础上评估所有相关变量两两间的相关性，并使用解析法和设计结构矩阵等直接构建出具有数学一

---

① Van Dorp Rene and Duffey M. R., "Statistical Dependence in Risk Analysis for Project Networks using Monte Carlo Methods", *International Journal of Production Economics*, Vol. 58, No. 1, 1999, pp. 17-29.

② Schonberger R. J., "Why Projects are 'Always' Late: A Rationale Based on Manual Simulation of a PERT/CPM Network", *Interfaces*, Vol. 11, No. 5, 1981, pp. 66-70.

③ Van Dorp J. Rene, "A Dependent Project Evaluation and Review Technique: A Bayesian Network Approach", *European Journal of Operational Research*, Vol. 280, No. 2, 2020, pp. 689-706.

④ Kim Byung-Cheol, "Multi-factor Dependence Modeling with Specified Marginals and Structured Association in Large-scale Project Risk Assessment", *European Journal of Operational Research*, Vol. 296, No. 2, 2022, pp. 679-695.

⑤ Touran A. and Wiser E. D., "Monte Carlo Technique with Correlated Random Variables", *Journal of Construction Engineering and Management*, Vol. 118, No. 2, 1992, pp. 258-272.

致性的相关系数矩阵。①② 此方法优点在于数学上的严谨性，但在大规模项目应用中存在以下不足：①矩阵维度以及相关系数个数会随任务数增加而大量增加，极大增加估计工作量；②获取用于估计相关系数的大量样本极具挑战性；③高维度矩阵在数学一致性的验证上存在难度。③ 与之不同的是，辅助因子建模采用多元统计学中的变量变换技术，将风险因素作为辅助变量引入模型以替代对所有相关系数的估计。项目管理人员通过专家判断或者历史数据分析可较为容易地识别并量化这些辅助因素。④⑤ 这种辅助因子建模由于在相关性参数估计上的便捷性和较低工作量，被广泛应用于复杂环境下项目任务相关性分析。Van Dorp 和 Duffey⑥ 在单风险因素影响条件下建立了因素驱动相关性模型，通过构建单风险因素和每个受影响任务间的二维变量联合分布函数来量化这种正相关关系。Van Dorp⑦ 进一步将方法拓展到了多风险因素环境，使用 Monte Carlo 模拟去分析任务间相关性对项目工期的影响。Wang 和 Demsetz⑧ 基于辅助风险因素和定性灵敏度评价提出了一个层次相关性模型。这些任务相关性的研究主要聚焦于项目

---

① Garvey P. R., et al., *Probability Methods for Cost Uncertainty Analysis: A Systems Engineering Perspective*, CRC Press, 2016.

② 杨青等：《基于设计结构矩阵（DSM）的复杂研发项目建模与优化研究进展》，《系统工程理论与实践》2016 年第 4 期。

③ Werner Christoph, et al., "Expert Judgment for Dependence in Probabilistic Modeling: A Systematic Literature Review and Future Research Directions", *European Journal of Operational Research*, Vol. 258, No. 3, 2017, pp. 801-819.

④ Williams T. M., "The Contribution of Mathematical Modeling to the Practice of Project Management", *IMA Journal of Management Mathematics*, Vol. 14, No. 1, 2003, pp. 3-30.

⑤ Mo Junwen, et al., "State of the Art of Correlation-based Models of Project Scheduling Networks", *IEEE Transaction on Engineering Management*, Vol. 55, No. 2, 2008, pp. 349-358.

⑥ Van Dorp J. Rene and Duffey M. R., "Statistical Dependence in Risk Analysis for Project Networks using Monte Carlo Methods", *International Journal of Production Economics*, Vol. 58, No. 1, 1999, pp. 17-29.

⑦ Van Dorp J. Rene, "Statistical Dependence through Common Risk Factors: With Applications in Uncertainty Analysis", *European Journal of Operational Research*, Vol. 161, No. 1, 2005, pp. 240-255.

⑧ Wang Wei-Chih and Demsetz A. Laura, "Model for Evaluating Networks under Correlated Uncertainty-NETCOR", *Journal of Construction Engineering and Management*, Vol. 126, No. 6, 2000, pp. 458-466.

计划阶段的进度风险分析,其对项目进度风险应对策略的影响有待探讨。

(二) 任务灵敏度分析

为在项目实施前分析对项目进度产生最大影响的关键任务,学者提出了进度风险分析(Schedule Risk Analysis,SRA)法。SRA 法通过衡量项目任务的工期灵敏度来度量任务进度风险,高于某一界限值的任务被认为具有高风险,在项目执行过程中需重点监控,一旦发生延迟立即采取相应的对策,从而追踪并管理项目进度绩效。

SRA 法提出了各种衡量任务进度风险的灵敏度指标(sensitivity metrics),以反映网络中某一任务的相对重要性和对整个项目工期的影响程度。最早,Van Slyke[1]提出了关键度指数(Criticality Index,CI),以反映任务落入最长路径的概率,将 CI 高的活动作为管理的重点。Williams[2]提出了任务重要度指标(Significance Index,SI),以表示各项任务对项目完工期的重要程度;他还提出了任务关联度指标(Cruciality Index,CRI),来反映任务工期与项目完工期之间的相关性。CRI 衡量了各个活动的不确定程度占项目工期不确定性的比例,所以通过 CRI 可以表示各个活动的不确定性对项目工期不确定性的影响程度。Cho 和 Yum[3]认为 CRI 指标反映出活动工期与项目工期之间处于线性关系,而实际中大多为非线性关系,于是提出了活动不确定性重要程度法(Uncertainty Importance Measure)以衡量活动工期变动对整个项目工期变动的影响。Elmaghraby 等[4]研究了活动工期均值的变化对项目完工期变动的影响,结果显示随活动工期均值的增加,项目完工期的均值随之增加,而项目完工期的方差可能增加也可能减

---

[1] Van Slyke M. Richard, "Monte Carlo Methods and the PERT Problem", *Operations Research*, Vol. 11, No. 5, 1963, pp. 839–860.

[2] Williams T. Mervyn, "Criticality in Stochastic Networks", *Journal of the Operational Research Society*, Vol. 43, No. 4, 1992, pp. 353–357.

[3] Cho J. and Yum B., "An Uncertainty Importance Measure of Activities in PERT Networks", *International Journal of Production Research*, Vol. 35, No. 10, 1997, pp. 2737–2758.

[4] Elmaghraby S. E., et al., "On the Sensitivity of Project Variability to Activity Mean Duration", *International Journal of Production Economics*, Vol. 62, No. 3, 1999, pp. 219–232.

小。Vanhoucke[①]认为 PMBoK 中的进度灵敏度指数（Schedule Sensitivity Index，SSI）将关键度指数与任务工期变动的相对重要性结合，综合分析进度风险问题。为进一步准确衡量不确定环境下任务工期变动对整个项目工期变动的影响程度，Madadi 和 Iranmanesh[②]综合任务敏感信息和项目网络结构特征提出了衡量管理负荷的指标（Management-Oriented Index，MOI），以缩短项目工期及减少其变化性。Ballesteros-Pérez 等[③]进一步改进 SSI 和 MOI，根据任务松弛度信息提出了关键度—松弛度—敏感度（Criticality-Slack-Sensitivity，CSS）的综合指标。

二 项目进度风险分析与评估方法研究

（一）项目进度风险分析与评估方法

项目进度风险分析方法可以分为三类：不确定性网络方法、基于风险的方法和基于相关风险的方法。

不确定性网络方法以关键路径方法（CPM）或平衡线（LOB）为基础，采用随机网络技术捕获施工进度的风险或不确定性。例如，用于分析任务工期的期望值和方差的计划评审技术（PERT）、随机网络评估技术（PNET）和狭义可靠性边界（NRB）等方法，以及用于分析任务工期概率分布的蒙特卡罗模拟法（MCS）。Zhong 和 Zhang[④]使用 PERT 计算非关键路径的浮动时间以应对基础设施项目的进度风险。PNET 法以 PERT 为基础，利用平均工期和网络路径之间的相关

[①] Vanhoucke Mario, "Using Activity Sensitivity and Network Topology Information to Monitor Project Time Performance", *Omega-International Journal of Management Science*, Vol. 38, No. 5, 2010, pp. 359-370.

[②] Madadi M. and Iranmanesh H., "A Management Oriented Approach to Reduce a Project Duration and its Risk (variability)", *European Journal of Operational Research*, Vol. 219, No. 3, 2012, pp. 751-761.

[③] Ballesteros-Pérez Pablo, et al., "Performance Comparison of Activity Sensitivity Metrics in Schedule Risk Analysis", *Automation in Construction*, Vol. 106, 2019, p. 102906.

[④] Zhong Denghua and Zhang Jianshe, "New Method for Calculating Path Float in Program Evaluation and Review Technique (PERT)", *Journal of Construction Engineering and Management*, Vol. 129, No. 5, 2003, pp. 501-506.

性生成一组具有代表性的路径并获得其工期的概率分布,而 Guo 等[1]采用 PNET 法分析了道路路面项目的进度风险。Dawood[2] 利用 NRB 法确定上下界的概率,从而预测基础设施建设进度失败的可能性。此外,Choudhry 等[3]提出 MCS 来模拟和评估各种风险对基础设施项目进度的影响。这些方法未考虑风险相关性的影响。

基于风险的方法一般采用模拟技术将风险后果集成到项目进度计划与管理中,如项目时间预测[4]、因素模拟法[5]、社会网络分析法[6]。此外,学者还提出了根据已完工项目知识并利用 AI 或者专家判断来估计未完工项目进度的方法,如评判性风险分析过程[7]。这些方法仅分析了风险导致的任务工期之间的相互依赖关系。

基于相关风险的方法则主要解决风险之间的相互依赖性问题。Okmen 和 Oztas[8] 提出的相关进度风险分析模型以及 Wang 和 Yuan[9] 提

---

[1] Guo L., et al., "Risk Analysis in Construction Networks using a Modified Stochastic Assignment Model", *Civil Engineering and Environmental Systems*, Vol. 18, No. 3, 2001, pp. 215-241.

[2] Dawood Nashwan, "Estimating Project and Activity Duration: A Risk Management Approach using Network Analysis", *Construction Management and Economics*, Vol. 16, No. 1, 1998, pp. 41-48.

[3] Choudhry M. Rafiq, et al., "Cost and Schedule Risk Analysis of Bridge Construction in Pakistan: Establishing Risk Guidelines", *Journal of Construction Engineering and Management*, Vol. 140, No. 7, 2014, p. 04014020.

[4] Ahuaja Hira and Nandakumar, "Simulation Model to Forecast Project Completion Time", *Journal of Construction Engineering and Management*, Vol. 111, 1985, pp. 325-342.

[5] Woolery J. C. and Crandall K. C., "Stochastic Network Model for Planning Scheduling", *ASCE Journal of Construction Engineering and Management*, Vol. 109, No. 3, 1983, pp. 342-354.

[6] Li Clyde Zhengdao, et al., "Schedule Risks in Prefabrication Housing Production in Hong Kong: a Social Network Analysis", *Journal of Cleaner Production*, Vol. 134, 2016, pp. 482-494.

[7] Oztas Ahmet and Okmen Oender, "Judgmental Risk Analysis Process Development in Construction Projects", *Building and Environment*, Vol. 40, No. 9, 2005, pp. 1244-1254.

[8] Okmen Onder and Oztas Ahmet, "Construction Project Network Evaluation with Correlated Schedule Risk Analysis Model", *Journal of Construction Engineering and Management*, Vol. 134, No. 1, 2008, pp. 49-63.

[9] Wang Jiayuan and Yuan Hongping, "System Dynamics Approach for Investigating the Risk Effects on Schedule Delay in Infrastructure Projects", *Journal of Management in Engineering*, Vol. 33, No. 1, 2016, p. 04016029.

出的系统动力学方法分析了风险之间的相互依赖性对基础设施项目进度的影响。曹吉鸣等[1]结合事件链作用机理和风险关联提出了风险链的概念，并将风险链属性集成到项目进度计划中进行蒙特卡罗仿真分析，从而有效评估项目进度风险。Liu 等[2]和 Eybpoosh 等[3]基于结构方程模型研究了建设项目风险之间的因果关系，但没有特定于进度风险方面。

（二）进度风险分析与评估中的贝叶斯网络

网络理论关注复杂网络中元素之间的相互依赖关系，通过分析元素之间依赖的结构和模式确定其产生的原因与效应。[4] 基于网络理论的分析方法常用于定量分析网络元素之间的相关性，[5] 目前已被应用于基建项目中的风险分析，以识别关键风险和这些风险对施工进度的影响。[6] 其中，贝叶斯网络（Bayesian Network，BN）是一种常用的进度风险分析方法。BN 把图论和概率论相结合，使用概率论来处理各变量之间因条件相关而产生的不确定性，其目的是通过现有数据和先

---

[1] 曹吉鸣等：《风险链视角下建设项目进度风险评估》，《同济大学学报》（自然科学版）2015 年第 3 期。

[2] Liu Junying, et al., "Risk Paths in International Construction Projects: Case Study from Chinese Contractors", *Journal of Construction Engineering and Management*, Vol. 142, No. 6, 2016, p. 05016002.

[3] Eybpoosh Matineh, et al., "Identification of Risk Paths in International Construction Projects using Structural Equation Modeling", *Journal of Construction Engineering and Management*, Vol. 137, No. 12, 2011, pp. 1164-1175.

[4] Yang Rebecca and Zou Patrick, "Stakeholder-associated Risks and their Interactions in Complex Green Building Projects: A Social Network Model", *Building and Environment*, Vol. 73, 2014, pp. 208-222.

[5] Mok Ka Yan, et al., "Investigating Key Challenges in Major Public Engineering Projects by a Network-theory based Analysis of Stakeholder Concerns: A Case Study", *International Journal of Project Management*, Vol. 35, No. 1, 2017, pp. 78-94.

[6] Luu Van Truong, et al., "Quantifying Schedule Risk in Construction Projects using Bayesian Belief Networks", *International Journal of Project Management*, Vol. 27, No. 1, 2009, pp. 39-50.

验知识来计算变量的分布概率。[1][2][3]

Jenzarli[4]最早在 PERT 网络中引入贝叶斯网络，提出了 PERT 信度网络方法，以更好地估计项目完工期。在分析与评估进度风险上，Nasir 等[5]将贝叶斯网络与项目进度计划结合，通过考虑进度风险之间的相互依赖关系及分析其对任务进度的影响来估计任务的乐观和悲观工期。Luu 等[6]针对通过问卷调查识别的 16 种因素，使用贝叶斯网络建立了各因素之间的关系，并通过两个实际案例的分析得到了其中影响进度延迟的几种关键因素。Chen 等[7]提出通过将贝叶斯网络与蒙特卡罗模拟相结合的方法管理基建项目进度风险，他们在定量分析风险之间的相互依赖关系和预测项目进度的基础上，针对关键的和敏感的风险提出了风险缓解策略。

学者还使用贝叶斯法进行项目串行决策。完全贝叶斯模型基于项目任务概率相关性，能根据已完成任务信息去更新未完成任务工期的概率分布，但由于此模型在确定任务工期分布时需要大量的信息和计

---

[1] Lauria Eitel and Duchessi Peter, "A Methodology for Developing Bayesian Networks: An Application to Information Technology (IT) Implementation", European Journal of Operational Research, Vol. 179, No. 1, 2007, pp. 234-252.

[2] Lee Eunchang, et al., "Large Engineering Project Risk Management using a Bayesian Belief Network", Expert System with Applications, Vol. 36, No. 3, 2009, pp. 5880-5887.

[3] 蒋国萍、陈英武:《时间贝叶斯网络及其概率推理》,《管理科学学报》2007 年第 2 期。

[4] Jenzarli A., "Report of PERT Belief Networks", The University of Tampa Report 535, 1994.

[5] Nasir Daud, et al., "Evaluating Risk in Construction – Schedule Model ERIC – S: Construction Schedule Risk Model", Journal of Construction and Engineering Management, Vol. 129, No. 5, 2003, pp. 518-527.

[6] Luu Van Truong, et al., "Quantifying Schedule Risk in Construction Projects using Bayesian Belief Networks", International Journal of Project Management, Vol. 27, No. 1, 2009, pp. 39-50.

[7] Chen Long, et al., "A Bayesian-driven Monte Carlo Approach for Managing Construction Schedule Risks of Infrastructures under Uncertainty", Expert Systems with Applications, Vol. 212, No. 2, 2023, p. 118810.

算量，Cho 和 Covaliu[1] 提出了易于应用的线性贝叶斯模型，它根据观测信息来更新任务工期的均值和方差。Cho[2] 根据专家知识和经验估计任务工期之间的相关系数，并使用贝叶斯线性模型更新任务工期分布函数，从而最终提出了一个项目工期估计更新方法。Cho[3] 在此基础上考虑资源数量的影响，将任务工期、风险因素分别对资源数量建立统计性相关关系，通过资源数量的变化更新风险状况以及项目完工期估计。

三 项目进度风险应对策略研究

（一）时间缓冲配置与监控

时间缓冲技术用于解决鲁棒性项目调度问题，是一种项目进度风险应对的有效方法。它强调在项目进度基准计划中插入时间缓冲，形成具有鲁棒性的调度计划，从而应对项目执行中的突发事件，实现项目按期完工。[4] 最具代表性的方法是 Goldratt[5] 提出的关键链缓冲管理法（Critical Chain/Buffer Management，CC/BM）。CC/BM 提出用考虑项目资源和时间的关键链来代替传统的关键路径，通过将各个任务中的安全时间集中起来形成缓冲并置于链的末尾，来吸收项目中的不确定性以保护关键链。在合理配置缓冲的基础上，于项目执行过程中通过分析缓冲消耗情况判断项目延迟的可能性，从而作出是否赶工的决策，以保证整个项目按时完成。[6] 研究内容主要包括缓冲配置与缓冲

---

[1] Cho Sungbin and Covaliu Zvi, "Sequential Estimation and Crashing in PERT Networks with Statistical Dependence", *International Journal of Industrial Engineering*, Vol. 10, No. 4, 2003, pp. 391-399.

[2] Cho Sungbin, "An Exploratory Project Expert System for Eliciting Correlation Coefficient and Sequential Updating of Duration Estimation", *Expert Systems with Applications*, Vol. 30, No. 4, 2006, pp. 553-560.

[3] Cho Sungbin, "A Linear Bayesian Stochastic Approximation to Update Project Duration Estimates", *European Journal of Operational Research*, Vol. 196, No. 2, 2009, pp. 585-593.

[4] 崔南方等：《基于智能算法的双目标鲁棒性项目调度》，《系统管理学报》2015 年第 3 期。

[5] Goldratt Eliyahu, *Critical Chain*, New York: The North River Press, 1997.

[6] Hu Xuejun, et al., "Incorporation of Activity Sensitivity Measures into Buffer Management to Manage Project Schedule Risk", *European Journal of Operational Research*, Vol. 249, No. 2, 2016, pp. 717-727.

监控。

在单项目进度管理中的缓冲配置上,针对最早由 Goldratt[1] 提出的剪切法和 Newbold[2] 提出的根方差法的不足,许多学者提出了改进的缓冲配置方法。一类研究是在设置缓冲时考虑项目网络、资源、开工柔性等不同特征的影响[3][4][5],提出了改进缓冲大小计算法;另一类研究是改进活动不确定性程度的评估方法,使用模糊数学理论配置缓冲大小[6][7]。为了进一步考虑风险的影响,项目活动工期风险被集成到缓冲大小计算中[8][9]。以上研究大多假设活动时间是独立的,缓冲计算时假设活动时间相互独立并不合理[10],这种相关性会增大实际与计划之间的偏差,造成对缓冲大小的低估。

在多项目进度管理中的缓冲配置上,"鼓"资源也称能力约束资源(Capacity Constraint Resource, CCR),是负荷最大的资源,"鼓"资源的调度计划决定整个系统的产能,"鼓"缓冲色和能力约束缓冲

---

[1] Goldratt Eliyahu, *Critical Chain*, New York: The North River Press, 1997.

[2] Newbold C. Robert, *Project Management in the Fast Lane-Applying the Theory of Constraints*, Boca Raton: The St Lucie Press, 1998, pp. 98-99.

[3] Tukel I. Oya, et al., "An Investigation of Buffer Sizing Techniques in Critical Chain Scheduling", *European Journal of Operational Research*, Vol. 172, No. 2, 2006, pp. 401-416.

[4] 施骞等:《项目缓冲设置方法及其评价指标改进》,《系统工程理论与实践》2012年第8期。

[5] Zhang Junguang, et al., "Project Buffer Sizing of a Critical Chain based on Comprehensive Resource Tightness", *European Journal of Operational Research*, Vol. 248, No. 1, 2016, pp. 174-182.

[6] Long D. Luong and Ohsato Ario, "Fuzzy Critical Chain Method for Project Scheduling under Resource Constraints and Uncertainty", *International Journal of Project Management*, Vol. 26, No. 6, 2008, pp. 688-698.

[7] 张俊光等:《基于熵权法的关键链项目缓冲确定方法》,《管理评论》2017年第1期。

[8] 胡晨等:《基于工期分布和多资源约束的关键链缓冲区大小计算方法》,《系统管理学报》2015年第2期。

[9] 胡雪君等:《基于活动工期风险和资源约束风险的缓冲大小计算方法》,《控制与决策》2016年第8期。

[10] Trietsch D., "The Effect of Systemic Errors on Optimal Project Buffers", *International Journal of Project Management*, Vol. 23, No. 4, 2005, pp. 267-274.

色被提出以保护"鼓"资源和"鼓"计划。Cohen 等[1]将使用"鼓"资源的活动总时间的50%设置为能力缓冲的大小,然后通过改变比例大小来分析其影响,但未提及调整依据。Leach[2]认为在设置能力约束缓冲时应参考排队论,建议其大小至少是"鼓"资源能力的25%。

在缓冲监控方面,Goldratt[3]经验式地将缓冲均分为三部分(红色区域、黄色区域和绿色区域)进行监控,设置的两个监控触发点随项目进展保持不变,当缓冲消耗处于不同区域时采取差异化控制策略。此方法是一种进度延迟风险的反馈/预警机制。[4] 为考虑项目执行的动态性,Leach[5]提出了随着链路的完成线性增加两个监控阈值的相对缓冲监控法。徐小峰等[6]综合贝叶斯估计和挣值管理法,提出了新的缓冲绩效指数和资源绩效指数来实现缓冲动态调整与控制。张俊光和万丹[7]考虑了项目在动态环境中的风险暴露程度,提出了滚动式的实时监控方法,减少了缓冲监控量的浪费。Zohrehvandi 等[8]认为,在执行中将未消耗缓冲量移至下一阶段以调整监控阈值能够提高监控绩效。为提高监控精准性,活动特征信息被集成到缓冲监控阈值设置中,如

---

[1] Cohen Izack, et al. , "Multi-project Scheduling and Control: A Process-based Comparative Study of the Critical Chain Methodology and Some Alternatives", *Project Management Journal*, Vol. 35, No. 2, 2004, pp. 39-50.

[2] Leach Larry, *Critical Chain Project Management* (2nd edition), London: Artech House Inc, 2005, pp. 153-160.

[3] Goldratt Eliyahu, *Critical Chain*, New York: The North River Press, 1997.

[4] Herroelen Willy and Leus Roel, "On the Merits and Pitfalls of Critical Chain Scheduling", *Journal of Operations Management*, Vol. 19, No. 5, 2001, pp. 559-577.

[5] Leach Larry, *Critical Chain Project Management* (2nd edition), London: Artech House Inc, 2005, pp. 153-160.

[6] 徐小峰等:《考虑多因素扰动的项目关键链缓冲区间设置及控制模型》,《系统工程理论与实践》2017 年第 6 期。

[7] 张俊光、万丹:《关键链项目实时滚动监控方法研究》,《中国管理科学》2018 年第 4 期。

[8] Zohrehvandi Shakib, et al. , "A Heuristic Buffer Sizing Algorithm for Implementing a Renewable Energy Project", *Automation in Construction*, Vol. 117, No. 9, 2020, p. 103267.

活动灵敏度[1]、活动成本因素[2]、活动资源使用[3]。Zhang 和 Wang[4]进一步提出综合考虑时间、成本和质量等信息的活动可靠度并以此进行差异化监控。这些方法未考虑不确定环境中外部风险作用导致的任务相关性。

（二）应急储备金设置与分配

与时间缓冲策略类似，应急储备金（Contingency Reserve）也是应对项目不确定性的有效方式。应急储备金是添加到项目预算中的额外数额。由于在项目计划阶段的数据和信息的不完整，有必要估计储备金来及时纠偏项目进度。根据不确定性的类型，应急储备金分为应对已知风险的应急储备、应对未知风险的管理储备。针对已知风险的应急储备估计，一般通过数据模型或模拟技术定量分析已知风险确定储备数额；针对未知风险的管理储备估计，通常基于经验按总预算的百分比估计。

应急储备金的估算最早是基于直觉或经验来设定占总预算的一个百分比，这种主观式的估计方法因缺乏分配依据而受到质疑。[5] 随后，参数回归分析被提出，从而能更准确地估计应急储备金。Diab 等[6]应用多元回归分析了预定的应急储备金与风险因素感知评级之间的相关关系，此方法因需要大量类似项目的历史数据而不适用于复杂的基础

---

[1] 张俊光、万丹：《基于缓冲账户差异配置的关键链项目动态集成监控》，《管理评论》2023 年第 1 期。

[2] 张俊光、李婧：《基于工序异质性的关键链项目缓冲监控》，《中国管理科学》2022 年第 6 期。

[3] 张俊光、李凯：《基于项目资源细分的关键链进度监控方法研究》，《管理评论》2021 年第 6 期。

[4] Zhang Junguang and Wang Meihua, "Differential Buffer Monitoring for Critical Chain Projects based on Comprehensive Activity Reliability", *Journal of the Operational Research Society*, Vol. 74, No. 9, 2022, pp. 2064-2079.

[5] Lam Terence and Siwingwa Njavwa, "Risk Management and Contingency Sum of Construction Projects", *Journal of Financial Management of Property and Construction*, Vol. 22, No. 3, 2017, pp. 1366-4387.

[6] Diab F. Mohamd, et al., "Modeling the Construction Risk Ratings to Estimate the Contingency in Highway Projects", *Journal of Construction Engineering and Management*, Vol. 143, No. 8, 2017, p. 04017041.

设施项目。Afzal 等①利用模糊技术将语义专家意见转换为概率分布。其他估计方法包括概率模型②和人工神经网络（ANN）③。

应急储备金的估算和分配广泛使用的方法是蒙特卡罗模拟（MCS）。Liu 等④认为 MCS 可以分析对系统结果影响最大的变量，非常适用于大型复杂工程项目中量化风险。Barraza 和 Bueno⑤利用 MCS 计算每个活动的最大百分位与其预期成本之差。他们还提出将应急储备单独分配给工作分解结构中的每个工作包，有利于提升纠偏措施的效率和速度。为实现应急储备金管理的动态性，Hammad 等⑥提出了一种自上而下的应急储备金估算和分配方法，此方法在分配总应急储备金时综合考虑了每个工作包的不确定性、占总成本的比例和是否在关键路径上等因素。此外，一些综合性方法被提出来估算和分配应急储备金，如 MCS 与概率方法的综合方法⑦、MCS 与专家判断的综合方法⑧。

---

① Afzal Farman, et al., "Cost-risk Contingency Framework for Managing Cost Overrun in Metropolitan Projects: Using Fuzzy-AHP and Simulation", *International Journal of Managing Projects in Business*, Vol. 13, No. 5, 2020, pp. 1121-1139.

② Hoseini Erfan, et al., "Cost Contingency and Cost Evolvement of Construction Projects in the Preconstruction Phase", *Journal of Construction Engineering and Management*, Vol. 146, No. 6, 2020, p. 05020006.

③ Lhee Sang, et al., "Prediction of Financial Contingency for Asphalt Resurfacing Projects using Artificial Neural Networks", *Journal of Construction Engineering and Management*, Vol. 138, No. 1, 2012, pp. 22-30.

④ Liu Junying, et al., "Improving Risk Assessment in Financial Feasibility of International Engineering Projects: a Risk Driver Perspective", *International Journal of Project Management*, Vol. 35, No. 2, 2017, pp. 204-211.

⑤ Barraza Gabriel and Bueno Rafael, "Cost Contingency Management", *Journal of Management in Engineering*, Vol. 23, No. 3, 2007, pp. 140-146.

⑥ Hammad Mohanned, et al., "Allocation and Management of Cost Contingency in Projects", *Journal of Management in Engineering*, Vol. 32, No. 6, 2016, p. 04016014.

⑦ Shahtaheri Maryam, et al., "Applying very Large Scale Integration Reliability Theory for Understanding the Impacts of Type II Risks on Megaprojects", *Journal of Management in Engineering*, Vol. 33, No. 4, 2017, p. 04017003.

⑧ Chang Chen-Yu and Ko Jia-Wen, "New Approach to Estimating the Standard Deviations of Lognormal Cost Variables in the Monte Carlo Analysis of Construction Risks", *Journal of Construction Engineering and Management*, Vol. 143, No. 1, 2017, p. 06016006.

第二节 项目进度风险管理的主要内容

项目进度风险管理需要针对基建项目的特性,并且按照风险管理的基本过程有效实施。基建项目复杂性是一种重要的项目属性,对其认识不深或者缺乏有效的应对方式是导致项目管理失败的主要原因。项目管理者在采用各种工具和方法来管理进度风险时需充分考虑项目的复杂性。

一 项目的复杂性

当前,各类基础设施系统(如电力、水/污水处理、电信和交通等)因提供重要服务以满足社会和经济需求而成为现代城市的动脉。这些系统的新建、运营、大修、改造和扩建等各种项目具有以下五个共同特点:

第一,周期长和投资高。

第二,需要大量的资源、广泛的工作范围和多样的专业知识。

第三,在广阔的地理区域内分布。

第四,对社会、经济和自然环境等有重大影响。

第五,涉及多个利益相关者,吸引大量的私营和公共部门参与。

此类基建项目本质上极具复杂性。由于项目复杂性关系着项目决策和项目目标实现是否困难,因此深入理解项目的复杂性对项目管理十分重要。实践中,很多基础设施项目最终失败的原因,大多是项目管理者、团队成员、客户、赞助商或利益相关者无法识别他们所面临工作的复杂程度,或者他们已认识到工作的复杂性但无法有效地解决。

项目复杂性是指即使获得合适并完整的信息也难以理解、预见和掌控项目的整体行为的一种项目属性。[1] 它是一个多维的概念,涉及不同层次的不确定性,或不同的复杂性类别。了解复杂性的类型对管

---

[1] Vidal Ludovic-Alexandre and Marle Franck, "Understanding Project Complexity: Implications on Project Management", *Kybernetes: The International Journal of Systems & Cybernetics*, Vol. 37, No. 8, 2008, pp. 1094-1110.

理策略的选择有重要的影响。项目复杂性源于三个方面：结构复杂性、不确定性和约束条件。[①]

（一）结构复杂性

结构复杂性由系统元素的数量与元素间依赖程度界定。项目结构复杂性按类别可进一步分为组织复杂性和技术复杂性。组织复杂性涉及项目层次的数量、组织单位的数量、专业人员和利益相关者的数量，以及这些组织间的交互程度，有时还包括项目任务和目标的多样性。[②] 技术复杂性是指输入和输出的知识、技能或专业的数量和种类，以及它们之间的依赖关系。基建项目的技术复杂性体现为任务内容通常需要高深的技术知识、特殊的技能组合和大量的多学科合作。其中，相互依赖性反映的是一个子系统的变化对其他子系统的影响，正是相互依赖性的存在显著提高了项目结构复杂程度。并且，当项目人员在相互依赖、连续或重叠的任务上长期工作时，组织间的相关依赖性进一步导致执行错误、质量缺陷、审批延迟等单个问题出现级联故障，从而在整个项目中发生传递和扩散。例如，网络中一个承包商的执行错误不仅可能影响任务邻近区域内的承包商，还可能触发网络内其他承包商的级联故障。解决这类问题的方法通常是多次返工，但这会极大降低生产率，干扰对多个承包商和任务的资源分配，最终导致进度延迟和成本超支。[③]

（二）不确定性

不确定性是项目复杂性的另一个来源。在极端不确定的情况下做独特的事情或解决新的问题时，就会出现项目复杂性。根据项目管理和运行方法的不同，通常有两种类型的不确定性：目标不确定性和方

[①] Williams T. Mervyn, "The Need for New Paradigms for Complex Projects", *International Journal of Project Management*, Vol. 17, No. 5, 1999, pp. 269-273.

[②] Maylor Harvey, et al., "Managerial Complexity in Project-Based Operations: A Grounded Model and Its Implications for Practice", *Project Management Journal*, Vol. 39, No. 1, 2008, pp. 15-26.

[③] Larsen Jesper Kranker, et al., "Factors Affecting Schedule Delay, Cost Overrun, and Quality Level in Public Construction Projects", *Journal of Management in Engineering*, Vol. 32, No. 1, 2016, pp. 1-10.

法不确定性。目标不确定性意味着无法明确定义多少个项目目标，而方法不确定性意味着要实现这些目标不知道需要哪些方法。不确定性还可从动态角度理解。随着项目的复杂性程度逐渐提高，项目在运行过程中不断有新事物涌现，这种涌现行为具有不可预知性。当复杂适应系统处于混沌边缘时，系统有可能通过涌现行为从无序状态跃迁到新的具有更高复杂性水平的有序状态，也有可能走向毁灭性混沌状态，最终被淘汰。[①] 这种对未来发展潜力（如自组织性、共同进化）的有限理解、有限预测等都会加剧项目结构复杂性。在大多基建项目相关研究中，结构复杂性和不确定性是相互交织在一起的。

（三）约束条件

约束条件是项目复杂性的重要部分。大型基础设施项目在环境、资源和目标上的明确约束会显著增加项目执行中的不确定性，进而加剧项目结构复杂性。因此，基建项目管理被认为极具挑战性和高风险性。

现在广泛用于项目进度管理和控制的主流方法与工具包括网络技术（如CPM/PERT等）、蒙特卡罗模拟等。网络技术常用于规划、调度和控制项目任务的持续时间、资源分配和成本；蒙特卡罗模拟则对网络技术的结果进行进一步的概率建模和风险分析，从而获得结果的可靠性。[②] 然而，目前这些工具在管理复杂的基础设施项目时存在以下三方面的缺陷：

第一，当前工具虽有助于项目管理者开展定期的项目监控和完工绩效预测，但在应对不确定扰动时，仅采取反应式应对计划，不利于实现应对效果最优。

第二，这些工具使项目管理者完全依赖自己主观的专业知识来识别、准备和执行项目应对计划，这种基于主观和经验推理的管理决策无法提供鲁棒解，会产生不协调的应对计划，进而导致项目功能损失

[①] 张延禄、杨乃定：《项目复杂性内涵、特征、类型及测度方法的研究综述》，《管理评论》2013年第9期。

[②] Chen Long, et al., "A Bayesian-driven Monte Carlo Approach for Managing Construction Schedule Risks of Infrastructures under Uncertainty", Expert Systems with Applications, Vol. 212, 2023, p. 118810.

或功能恢复缓慢。

第三，这些工具没有特别关注项目系统内的相互依赖性，大多假设任务之间是独立的，这会导致项目的不确定性程度被低估，进而使应对策略失效或效果不佳。

项目管理者还需其他的方法与工具来管理复杂的基础设施项目并应对各种扰动因素。系统、组织或社区在面对扰动事件时表现出的韧性，能够通过事先识别系统脆弱性和积极准备来吸收此类事件的影响，注重通过调整风险管理策略以适应这些事件并维持系统功能。这种建立冗余性和适应性的方式，有助于及时实施响应策略，以便从这些事件中快速恢复至扰动前的绩效状态。[1] 因此，在充满易变性、不确定性、复杂性和模糊性（VUCA）的环境下，项目管理组织很难充分规划和设计出最佳方案，而增强韧性可以有效应对各种不确定性。[2]

基于此，本书提出从韧性视域下管理复杂的基础设施建设项目，以提高扰动发生不同阶段应对项目进度风险的能力，从而保证项目按期完工。

二　项目进度风险管理过程

项目中出现的各种意外事件可能导致项目实际情况偏离项目计划，从而出现积极或消极的结果。积极结果被认作机会，而消极结果会造成损失。风险则侧重于意外事件造成的损失。本书认为风险是可以量化的，并可以通过计算方法进行分析与评估，因而将项目进度风险定义为项目进度发生损失的概率，即项目实际工期超过规定工期的概率。

项目进度风险管理过程是指通过结构化的方法发现项目进度管理中的脆弱性，从而及时采取措施以降低风险可能性、减少风险影响，或者避免风险，主要包括进度风险识别、进度风险分析与评估、进度风险应对等阶段，如图1-1所示。进度风险识别是发现、识别和描述

---

[1] Gondia Ahmed, et al., "Dynamic Networks for Resilience-driven Management of Infrastructure Projects", *Automation in Construction*, Vol. 136, 2022, p. 104149.

[2] 尉艳娟：《埃尔玛·库奇：增强韧性以应对不确定性》，《项目管理评论》2022第2期。

哪些潜在事件可能损害或影响项目的过程。进度风险分析是理解风险的性质和确定风险水平的过程，进度风险评估是将进度风险分析的结果与风险标准进行比较，以确定风险水平是否可接受。进度风险应对是采取措施来降低风险的负面影响的过程。

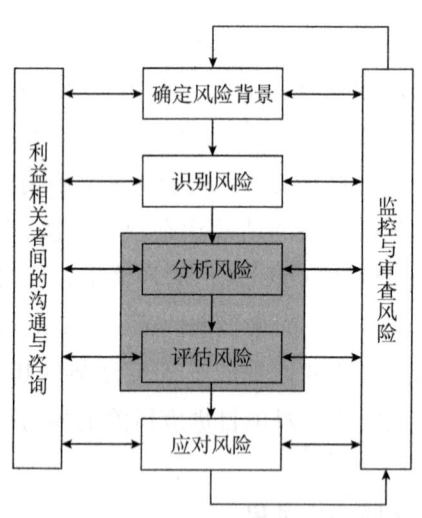

图1-1　项目进度风险管理过程

（一）进度风险识别

进度风险识别是进度风险管理的第一步。一般通过问卷调查、访谈、案例研究、长期跟踪调查等方式对影响进度的风险因素进行识别，了解风险的来源和类型，制作风险清单册。信息技术背景下的数据驱动方法也被用来识别风险。实际项目中常采用的风险识别技术如下[①]。

1. 核对表

核对表是一种简单的风险识别方法，通过预先确定的关键点来检查潜在风险的症状。此方法简单易用，随着不同职能专家和集体经验的贡献变化而不断演化。

[①] Ammar Ahmed, et al., "A Review of Techniques for Risk Management in Projects", *Benchmarking: An International Journal*, Vol. 14, No. 1, 2007, pp. 22-36.

2. 影响图

影响图是对决策内容的图形化表示，通过图形方式列举了决策、不确定事件、后果及其相互关系。此方法显示了风险状况的因果关系，一般用于在风险发生之前对其进行识别。

3. 因果关系图

因果关系图也称鱼骨图，是质量问题根本原因的图形表示。它将最终问题的主要原因分组并细分为详细的来源，但无法识别各个原因的相对重要性，不能为后续风险分析提供量化依据。

4. 失效模式和影响分析

失效模式和影响分析提供了一种确定技术系统中的原因、影响和关系的结构。它通过探索失效模式和系统逐渐失效的后果来确定系统故障，从而将纠正这些问题的解决方案可视化。

在当前研究中，通过上述一些方法和技术所识别的基建项目进度风险因素来源类别众多，各类进度风险因素详细内容如表 1-1 所示。①

表 1-1　　　　　　　基建项目中识别的进度风险因素

利益相关方	进度风险因素
客户	客户的订单变更、客户决策缓慢、客户的现金流问题、客户的合同授予延迟、客户管理不善、项目进度紧张造成的压力、质量要求过高
设计方	设计变更、图纸不完整、设计有缺陷、现场调查信息不准确、设计图纸难以遵循
承包商	承包商的财务困难、承包商的计划和调度问题、承包商的现场检查不足、人力短缺、材料短缺、不可预见的材料损坏、设备故障和维护问题、设备短缺、设备交付问题、缺乏熟练的劳动力、缺乏安全保险、新技术应用失败、安全事故、质量问题
分包商	调动缓慢、干扰其他行业、财务困难、分包商导致的材料供应延误
政府	机构官僚主义、机构的不当干扰、批准程序复杂、政策不稳定
外部环境	通货膨胀、不适宜的天气条件、汇率变化、油价上涨、传染疾病

---

① Xu Xiaoxiao, et al., "Schedule Risk Analysis of Infrastructure Projects: A Hybrid Dynamic Approach", *Automation in Construction*, Vol. 95, No. 11, 2018, pp. 20-34.

(二) 进度风险分析与评估

进度风险管理的第二个阶段是进度风险分析与评估。在确定风险事件后，需要评估其特征，以确定该风险事件是否值得进一步分析。当确定有必要进一步分析时，则需要确定是否可以采取定量或定性手段来获取该风险事件的有关信息。进度风险分析的功能是确定风险因素对整个系统的影响。风险事件会对项目的一个或多个方面产生累积影响，将风险事件分组处理，而不专注于某个特定的风险事件，有利于减轻风险事件的影响。进度风险评估则需要确定风险的测量指标体系，以便于计算在时间、预算等不同方面的风险程度，从而制订最合适的风险应对计划。

项目实践中采用的风险分析方法分为定量与定性两类。定量分析方法是通过对历史数据的统计分析确定风险有关参数的。有时定量数据难以获取，采用主观评估技术的定性分析方法也常用于风险管理。定性分析方法是通过使用人的判断、感觉和意见来衡量相较于理想情况的相对量。虽然这种主观方法会受到个人偏见、偏好和专业知识的影响，但它为高概率风险事件的评估提供了基础。项目分析与评估中常用的技术如下。[1]

1. 概率和后果网格

风险事件在一个具有阈值区域的网络上表示。其中，网格的一个轴表示风险发生概率，另一个轴表示风险后果。概率和后果网格显示了风险事件的相对重要性，如图1-2所示。

2. 故障树分析

故障树分析是指在故障树所表示的项目结构中确定发生故障事件的概率。其中，低层次的事件通过逻辑门传递确定高层次的机会或失败。此方法基于高层次的分析提供了整个项目中的风险概况，以及基于低层次的分析获得了项目特定部分的风险信息。

3. 事件树分析

事件树分析主要基于事件树中的初始事件分析特定事件发生的可

---

[1] Ammar Ahmed, et al., "A Review of Techniques for Risk Management in Projects", *Benchmarking: An International Journal*, Vol. 14, No. 1, 2007, pp. 22-36.

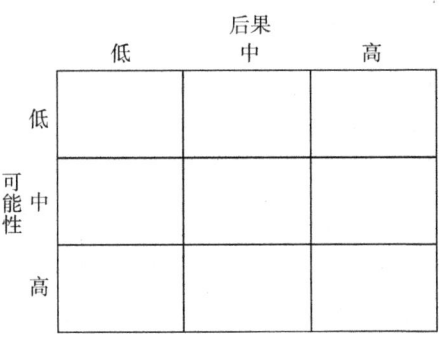

图 1-2 概率和后果网格

能性，其结果由所有相关分支发生概率的乘积决定。此方法对结果可能发生的所有故障进行了检查，有利于制订更为全面的风险应对计划。

4. 灵敏度分析与模拟

灵敏度分析是一种假设分析，目的是在项目条件发生变化时分析系统的反应，即在确定项目指标的基准后改变项目条件以获得其对项目指标的影响。而模拟技术是灵敏度分析的扩展。在模拟过程中，首先需要建立一个系统模型，以项目参数和约束条件来反映实际过程；其次在预先设定的范围内随机选择风险参数和约束条件的数值；最后对结果进行整理和统计分析，从而深入了解各种条件下的系统表现。模拟是项目进度管理领域常用的风险分析技术，一般需要大规模运行来为统计分析提供足够的数据。

在项目进度风险分析与评估方面，需要从任务和项目两个层面进行。在任务层面是分析风险因素的发生概率以及对任务进度造成影响的程度和范围，进而识别出关键风险因素。在项目层面是采用网络计划技术，在任务进度估计的基础上构建进度计划网络图，寻找关键路径，然后采用蒙特卡罗模拟等方法，获得项目工期的概率分布，进而估计项目的进度风险水平。在项目层面分析中，项目管理者还需要在项目执行前识别出影响项目进度的关键活动，从而成为项目开始后实施应对策略的重点对象。

(三) 进度风险应对策略

进度风险管理的第三个阶段是制定有效的进度风险应对策略。进度风险应对是项目管理者根据进度风险识别、进度风险分析和评估的结果来制订应对计划并采取应对策略的过程。根据风险事件发生的前后阶段，可分为主动式/前馈式策略（Proactive Strategy）和被动式/反应式策略（Reactive Strategy）。主动式策略是在风险事件发生前根据进度风险分析与评估的结果采取预防行动，而被动式策略是在风险事件发生后采取风险处置行动。

常用的应对策略包括风险规避、风险承担、风险减轻和风险转移。风险规避是指通过消除风险产生的原因或发生条件来保护目标免受风险影响，不是所有风险都能消除，而是尽可能避免风险可能造成的损失。风险承担是当风险发生时接受其带来的后果。风险减轻是指减少风险事件发生的概率或风险事件对任务进度的影响，常用的方法之一是设置应急储备金来减轻项目执行中任务进度相关的风险。而当无法通过规避或者减轻的方法来改变风险性质时，可以采取风险转移策略，即将风险的结果及其管理责任转移到第三方。例如，以控制项目进度超期为目标，可以签订超期罚款合同的风险转移方式。

第三节 项目进度风险管理的重要意义

在中国经济建设快速发展时期，基础设施项目是关系国计民生的重要保障，正处于大规模的规划和建设之中。在当前新发展格局下，各类新型基础设施项目及传统基础设施的数字化改造项目成为大力建设的重点对象。

现代基建工程项目是一个复杂系统，进度是基建项目管理和交付的主要目标之一，是决定项目能否成功并获得预期收益的至关重要的因素。如果项目进度失控，将造成工期延误；拖延工期后需要赶进度，又会导致人力、物力的浪费，使项目的建设费用增加，甚至可能影响到整个项目的质量和安全，随后引发负面的社会看法和公众争议，进而可能引起项目利益相关者之间的紧张关系和各种纠纷。众多研究表明，工期拖延是工程造价超支、资金回收困难和其他利益受损的主要原因之一。当前，各类基建项目进度超期情况并不少见，按时交付面临极大的挑战性。项目管理协会PMI在2021年全球项目调查报告中指出，2019—2021年项目平均按期完工率仅为53%，项目平均超期程度达到原始计划工期的2倍以上。[1] 一些地区的项目进度超期情况更为严重，例如，沙特阿拉伯有70%左右的基建项目发生延期，俄罗斯的基建项目延期完工的比例高达85%。[2][3] 在中国重大基建项目中，南水北调工程中的丹江口大坝虽然前期已充分调研与论证，但工程实施中资金、环保、地质水文等不确定因素影响超出预估，导致实际工期超合同工期近1倍；港珠澳大桥建设项目在进行海底沉管隧道安装作业时，由于水面往来船只影响和海流转向等突发因素，使沉管作业任务延误了3个月。因此，加强基建项目进度管理，实现项目按期完工，对项目自身、周围环境、相关产业甚至国家经济发展都具有重要意义。

基建项目在不同阶段受到各种不确定性因素扰动，如任务估时不准确、交付期改变、工程范围更改、资源约束、材料和设备延期到达和气候发生变化等。这些不确定性因素是导致项目进度延误的主因，进度风险管理成为不确定性环境下基建项目进度管理的核心内容。[4][5] 项目进度风险是指项目工期的不确定性，可表示为实际工期超过规定工期的概率。项目进度风险管理的重点是对影响进度的不确

---

[1] Project Management Institute, *Beyond Agility: Flex to the Future*, Pulse of the Profession, March 24, 2021.

[2] Assaf Sadi and Al-Hejji Sadiq, "Causes of Delay in Large Construction Projects", *International Journal of Project Management*, Vol. 24, No. 4, 2006, pp. 349-357.

[3] Han Sangwon, et al., "A System Dynamics Model for Assessing the Impacts of Design Errors in Construction Projects", *Mathematical and Computer Modelling*, Vol. 57, No. 9-10, 2013, pp. 2044-2053.

[4] Wang Juite, "Constraint-based Schedule Repair for Product Development Projects with Time-limited Constraints", *International Journal of Production Economics*, Vol. 95, No. 3, 2005, pp. 399-414.

[5] 李良宝：《工程项目施工进度网络计划的不确定性研究》，《管理世界》2007年第8期。

定性因素的管理，包括进度风险的识别、评估与应对。基建项目具有的大规模和一次性等特征，导致历史数据的参考价值大打折扣，部分不确定因素事先无法预测。项目的复杂性使其受不确定性因素的影响更大，例如，北京大兴国际机场工程实施过程中突发的进度目标变更对项目系统以及管理模式都带来重大变化和影响。[①] 因此，如何考虑基建项目的复杂不确性环境，为其制定有效的进度风险应对策略成为项目进度管理实践中迫切需要解决的重大问题。

在以往的项目实践中，项目进度风险的应对策略一般是基于不确定性因素的识别、发生概率和后果的定量分析来制定的，考虑的不确定性类型不全面，缺乏对偶然不确定性（如突发事件）和认知不确定性（如未知事件）的深入分析，提出的应对策略缺乏灵活性和适应性，未考虑应对各类扰动时的快速响应能力和及时调整能力。因此，迫切需要从新的视角全面分析不确定性因素对项目进度的影响，针对扰动发生的不同阶段，从增强项目进度风险应对计划的冗余能力、进度风险研判的反应能力以及进度风险失控的调整能力等方面，提出有效的应对策略。

第四节　本书的研究特色与结构安排

针对基建项目的复杂性，本书主旨是从韧性视域下应对各种不确定因素扰动以提升进度风险管理绩效。复杂性问题往往具有深度的不确定性，难以预测。韧性理论不仅要求在扰动发生之前基于潜在威胁的预测建立一个尽可能全面应对各种突发情形的管理方案，还要求系统在扰动发生期间基于自身绩效与环境监控提高快速反应能力，甚至有时能容忍"试错"的代价，强调在扰动发生之后能根据监控反馈结果及时对方案进行调整，以尽快恢复系统绩效。另外，基建项目复杂

[①] 乐云等：《从复杂项目管理到复杂系统管理：北京大兴国际机场工程进度管理实践》，《管理世界》2022年第3期。

性中的结构复杂性、不确定性和各种约束条件是制定进度风险管理策略必须考虑的要素。其中，基建项目结构复杂性中的任务依赖性是增大进度风险的重要驱动因素，基建项目的各种不确定性因素是进度风险分析的重点对象，应对进度风险所设置的应急储备金限制是影响策略实施效果的重要约束条件。基于此，本书聚焦于不确定性扰动下基建项目进度风险问题，针对扰动发生的不同阶段，并考虑基建项目的复杂性分别提出了应对策略。具体来讲，引入了韧性工程中的缓冲冗余概念，制定了扰动发生之前考虑项目特征（如任务依赖性）来配置缓冲而具有韧性的项目进度风险应对计划，构建了扰动发生期间基于动态缓冲管理的项目进度风险监控策略，提出了扰动发生之后考虑任务灵敏度和应急预算限制的项目进度风险响应策略，以及贯穿应对策略实施全过程的组织学习的重要价值和具体策略。

本书的框架结构如图1-3所示，其主要内容与安排如下。

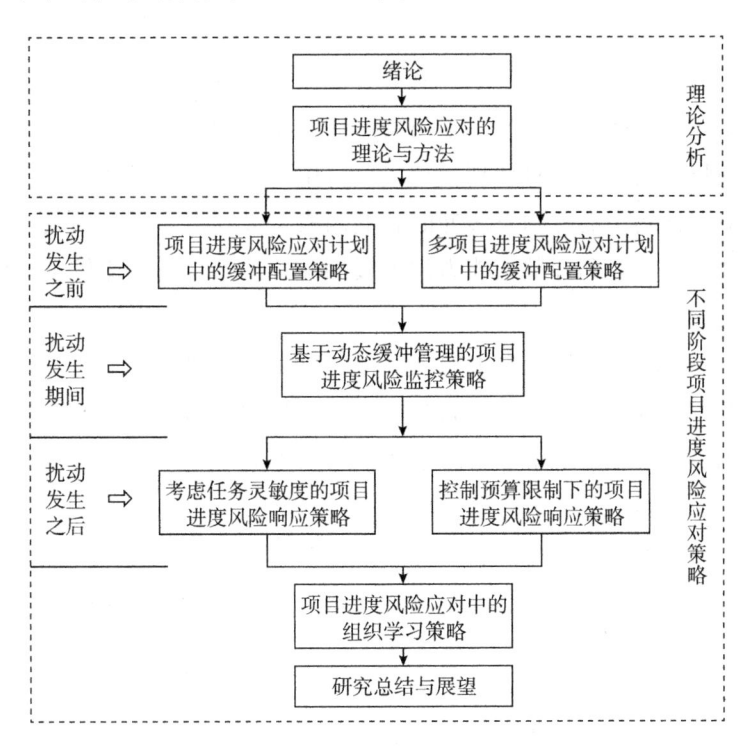

图1-3 本书的框架结构

第一章主要评述了项目进度风险管理的研究概况和主要内容,介绍了项目进度风险管理的重要意义,最后概括了本书的研究特色和结构安排。

第二章介绍了本书的理论基础,即对后续章节中项目进度风险应对的理论与方法进行了详述,包括项目风险应对、韧性理论与关键链缓冲管理法。

第三章提出了扰动发生之前项目进度风险应对计划中的缓冲配置策略。韧性理论为应对不确定性因素的扰动,需要分析潜在威胁并制订具有冗余性的项目进度风险应对计划,而项目系统内部存在的相互依赖性是影响系统韧性的重要因素。本章采用关键链/缓冲管理法制订单项目环境下的网络计划,进而构建出插入缓冲的关键链进度计划来应对项目进度风险,再对项目任务相关性进行建模以及定量分析其对项目进度风险产生的影响,提出了考虑任务相关性的项目缓冲配置策略。

第四章提出了扰动发生之前多项目进度风险应对计划中的缓冲配置策略。针对多项目环境,采用关键链多项目管理方法制订具有冗余性的项目进度风险应对计划。从多项目中的资源、网络和任务等方面分析应对计划中能力约束缓冲的影响因素,分别提出了集中式能力约束缓冲配置策略和分散式能力约束缓冲配置策略。最后比较了不同配置策略的绩效,并提出各自的适用条件。

第五章构建了扰动发生期间基于动态缓冲管理的项目进度风险监控模型。在分析潜在威胁并为其配置一定缓冲以制订具有韧性的项目进度风险应对计划的基础上,需在扰动发生期间实时监测项目进度绩效的变动,当出现不利绩效或重大偏差时及时发出预警信号。针对项目执行的动态环境,建立了动态缓冲监控模型,包括动态计算缓冲大小、设定监控点、调整监控阈值的高低。然后,利用线性贝叶斯模型根据已完工任务信息预测后续任务工期,提出了考虑任务相关性的动态缓冲监控模型。

第六章提出了扰动发生之后考虑任务灵敏度的项目进度风险响应策略。在扰动冲击后且发出进度严重偏离的预警信号时,需迅速采取项目进度风险响应策略以尽快恢复项目进展。本章在制定响应策略时考虑任务灵敏度的差异，提出项目层—任务层相结合的项目进度风险响应策略。即在项目层基于缓冲监控模型评估扰动因素对项目进度风险的影响以及整体进度风险水平，在任务层基于任务灵敏度选择合适的活动对象执行响应策略。

第七章提出了扰动发生之后控制预算限制下的项目进度风险响应策略。在项目执行阶段利用预设的应急储备金来及时实施纠偏措施，需制定控制预算的分配方案以实现响应策略实施效果最大化。本章基于任务相关性确定了缓冲监控阈值、控制预算分配方式与赶工决策，设计了项目进度风险响应的总体框架和四种响应策略，最后提出了最佳策略的实施建议。

第八章提出了项目进度风险应对中贯穿扰动发生各阶段的组织学习策略。组织学习贯穿扰动发生的不同阶段，其中扰动发生之后的学习能提升应对类似威胁的能力，还能进行组织重塑来提升应对动态环境的适应能力。本章分析了组织学习对韧性的驱动价值，揭示了项目自身复杂性和外部扰动对项目组织学习的影响过程，提出了数字技术驱动下组织学习变革内容和项目进度风险应对框架。

第九章总结全书内容，并对下一步的研究工作进行了展望。

第二章

项目进度风险应对的理论与方法

项目不同阶段出现的各种不确定性会导致项目产生无法预计的负面结果，进而对其造成广泛且持久的损害，成为项目进度风险管理的焦点。韧性理论是当前应对各种不确定性因素扰动的一种高效方法。它注重分析系统的结构和活动间相互依赖关系，强调优化有限的资源在扰动发生的不同阶段来应对各种冲击和威胁，特别是针对高不确定性来配置冗余缓冲以减轻其危害，从而尽可能确保系统正常运行和出现损失后迅速恢复。为在不确定环境下更好应对项目进度风险和提升项目进度风险管理绩效，本章介绍了项目风险应对、韧性理论和关键链缓冲管理法。

第一节 项目风险应对

一 项目风险应对的基本概念

项目风险应对即执行风险管理过程以应对风险事件。项目管理者需先识别和分析项目风险，通过风险评估得到项目风险发生概率和损失程度。然后，监控风险变动情况，并根据监控结果和项目目标采取响应决策，即确定花费多少成本，采取哪类措施以及何种程度的措施，从而降低风险事件发生概率和损失程度。项目风险管理是一个动态过程，不仅要重新评估已识别风险，还要识别执行中新出现的风险。即先前已识别的风险可能不会发生或者造成的损失有限，新出现的风险超出预期可能造成较大影响。这一过程的输出是工作绩效信息、变更请求，以及对项目管理计划、其他项目文档和组织过程资产的更新。实施风险监测和控制的工具和技术有风险再评估、风险审计、变量和趋势分析、技术性能测量、储量分析、状态要求和定期的风险评审等。

项目风险应对中的主要工作是制订项目风险应对计划，即根据项目所面临风险的种类、特性和大小，结合项目组织自身的抗风险能力，制定合理的风险应对措施。然后，在项目执行过程中，根据风险监控的实时结果实施合适的应对措施。

制订项目风险应对计划的主要依据如下。

（一）风险管理计划

风险管理计划是综合风险分析结果，应用各种辅助决策手段得出风险应对策略、风险规避方法、缓解措施和行动步骤，同时确定风险应对计划的责任人。风险计划的主要活动包括为高危害风险开发风险场景、开发风险缓解应对方案、制定风险预留方案、选择风险控制方法、制订风险行动计划以及为风险的早期预警建立阈值。

（二）风险排序

风险排序是采用定性和定量分析方法计算风险发生概率、对项目目标的影响程度、管理缓急程度，并综合考虑这些因素对风险进行排序，从而判断各种风险的相对重要性，确定需要抓住的机遇和需要应对的威胁。

（三）风险认知

分析组织对风险的认知程度，明确可放弃的机会和可接受的风险内容。对风险不同的认知程度会极大影响风险计划的制订和应对策略的实施。

（四）可接受风险水平

项目组织的可接受风险水平显著影响风险应对计划，可接受风险水平也会受到项目组织的风险承受能力影响。项目组织的风险承受能力包括项目经理承受风险的心理能力、项目组织可调动的资金和资源等。承受能力越强意味着可接受风险水平越高，也决定了选择更为积极的风险应对措施。

二 项目风险应对的过程与技巧

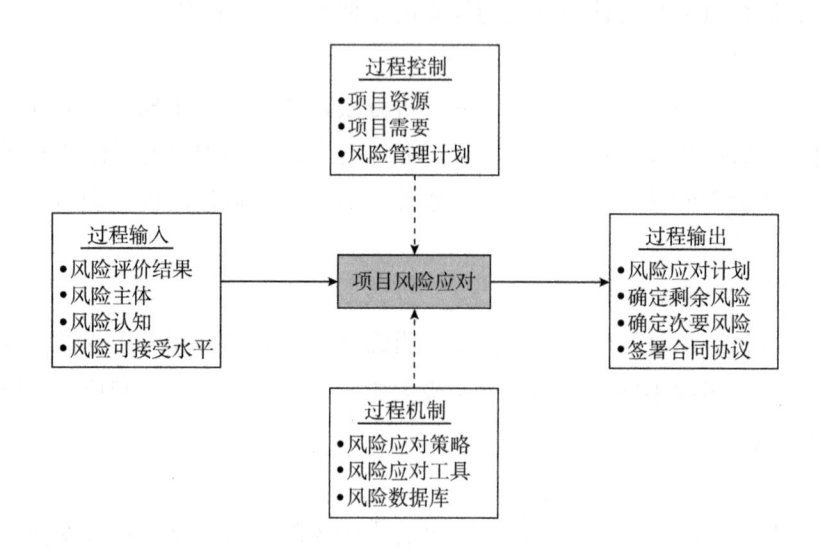

（一）项目风险应对过程

项目风险应对过程一般表现为根据风险识别和评价的结果，分析项目的各种条件，如内外部政策、时间、资金、技术、人员、自然环境等，再综合考虑风险处理后要达成的目标和项目现有的资源及能力，提出合适的风险应对策略。其中，项目风险应对过程要满足的目标如下：

第一，进一步分析项目风险背景。

第二，为预见到的风险做好准备。

第三，确定风险管理的成本效益。

第四，制定风险应对的有效策略。

第五，系统地管理项目风险。

项目风险应对过程包括过程输入、过程输出、过程控制和过程机制四个部分，如图2-1所示①。

图 2-1 项目风险应对过程

---

① 马海英主编：《项目风险管理》，华东理工大学出版社2017年版，第82页。

第一，过程输入。风险评价结果是项目风险应对过程的主要输入，风险主体、风险认知和风险可接受水平等信息也是重要的输入信息。

第二，过程控制。过程控制主要起到调节控制过程的作用，包括项目资源、项目需要和风险管理计划。

第三，过程机制。过程机制是研究支撑风险应对过程的方法、技巧、工具和手段的应用过程，包括风险应对策略、风险应对工具和风险数据库等的确定与利用。

第四，过程输出。制订风险应对计划、确定剩余风险、确定次要风险、签署合同协议等是风险应对过程的主要输出。①制订详细可行的风险应对计划，即基于风险分析和评估的量化结果，确定风险主体和责任分配，制定单个风险的应对策略（规避、转移、减轻、接受、储备等）以及切实可行的应对措施，明确应对措施的预算和时间。②确定风险响应策略实施后的剩余风险，包括采取风险规避、风险转移或风险减轻策略后仍保留的风险，以及风险接受后存在的小微风险。③确定实施风险响应策略后出现的二次风险，并与主要风险一起进行管理和应对。④针对具体风险或项目签订保险、服务协议等相关合同，明确各方的责任，从而实现风险规避或风险减轻。

因此，项目风险应对过程的主要活动内容包括：①进一步确认风险影响。②制定风险应对策略措施。③研究风险应对技巧和工具。④执行风险行动计划。⑤提出风险防范和监控建议。

值得注意的是，以上项目风险应对过程主要针对已识别风险而建立。如果出现了未知风险或未识别风险，则需要启动风险应急机制，根据风险应急计划将所出现的风险迅速纳入正常的风险应对程序。

实施项目风险应对需要付出成本。因此，在考虑项目风险应对时，管理层需要评估该应对方法对风险发生概率和风险损失的效果。并从整体范围或整合视角进一步理解风险，选择使剩余风险能够在主体的风险承受范围内的应对方法。

（二）项目风险应对技巧

项目风险的复杂性和变动性增加了项目风险应对的难度，不同于具体风险的处置方式，项目风险应对更需要创造性和协作。

1. 创造性

项目的复杂性、一次性和临时性，要求项目风险应对具有创造性。即项目管理人员要基于创新思维提出项目风险应对的新想法和新方案。新思维的具体实现方式如下：

（1）实验。即利用尝试的方法，按照已知的过程获得可重复的实际结果。实验强调发现事实、收集信息、测试想法的新组合。

（2）探索。即通过类比来产生新的想法。探索可从新的角度处理问题，使项目组织有大潜力实现突破。

（3）校正。即利用已知方法和成功经验推进项目实施，在保证稳定性的前提下实现逐步改善。

2. 协作

在实际中，很少出现独立应对项目风险的情况，团队协作可以有效降低项目的风险。协作一般发生在两个或更多存在互补性技术的个体之间，通过彼此间的互动形成预期的或者全面的共识。互动中的人们由于缺乏了解和交流，协作时经常存在障碍，也可能产生新的风险。有效沟通是成功协作的基础，可以降低协作不确定性、获取新的知识和增加成功机会。为避免接发错误信息而影响交流，项目团队在商讨风险应对策略时最好采取正式交流组会形式并以书面文件记录和传达。小组协作、与小组的其他成员进行工作交流，是项目风险应对的基本要求。

三 项目风险应对策略

项目风险应对根据改变风险损失的性质、风险发生的概率或风险损失大小等内容可以提出多种策略。下面介绍风险规避、风险减轻、风险转移、风险接受、风险储备五种常用策略。[①]

（一）风险规避策略

风险规避是指主动放弃项目或更改项目目标与实施方案以避免风

---

① 马海英主编：《项目风险管理》，华东理工大学出版社2017年版，第83—87页。

险，一般用于风险发生概率较大和风险损失较严重的情形，且其他应对策略无效的时候。例如，某项目经风险评估发现潜在危险巨大，项目管理组织缺乏控制手段，且保险公司拒绝担保，此时应当放弃或终止项目，避免人、财、物的巨大损失。水利枢纽工程、核电站、化工项目等城市和工程建设项目可以考虑采取此策略。

选择风险规避时必须进行全面的风险分析与评估，对威胁出现的可能性和后果的严重性有足够的把握。并且，为避免项目建设中突然放弃或更改目标而造成的巨大损失，最好在项目执行前或者执行初期采取此策略。

根据应对风险的态度，风险规避可分为主动预防和完全放弃。主动预防是基于风险来源识别主动采取措施来消除风险。完全放弃是一种彻底避免风险的方式，虽然简单但会使组织丧失发展机会，需要全面分析和权衡后予以考虑。项目的复杂性和不确定性虽然给项目管理者带来挑战，但也能促进管理者发挥主观能动性和创造性，实现风险的有效控制或消除。

(二) 风险减轻策略

风险减轻是指降低风险发生的可能性或减少风险后果造成的损失，抑或二者都有，从而达到减轻风险的目的。风险减轻根据不同的风险类型采取不同的具体策略，风险类型包括已知风险、可预测风险以及不可预测风险。

对于已知风险，项目管理组织可以在很大程度上加以控制，即采用已有资源来降低风险发生的可能性和减少风险损失。例如，可以利用计划外的资金，对关键路径上的活动加以赶工从而压缩其工时，或者采取"快速跟进"的方式进行活动交叠，从而减少项目进度风险。因此，必须保证进度的收益超过实施应对策略所耗费的成本才能实施该策略。

对于可预测风险，项目管理组织对其控制力较小，可以采取间接迂回策略。例如，政府投资的公共项目，由于项目团队无法直接控制项目预算，项目执行中存在项目预算被政府削减的风险。为减轻此类风险，需要开展深入调查与研究以降低预算上的不确定性，实现对有

33

限的资源和资金的优化利用。

对于不可预测风险，项目管理组根本无法对其控制，也是最难减轻的一种风险。此类风险出现的概率虽小，但后果极其严重，有效应对方式是促使其尽早暴露，根据暴露过程和结果，尽快找出有效的风险减轻办法。

在实施风险减轻策略时，通常存在多个风险需要应对。根据帕累托的"80/20"原理，项目所有风险中只有一小部分对项目威胁最大，因此要集中力量专攻威胁最大的几类风险。

此外，项目风险和项目风险管理都是随时间而变化的，风险水平和管理成效完全取决于当时的情形，因此，风险减轻策略的动态实施至关重要。

（三）风险转移策略

风险转移也称风险分担，即在不降低风险发生概率和减轻不利后果的前提下，借用合同或协议，在风险事故发生时将一部分风险损失转移给项目的第三方。转移对象通常有能力承受或者控制这些项目风险。实施风险转移策略需遵循以下原则：①转移对象不仅要承担风险，还要得到相应的回报；②对于各种具体风险，选择此方面管理能力最强的组织去分担。

如果风险发生概率较小，但潜在损失较大，受项目自有资源限制无法实施减轻策略时，采取风险转移策略较为合适。风险转移方式可分为财务性风险转移和非财务性风险转移。

第一，财务性风险转移。常采用保险类风险转移方式，即项目组织与保险公司签订合约以对冲风险。项目组织向保险公司缴纳一定数额保费，当风险事件发生后，由保险公司承担项目风险损失，从而实现风险转移。

第二，非财务性风险转移。常采用项目外包的方式实现非财务性风险转移。即将项目外包给第三方，或者在保留项目的条件下以合同的形式把风险转移到第三方。需要注意的是，此策略不是不承担风险损失，而是改变风险损失的承担方，而此承担方是有能力降低风险损失的。在信息技术领域，项目外包可以让不同地区的员工获得不同的薪资待遇,从而转移高额的高级员工的管理费风险。

(四) 风险接受策略

风险接受是指有意识地选择承担风险后果。即如果无法针对整体项目风险采取主动的应对策略,组织可能选择继续按当前的定义推动项目进展。如果采取其他风险应对策略的成本超过风险造成的损失时,采取风险接受也是合适的。

风险接受策略又分为主动接受策略和被动接受策略。最常见的主动接受策略是为项目建立整体应急储备,包括预留时间、资金或资源等,以便风险事件发生时立刻执行应急计划;被动接受策略则不会主动采取行动,而是定期对整体项目风险的级别进行审查,确保其未发生重大改变。此时,项目管理组织可将风险造成的数额不大的损失视作项目费用进行核算。

(五) 风险储备策略

重大工程项目的复杂性导致实施中各种不确定性因素频发,计划并实施风险储备策略是实现项目预期目标的重要保障。风险储备是在项目开始前制订合适的项目风险应急计划和拟定应急措施。当项目进展出现重大偏差时,立刻启动应急计划并实施应急措施。项目风险应急储备措施主要包括预算、进度和技术三种类型。

1. 预算应急储备

预算应急储备也称应急储备金,是用于缓解风险的常用方法之一,是指在已定义了的项目范围下对未知成本要素的特殊预备。虽然可以从很多不同的角度来认识应急储备金,但其更多取决于承办项目的类型以及执行该项目的组织。在建筑项目中,通常是留出建筑价格的10%—15%作为偶发事件基金。而对于应急储备金的必要性的疑虑,可利用一些文档加以证明,这些文档记录了需要应急储备金的风险事件、不可预见或不可控的环境因素。同时,如果项目团队做好了应急资金使用的详细计划,这样的疑虑将更有可能被消除。建立应急储备金的目的是预防不可预知的风险,因此,有效利用这些资金的关键同样在于对使用它们的合理原因提前进行详细的计划编制。

应急储备金包括任务应急金和管理应急金两种形式[①]。

（1）任务应急金。它是应急储备金的最普通形式，被用来抵消产生于个人任务或者项目工作包的风险，如预算的削减、进度的延迟，或者其他不可预知的环境。这些任务应急金是进行风险管理非常有价值的形式，因为它们为项目团队在面对任务完成困难时提供了有力的支持。例如，一些项目的组件或者工作包非常特殊，或者具有创新性，那么关于它们的发展及相关成本评估的浮动范围必须为±20%或者更高。因此，当项目团队不能精准确定预算时，任务应急金成为弥补这一不足的重要方法。随着项目向前推进，由于项目范围变得越来越清晰，同时项目不断取得进展，因此对用于任务应急的预算储备金的需求变小，也就是说，需要使用应急储备金的事件很多已经完成。因此，为项目划拨一定的应急储备金对项目组织来说是最基本的要求，同时这些应急储备金也会随着项目的推进而逐渐减少。

（2）管理应急金。它是运用于项目层次的安全缓冲器，管理应急金是针对更高水平风险的预算安全措施。例如，项目团队遵循技术方针开始开发一个新的设备，而在开发过程的中期主要客户需要改变项目的范围，这些更改可能完全改变项目的技术性质，此时就需要动用管理应急金来应对这一问题。另外，管理应急金还被用于应对具有潜在巨大灾难性的"上帝行为"，这一般是指具有不可预见性和高破坏性的自然灾害等。

无论是任务应急金还是管理应急金，偶发事件储备基金的可获得性及沟通渠道的开放性都是非常重要的。高级管理层和项目管理者必须充分关注以下两个方面：①是否需要增加基金。②如何分配额外的项目预算。如果高级管理层或项目管理者将应急储备金用作一个政策工具或者是保持控制的方法，则其他部门就会很快形成利用获取这些储备金的心态。那么，这些关键干系人之间的沟通和气氛就会被不信任和保密所破坏，而不信任和保密是很可能导致一个项目失败的两个

[①] [美]杰弗里 K. 宾图：《项目管理》，鲁耀斌等译，机械工业出版社2010年版，第210—211页。

因素。

2. 进度应急储备

进度应急储备用于应对进度方面的各种不确定性。一般先由项目管理组织通过压缩关键活动的时间来制订一个完工时间较短且各项安排紧凑的进度计划，再在关键路线及其他必要地方设置一段时差或时间缓冲来应对扰动。压缩关键活动时间的方式是投入资源进行赶工，或者使活动交叠或并行，但这可能带来新的风险。

3. 技术应急储备

技术应急储备专门用于应对项目的技术风险，它是一段预先准备好的时间或一笔资金。技术应急储备使用的优先级在预算和进度应急储备之后。技术应急储备的使用条件是发生突发事件或意外事件，导致项目在技术上出现重大偏差急需补救的情况。

技术应急储备为时间时，即先准备好一段备用时间以应对技术风险造成的进度拖延。通常在进度计划中设置一个提醒项目管理者关注技术风险的里程碑。

技术应急储备为费用时，将其与正常预算分开并纳入公司管理备用金账目，由项目高层管理者统一掌管。高层管理者统一掌管的好处包括：①全面了解和掌握项目各部门面临的风险和总体风险概况。②当出现技术风险时，可以集中管理并立刻分配这些应急储备，实现资金利用最大化。③可以避免技术应急费被挪作他用。

总之，项目管理组织要根据项目中不同风险的特点合理选择和实施以上五种项目风险应对策略。在实施过程中，还需实时反馈风险和项目的变化情况和变化趋势，便于项目管理者及时根据最新情况调整应对策略，最大限度减少风险造成的损失。

第二节　韧性理论

韧性（Resilience）是指系统在受到破坏和干扰后仍能保持系统功能的能力，是不确定性环境下处理各类灾难、事故和危机等情况的关键概念。韧性管理（Resilience Management）是在扰动发生的不同阶段采取最优的管理决策，以确保系统正常运行和尽快恢复。韧性工程（Resilience Engineering）更多聚焦于研究社会技术系统领域中的韧性实现技术与方法。下面将分别从韧性、韧性管理以及韧性工程等方面展开详细探讨。

一　韧性

（一）韧性的概念

韧性这一术语已经被引入不同的领域，研究人员也给出了一些不同的定义。韧性一词首次出现在生态学领域，用来衡量系统的持久性及其在吸收变化和受到干扰仍能保持种群或状态变量之间相同的关系的能力。[1] 在防止灾害冲击方面，韧性被定义为物理系统和社会系统能够承受冲击带来的影响，并通过态势感知、快速反应和有效的恢复策略来应对冲击影响的能力。普遍使用的韧性是指一个实体或一个系统能够在破坏其状态的事件发生后恢复到正常状态。韧性的含义可从以下四个属性上进一步理解[2]。

鲁棒性（Robustness）：元素、系统和其他分析单元承受一定水平的压力或需求而不遭受功能退化或丧失的能力。

冗余性（Redundancy）：元素、系统或其他分析单元存在的可替代的程度，即在发生破坏、退化或失去功能时能够满足功能要求。

资源性（Resourcefulness）：在存在可能破坏某些因素、系统或其他分析单位的条件时，具有识别问题、确定优先事项和调动资源的能力。

及时性（Rapidity）：及时满足优先事项和及时实现目标的能力，以控制损失和避免未来的破坏。

为进一步刻画和评价韧性大小，韧性三角形的概念被提出，如图2-2所示。韧性三角形是指危机冲击下系统功能随时间下降的区

---

[1] Holling C. S., "Resilience and Stability of Ecological Systems", *Annual Review of Ecology and Systematics*, Vol. 4, 1973, pp. 1-23.

[2] Bruneau Michel, et al., "A Framework to Quantitatively Assess and Enhance the Seismic Resilience of Communities", *Earthquake Spectra*, Vol. 19, No. 4, 2003, pp. 733-752.

域，其中时间和系统功能分别以水平和垂直表示。系统功能在危机后下降，但逐渐恢复，从长远来看恢复到危机前的水平。高韧性的系统恢复迅速，而低韧性的系统恢复缓慢。

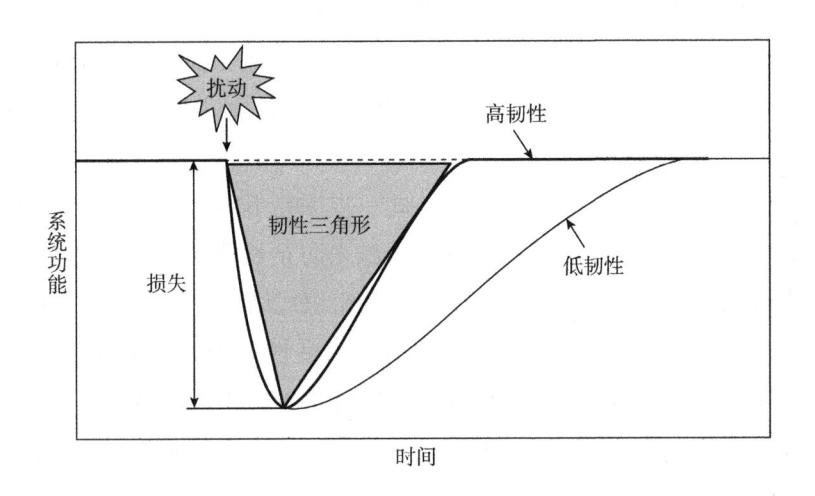

图 2-2 韧性三角形

上述韧性三角形概念主要针对紧急情况。同时，韧性也与通常情况下社会技术系统中可靠性和安全性有关。由此，韧性可进一步分为紧急韧性与一般韧性。其中，紧急韧性对应于从系统功能的快速崩溃中恢复，而一般韧性对应于从系统功能的缓慢退化中恢复。

（二）韧性分析

不确定性广泛存在于个体和系统通过有意或潜意识的成本效益计算所产生的未来行动中。在系统层面活动中的这种不确定性可能产生意想不到且影响广泛的负面结果，从而造成巨大和持久的损害。在不确定性情况下，采用临时决策或者基于经验决策所得到的结果不佳，需使用算法、辅助工具和决策支持系统来处理所有活动的关键要素。对于较低不确定性情况，这些决策对活动执行的支持可能相对简单。对于较高不确定性情况，则需要部署冗余来减少潜在危害，以及收集数据来获得有关风险发生可能性和规模的更多信息。在这种高度不确定的环境中，需要使用形式化的决策软件或广泛的信息收集活动，以实现特定场景中更佳的成本效益权衡。然而，在权衡中可能会遇到尚未考虑到的风险事件，因而其最终结果并不总是有效的。

风险分析是系统保护的重要手段，它通过承担和吸收一系列威胁来增强防范或减轻风险的能力。但在处理高复杂性或高不确定性问题时，其有效性大打折扣。风险分析更像一种实现安全保护以应对不利事件的"刚性"框架，无法应对预防和保护计划之外的重大事件的冲击。

韧性分析在风险分析的理念上进一步深究不确定性因素，强调针对影响系统稳定的潜在威胁，制定措施来防止长期损失。韧性分析寻求支持系统的灵活性，并最终为当前的组织或结构提供了"软着陆"。因此，韧性分析更关注目标系统中的"灵活性"和"适应性"。韧性分析是一个系统的过程，以确保重大的外部冲击不会对特定系统的效率和功能产生持久损害。这种方法对应对日益全球化和相互关联世界中的挑战和不确定性是非常必要的。①

一般风险管理在应对极端事件时强调保护性和预防性的基础设施，这将付出较大代价。而韧性分析的目标不仅要以经济有效的方式预防可预防的事件，还要提高受影响的个人或系统应对复杂或极端事件的反弹能力，或者减少修复受影响的基础设施所需的时间和资源。因此，韧性分析可以为政策制定者和利益相关者应对系统危险提供更大的预先防御。② 韧性分析为系统应对各种威胁做了充分准备。它识别系统内部和系统之间的相互联系和相互依赖，分析系统中一个节点的影响或变化如何在不同程度上对其他直接和间接连接的节点产生级联效应，并采取措施防止这种级联故障，再优化投入资源以帮助系统在受到冲击时更有效地从破坏中恢复。在工程领域，韧性分析应用较为成熟。例如，韧性分析被应用于地铁建造过程的风险管理中，通过

---

① Linkov Igor, et al., "Risk and Resilience must be Independently Managed", *Nature*, Vol. 555, No. 7694, 2018, p. 30.

② Sikula R. Nicole, et al., "Risk Management is not Enough: A Conceptual Model for Resilience and Adaptation-based Vulnerability Assessments", *Environment Systems and Decisions*, Vol. 35, No. 2, 2015, pp. 219-228.

利用破坏性事件发生后地铁工程系统的可靠能力和恢复能力的概率来量化韧性，从而提升整个系统抵抗和应对风险灾害的能力。[①]

韧性分析需要使用定量数据和定性评估方法，从而更为灵活地应对高不确定性。定量数据来自实地工程测试或计算机建模结果，决策者据此评估某些风险对人类或自然基础设施可能造成的后果。定性评估通常由主题专家、社区领导或非专业公众进行，并且记录各种应用情况以进行更精简的评估。当前，为衡量地区、国家和国际各级的系统韧性，提升对灾难性事件（通常是低概率、高后果的"灾害"）的系统或基础设施的反应能力，定性分类系统、韧性矩阵、网络分析等从简单到复杂的评价方法被提出。其中，信息的可用性和用户的需求将决定所选评价方法的复杂程度。

当前，韧性分析中开始使用新兴智能技术，如物联网、自动控制和可穿戴技术等。智能系统使用连接技术（传感器、监视器、数据记录器）来连续和实时地聚合和分析数据，并将所有信息提供给单个指挥部，使管理人员能够快速作出决策并进行适应性控制，以应对系统干扰。还有一些智能系统利用内置的算法进行决策，以完全绕过人的因素。智能技术可以通过检测突发行为和抢占干扰，减少干扰后评估损失程度所需的时间，或通过对一系列情况的适应性响应，极大地提高韧性能力。算法非常适合系统经历定期的、可预测的和可管理的扰动，从而使适当的响应措施被编入人工智能单元。集中式命令结构可用于应对新出现的和不可预测的威胁。

二 韧性管理

（一）韧性管理的步骤

韧性管理者面临的关键问题是，如何确保系统在扰动发生期间尽可能地发挥最佳性能，并在扰动发生之后迅速恢复？这一问题对于复杂系统的研究尤其突出。大型组织都依赖各种相互连接的系统和子系统的正常运行，如能源网、安全高效的信息系统、医疗供应链等。

---

① 陈群等：《基于贝叶斯网络的地铁工程系统韧性评价》，《中国安全科学学报》2018年第11期。

在没有清晰策略来减轻或防止概率极低但后果严重的威胁时,韧性管理是一种应对此类问题的重要手段。无论应用于何种情况,韧性管理都强调有效应对系统层面的级联威胁,即其中一个子系统的扰动可能引发其他连接系统的剧烈变化。韧性管理被应用到复杂大型铁路基础设施系统中,成为一种长效的持续改进机制,保证铁路的安全稳定运营。①

从时间上看,系统韧性并不是一个扰动造成损失的单一时刻,而是一个系统在扰动发生之前、期间和之后如何运作的过程。在此过程中,韧性管理计划、准备、承受、吸收、恢复和适应各种扰动和威胁的步骤如图2-3所示。此方法中的系统韧性不断变化,系统核心功能也在不断变化,从而有效应对威胁。②

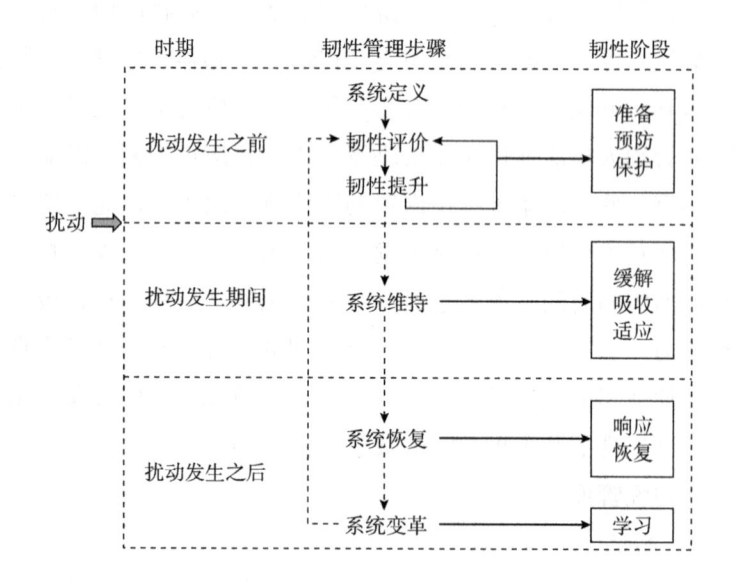

图 2-3 韧性管理的步骤

---

① 孙锐娇等:《复杂大型铁路基础设施系统的韧性问题探讨与管理模型构建》,《工程建设》2022年12期。
② Linkov Igor and Trump Benjammin, *The Science and Practice of Resilience*, Springer International Publications, 2019, pp. 9–11.

在扰动发生之前，韧性方法聚焦于计划和准备阶段，韧性管理主要识别和评估各种系统威胁，内容包括：一是识别和解释与系统受到的威胁有关的信号。二是探讨系统的结构以及与其他系统的联系。[①] 其中，信号检测是一项困难的、经常性的任务，但可以更好地理解未来不同时间点可能出现的各种系统性威胁。同样，绘制一个系统内的各种连接和依赖关系图以帮助识别可能产生级联失效的关键功能。

在扰动发生期间，韧性方法聚焦于承受和吸收阶段，韧性管理主要是降低系统威胁的程度，制定应对各种冲击并保持系统核心能力的策略。[②] 系统基于预防方法完成应对威胁时的准备和吸收工作。系统的核心操作在尽可能长的时间内要优先于非必要的服务。同时，加强对系统不同功能的"硬化"，限制扰动对系统的破坏程度和范围，从而使系统功能保持正常运行变得更加容易。

在扰动发生之后，韧性方法聚焦于响应和恢复阶段，韧性管理主要强调系统在威胁到来后的表现，通过恢复和学习有效地抵御扰动所造成的严重破坏。恢复是指尽可能快速、低成本和有效地恢复失去的系统功能所做的努力，学习则集中于系统改变和更好地处理未来类似的威胁所具备的能力。向事故学习的能力是系统韧性的一个重要方面，把系统所遭受的风险冲击和扰动看作改变和优化系统安全状态的机会，其目的是使系统达到更高、更稳定的安全状态。[③] 恢复和学习使利益相关者进一步考虑扰动造成的渗透效应，被认作韧性管理对风险分析、评估和管理的新补充。

（二）韧性管理的领域

韧性管理应用在四个以网络为中心的运作领域。当一个关键性或破坏性的事件发生时，每个领域都会受到不同但同样重要的影响，而

[①] Patriarca R. et al., "Resilience Engineering: Current Status of the Research and Future Challenges", *Safety Science*, Vol. 102, 2018, pp. 79-100.

[②] Park J. et al., "Integrating Risk and Resilience Approaches to Catastrophe Management in Engineering Systems", *Risk Analysis*, Vol. 33, No. 3, 2013, pp. 356-367.

[③] 黄浪等：《韧性理论在安全科学领域中的应用》，《中国安全科学学报》，2017年第3期。

在一个领域的成功不一定能保证在其他领域产生相同的结果。这四个领域包括[①]：物理领域，传感器、设施、设备、系统状态和功能；信息领域，数据的创建、操作和存储；认知领域，理解、心理模型、先入之见、偏见和价值观；社会领域，个人和实体之间的互动、协作和自我同步。

物理领域一般代表事件和反应在整个环境中发生的地方，通常是在外部冲击或关键风险事件发生期间和发生后最明显的受损系统。比如，交通基础设施、向公众和私人提供服务的能源网络。[②] 因此，韧性管理的物理领域通常是那些最直接受到危险事件影响的基础设施要素，而其他领域包括作为对物理能力和资产损害的反应结果和行动。在该领域中，韧性管理的目标是使基础设施或系统资产恢复到全部效率和功能，供其原所有者或用户使用。

信息领域是知识和数据存在、变化和被分享的地方。这里的此类元素可以包括公共或私人数据库，这些数据库越来越多地受到私人黑客和其他攻击性对手的潜在攻击。在信息时代下，充分防范这种攻击带来的风险，加强信息系统在攻击下的韧性，对政府机构和私营公司都是至关重要的。在该领域中，韧性管理的目标是让信息资产为各种潜在的攻击做好准备，同时也保证这些系统能够在后期对这些威胁作出快速和安全的反应。这样，风险准备、风险吸收和风险适应使信息和网络安全韧性成为各级政府和商业利益相关者日益增长的优先事项。[③]

认知领域包括为决策提供依据的感知、信念、价值观和意识水平。由于依赖物理基础设施和通信系统来组织公众应对灾难，认知领域的因素很容易被忽视。然而，公众对应对冲击和压力策略的看法、

[①] Linkov Igor and Trump Benjammin, *The Science and Practice of Resilience*, Springer International Publications, 2019, pp. 12–13.

[②] DiMase Daniel, et al., "Systems Engineering Framework for Cyber Physical Security and Resilience", *Environment Systems and Decisions*, Vol. 35, No. 2, 2015, pp. 291–300.

[③] Linkov Igor, et al., "Measurable Resilience for Actionable Policy", *Environmental Science and Technology*, Vol. 47, No. 18, 2013, pp. 10108–10110.

价值观和认识水平，是成功实施韧性管理的关键。① 如果没有明确、透明和合理的政策建议来承认既定的信念、价值观和观念，那么即使制订了最好的韧性计划最终也会失效。例如，在国际基础设施开发项目中，决策者或风险管理者制定了具有鲁棒性且认为明智的解决方案，但被当地人认为违背了既定的习俗或做法而拒绝。

社会领域关注相关实体之间和相关实体内部的互动。社会领域中的重要研究对象是社会韧性。社会韧性适用于各种规模的社会和社区，从当地社区和城镇到更多的地区甚至国家政府。社会领域与信息领域的信息信任都具有联系。当社区不信任信息的来源时，信息也不会被相信，社区更不会花时间去核实信息的真实性，这就导致当局或组织需要社区参与，以增强他们的社会关系和社区内的信任。

这些不同领域往往有所重叠，并存在于所有系统中。例如，为了共享信息领域的信息，物理领域的基础设施或社会领域的互动必须支持传播。不同领域的关注可以确保决策者或风险管理者获得对其政策领域的全面理解，并能明确冲击或压力如何引发以前难以理解的级联后果。

三 韧性工程

（一）韧性工程的概念

韧性工程旨在提高复杂社会技术系统在面对扰动、破坏和变化时的适应或吸收能力。在面对持续的生产或经济压力时，韧性工程强调积极主动地使用各种资源，创建稳健而灵活的流程，监测风险并修订风险模型，从而实现各级组织能力的有效提升。②

系统是一组相互作用并创造新兴事物的元素属性构成的整体。系统还包含子系统，子系统是系统中本身可能具有相似属性的元素组。所有系统都存在于特定的环境中，划定了边界并相互作用。系统因涉及利益相关者而存在一定目标。一个复杂的社会技术系统，包括人类

---

① Wood D. Matthew, et al., "Quantifying and Mapping Resilience within Large Organizations", *Omega*, Vol. 87, No. 1, 2019, pp. 117-126.

② Patriarca Riccardo, et al., "Resilience Engineering: Current Status of the Research and Future Challenges", *Safety Science*, Vol. 102, 2018, pp. 79-100.

作为系统组成部分,显示了系统不同部分之间的非线性相互作用。这种相互作用使我们很难用分解原理来理解系统。复杂系统的研究在过去的几十年里取得了很大进展,揭示了非线性复杂系统的新现象,如出现、混沌、分形、程式化事实和幂律等。这些工作表明,高度罕见事件的概率比线性系统模型和正态分布预测的要大得多。这样一个不可能的超出人们想象的事件被称为"黑天鹅"事件。基于线性系统假设和分解原理的风险管理无法预见这种罕见的事件。因此,韧性工程在日常风险分析中,有必要考虑复杂系统的非线性、自组织或混沌性质。

从系统的角度来看,韧性是一个系统在变化和扰动发生之前、期间和之后调整其功能的内在能力,以便它能够在预期和意外的条件下维持所需的操作。系统安全的研究认为事故不是组件故障的线性组合,而是由系统功能质量变化的非线性组合引起的,因而将韧性工程视为一种更全面和更先进的风险管理概念。传统的风险管理的目标是将风险抑制在允许的限度以下,而韧性工程中的风险管理的目标是提高系统在变化、扰动和不确定性下抑制性能变化的能力。因此,韧性应对的系统条件包括正常条件下的稳定运行、防止异常条件下的事故、减少事故后的损失、从损坏条件中快速恢复。从适应不同条件的能力角度来看,韧性工程包含以下四个本质特征[①]。

第一,缓冲能力(Buffering Capacity)。它是指系统吸收或抵抗变化或扰动的能力。代表系统能够吸收或适应的大小或类型,而不造成性能或系统结构的根本故障。前文提到的韧性三角形可以是缓冲能力的度量,它表示从损坏中恢复的速度。

第二,灵活性(Flexibility)。它是系统对外部变化或压力进行重构的能力。灵活性一般涉及系统通过重构、保留以及来自过去经验的学习来适应变化和扰动的能力。

第三,宽裕度(Margin)。即系统运行时相较于一种性能边界的

---

① Hollnagel Erik, et al., *Resilience Engineering: Concepts and Precepts*, Aldershot, UK: Ashgate, 2006, pp. 21-34.

接近程度或者危险程度。宽裕度衡量的是当前操作点和最近的边界之间的距离。它属于传统风险管理的范畴，即必须保持足够的边际，以便系统超出安全区域的可能性不超过设计基础。

第四，容忍度（Tolerance）。衡量系统在边界附近的表现，即系统是随着压力的增加而缓慢退化，还是当压力超过自适应能力时迅速崩溃。容忍度表示系统功能在安全边界之外的退化。在一个没有容忍度的系统中，该功能会立即下降到边界之外。

韧性工程的系统内存在不可忽视的相互依赖关系。社会是由许多连接在一起的系统组成的一个复杂体系。如果把韧性工程系统分开看，就不可能理解整个系统的行为。城市内电力系统、供水系统、运输系统和电信系统等关键基础设施通常相互关联，关联性体现在不同类基础设施系统之间的地理关联、物理关联、网络关联和逻辑关联等不同方面。例如，电信系统在没有供电的情况下不能工作，电力系统使用电信系统进行控制。一个系统的崩溃有时会导致其他系统的崩溃，扰动也可能通过不同系统之间的相互依赖关系进一步传播到另一个系统。因此，一个基础设施系统中的小故障可以导致其内部以及其他基础设施系统的级联故障，从而极大地影响区域或国家的经济系统以及人们的生活。[1]

当前，城市系统各类资源与要素关联度增大，致灾因子种类繁多，风险也呈现无序性和不确定性。灾害风险因子不断叠加耦合，城市暴露度与脆弱度随之提升，灾害连锁反应导致发生系统性风险的概率不断增加。极易产生次生风险和衍生风险，形成复杂多变的复合风险综合体，风险防控难度剧增。[2] 为了防止在发生毁灭性的自然灾害、恐怖袭击或市场危机时发生这种级联故障，有必要了解系统行为以及其中的相互依赖关系，并采取补救措施以消除系统中的脆弱性。因此，为了增强系统韧性，需要开发大规模的模拟技术从而在应对计划

---

[1] 毕玮等：《城市基础设施系统韧性管理综述》，《中国安全科学学报》2021 年第 6 期。

[2] 房玉东等：《安全韧性城市防灾减灾发展策略研究》，《中国工程科学》2023 年第 1 期。

的制订中考虑这种相关性。

（二）韧性工程的实现

传统的风险管理方法是最大限度地检测和消除系统中的潜在缺陷。然而，在现实中大部分社会技术系统是存在缺陷的。虽然系统中的功能变动无法避免，但功能变化的共振和传播可以减弱，从而避免事故发生。因此，对环境变化的灵活响应是实现韧性工程的关键。在每个社会技术系统中，经常发生的细微变动的发展趋势是随着环境变化而变化的。在此过程中，不断收集、分析此类事件的信息，并参照分析结果更新设施、组织或操作，对于避免大型事故至关重要。与一般的事故或事件分析相比，这种活动可看作更大规模的组织学习或系统演化。

在社会技术系统中，为防止功能变动的共振与演化，组织必须重复四种活动：预测、监控、响应和学习，如图2-4所示，韧性工程在实现中需要建立并管理好这四种活动[①]。

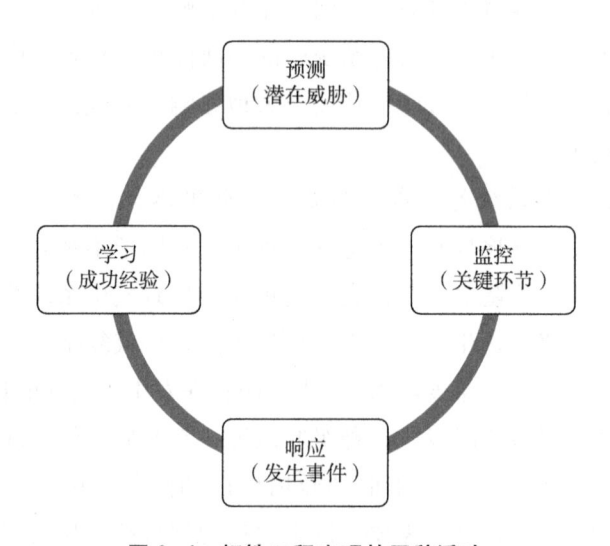

图 2-4 韧性工程实现的四种活动

---

① Shi Zihai, et al., *Structural Resilience in Sewer Reconstruction: From Theory to Practice*, Butterworth-Heinemann_ RM, 2017, pp.40-41.

第一，预测。即通过预计未来的发展、威胁和机会来明确将发生什么，并为此做好相应准备。其目的是识别可能对系统的功能产生积极或消极影响的未来事件、条件或状态变化，从而提高挖掘潜力的能力。

第二，监控。即采取有效手段来监测系统自身性能以及环境的变化，以发出导致不利绩效变动的预警信号。重点对象是那些在短期内已经成为或可能成为威胁的事物，是一种解决关键问题的能力。监控使系统能够在近期可能出现的威胁真正发生之前就解决它们。为了使监控具有灵活性，必须经常对其监控基准进行评估和修订。

第三，响应。即能够及时有效地对已发生的事情（威胁或机会）作出反应，这对一个系统、组织或有机体的生存至关重要。响应中必须准备好所需的资源，或者在需要时灵活地提供必要资源，才能及时地检测问题并采取相应行动。

第四，学习。即从过去的表现中吸取经验，并重构自己以进行适应，从而使系统能够吸收长期的变化。学习的有效性取决于学习的基础，即考虑哪些事件或经验，以及如何分析和理解事件。由于成功的事情一般多于失败的事情，因此从有代表性的事件中学习比仅从失败的事件中学习更有价值。

上述流程活动在相关领域已开发出许多基础技术，未来预计还有新的技术出现。需要综合运用这些技术来研究系统韧性并实现研究成果的社会价值。

在韧性评价方面，虽然韧性三角形是一种简单、应用性较强的方法，但在系统功能的检测上仍具有一定的任意性。系统恢复的成本是韧性评价的重要考虑因素。当韧性三角形的面积相同时，更小的系统韧性需要花费更多的成本。在韧性的基本能力中，安全宽裕度可以用传统风险管理中的风险指标来表示，但其他三个能力的指标有必要进一步探讨。此外，不同利益相关者是韧性评价要考虑的另一因素。社会技术系统的功能重要程度取决于特定利益相关者所处的情境。比如在医疗系统韧性评价中，应更多考虑社会弱势群体的利益，而不是社会大众的公共印象。

韧性工程的顺利实现离不开有效的决策支持。在社会技术系统的功能受到严重破坏的危机下，非常需要某种机制来收集有关损害的位置、类型和规模、受害者的要求，以及可用于系统恢复的资源分配的信息，并将这些信息及时提供给决策者。然后，决策者必须从大量收集到的信息中选择所需的关键信息，并利用图像处理、数据挖掘、信息检索和可视化等技术进行处理和呈现。其中人为因素不可忽略，如果信息与决策者的认知特征或者认知能力不相符，则很难被有效利用。此外，通常在紧急情形下作决策的不是个人，而是一个小组或一个组织，沟通与团队协作等组织因素也必须考虑。除了识别紧急情况，还要实时执行恢复计划，并考虑到系统的相互依赖关系。对此，应常采用情景模拟、计划优化和决策支持系统等技术工具。

第三节　关键链缓冲管理法

一　关键链项目管理概述

（一）约束理论

约束理论（Theory of Constraints，TOC）起源于Goldratt博士最初所倡导的最优生产排程（Optimized Production Timetables，OPT）系统。约束理论以系统的观点看待事物，认为任何一个系统都必然有其存在的目标，而在达成目标的过程中必然有其约束存在，约束的存在表明有改进的机会。约束理论从正面看待系统的约束，认为约束决定了系统的表现，不断改进系统的约束将可以改进其表现。约束理论强调以系统的约束（如实体或政策的约束）作为管理的焦点，将有效资源放在最有利于提升系统绩效的地方。约束理论提出了持续改进的五步法[①]。

第一步，识别系统中存在的约束。找出制约系统的各个约束，按

[①] Blackstone H. Jone, et al., "A Tutorial on Project Management from a Theory of Constraints Perspective", International Journal of Product Research, Vol. 47, No. 24, 2009, pp. 7029-7046.

照其对系统目标影响的大小对这些约束进行排序。

第二步，设法充分利用约束，使约束尽可能地高效运行。约束决定着系统的产出，针对已找出的约束，先考虑是否已经充分利用，如果未充分利用，再考虑如何彻底、充分地运用约束。这是在最短时间内提升系统产量的最快方法。

第三步，尽可能地让系统所有其他部分支持第二步的内容。即为了充分利用识别出的约束，其他所有非约束项必须全力配合。

第四步，提升约束的能力。在已充分利用现有约束和系统其他部分后，必须提出改进措施来提升约束的能力，使此约束不再成为系统产出的关键制约，此时系统将会出现新的约束。

第五步，避免惰性，持续改进。在实施第四步的改善措施后，约束会转移到其他地方，此时需要返回第一步重新开始，形成改善循环，做到持续改善。但在现实中，往往取得的成果越大，就越容易满足现状，进而引发惰性，因此必须避免惰性，为进一步的改善付诸行动。

（二）关键链项目管理

约束理论在应用于生产领域取得突破性成效后，又被应用于项目管理领域。Goldratt 博士于 1997 年出版了著作《关键链》，提出了关键链项目管理（Critical Chain Project Management，CCPM）方法。CCPM 方法受到国内外学者的广泛关注，成为项目管理领域理论研究的热点，被认作项目管理领域自提出计划评审述（Program Evaluation and Review Technique，PERT）和关键路径法（Critical Path Method，CPM）以来最重要的进展之一。[1] CCPM 认为传统项目管理方法在估计各活动的执行时间时包含大量的安全时间，由于学生综合征（Student's Syndrome）、帕金森定律（Parkinson's Law）、多任务、资源受限以及工作间的相依关系等多种原因，使安全时间只能保证该活动按期完成，却无法保证整个项目的按期完成。因此，CCPM 提出以

---

[1] Newbold C. Robert, *Project Management in the Fast Lane-Applying the Theory of Constraints*, Boca Raton: The St Lucie Press, 1998, pp. 98-99.

下思想与方法，对项目进行计划与控制：

第一，以50%可能完成的概率，重新估计活动执行时间；

第二，消除多任务，以项目工期最短、在制品最小为目标；

第三，同时考虑活动的紧前关系和资源约束，构建网络图，按活动最晚开始时间制订项目基准计划（Baseline Schedule），将最长的路径作为关键链。关键链制约了整个项目的工期；

第四，估计缓冲（Buffer）大小，在网络图中插入缓冲，通过缓冲来应对项目执行环境的不确定性，保持项目基准计划的稳定；

第五，在项目执行过程中，建立基于缓冲消耗的预警机制，实施项目控制，以保证整个项目按期完工。

CCPM以系统的观点从项目整体考虑问题，较好地解决了资源约束和不确定性问题，能够很好地消除项目组成员的"学生综合症"，有效解决项目间及项目内部的"多任务"情形，明显降低项目受不确定性因素影响的程度，改善项目计划与控制的执行环境，缩短项目工期。因此，CCPM被广泛应用于工程建筑、工厂制造、医院保健等不同领域，在管理不确定性和提高系统绩效方面取得了显著成效。Yeo和Ning[1]将关键链项目管理用于建筑工程项目以管理风险和降低不确定性。Kuo等[2]应用关键链缓冲管理方法改进装配工厂的交货期管理。Bevilacqua等[3]将关键链项目管理和风险分析应用到精炼厂的制造工艺中，提升了管理绩效并降低了事故风险。Umble和Umble[4]将缓冲管理应用到服务业的卫生保健系统环境中，在没有额外投入的前提下缩

---

[1] Yeo K. T. and Ning J. H., "Managing Uncertainty in Major Equipment Procurement in Engineering Projects", *European Journal of Operational Research*, Vol. 171, No. 1, 2006, pp. 123–134.

[2] Kuo T. C., et al., "Due-date Performance Improvement using TOC's Aggregated Time Buffer Method at a Wafer Fabrication Factory", *Expert Systems with Applications*, Vol. 36, No. 2, 2009, pp. 1783–1792.

[3] Bevilacqua M., et al., "Critical Chain and Risk Analysis Applied to High-risk Industry Maintenance: A Case Study", *International Journal of Project Management*, Vol. 27, No. 4, 2009, pp. 419–432.

[4] Umble M. and Umble E., "Utilizing Buffer Management to Improve Performance in a Healthcare Environment", *European Journal of Operational Research*, Vol. 174, No. 2, 2006, pp. 1060–1075.

短了病人等待时间，提高了医院急诊部门绩效。此外，CCPM 也被许多国际知名公司采用以缩短项目工期。例如，美国通信设备制造商哈里斯半导体公司（Harris Semiconductor）成功地将建设半导体工厂的时间从行业平均 46 个月缩短至 14 个月，以色列航空公司将飞机的平均维护时间从 3 个月缩短至 2 周，朗讯科技公司将研发项目的平均工期缩短了 25%。

（三）关键链多项目管理

在多项目管理环境下，资源竞争更激烈，存在一种资源比其他资源的负荷都大，它限制了系统能处理项目的最大数量。CCPM 认为这种资源就是系统的能力约束，又称为能力约束资源（Capacity Constraint Resource，CCR），或"鼓"资源。"鼓"资源的时间安排决定了所有项目的排序。[1] 基于此，Goldratt 应用约束理论至多项目管理中提出了项目整体绩效持续改进的五步法[2]。

第一步，找出多项目系统中的"鼓"资源。当某种资源经常处于供应短缺状态或过度使用状态，即为"鼓"资源，它是影响多项目整体工期的关键因素。如果存在多种负荷严重的约束资源，那么可以选择对多项目整体进度影响最显著或贡献最大的资源，或者选择在进度计划中最先使用的资源，将其识别成为"鼓"资源。

第二步，挖潜多项目系统中的"鼓"资源。一是对每个项目制订关键链进度计划。二是设定各个项目的优先级，排定优先级的目的是确定"鼓"资源使用的优先顺序，消除使用"鼓"资源的多任务影响。可以使用单位"鼓"资源对多项目整体进度贡献程度确定优先级。三是创建"鼓"资源的多项目进度计划。即在分析各项目"鼓"资源的需求信息基础上，根据项目优先级交错各个项目以解决资源冲突，实现项目完成数量最大化和完成时间最短化。

第三步，"次要化"单项目进度计划。一是根据"鼓"资源计划

---

[1] Leach Larry, *Critical Chain Project Management*（2nd edition），London：Artech House Inc，2005，pp. 153-154.

[2] 马国丰、尤建新：《关键链项目群进度管理的定量分析》，《系统工程理论与实践》2007 年第 9 期。

确定每个项目的启动时间；二是指定首次使用"鼓"资源的任务到项目结束所形成的链作为关键链；三是在两个项目之间设置能力约束缓冲，即配置在紧前项目最后一个使用"鼓"资源的活动与紧后项目第一个使用"鼓"资源的活动之间，以平衡"鼓"资源的过载负荷，从而有效应对上游关键链中各活动不确定性的影响。在每个使用"鼓"资源的活动之前设置"鼓"缓冲，以避免"鼓"资源短缺而导致活动无法开工。

第四步，提升"鼓"资源的能力。主要依靠增加"鼓"资源的数量进行提升。

第五步，重新回到第一步，识别新的"鼓"资源，不要让思维惯性成为制约因素，从而实现多项目管理绩效持续改善。

在多项目关键链调度中，多项目资源缓冲（"鼓"缓冲）和能力约束缓冲是多项目关键链调度区别于单项目关键链调度的两个主要特征。关键链项目管理成功运用于多项目领域的实际案例不多，正处于探索阶段，成为当前理论研究的热点方向。[①] 运用关键链实施多项目管理后，需要建立一套绩效评价指标和方法，并对其绩效进行评价，同时要与传统的资源受限多项目调度方法进行比较，来验证其功效。多项目中的项目组合和优先级排序问题，是多项目中解决资源竞争实现多项目绩效最优的重要内容，目前提出的排序方法很少，多为定性分析，且优先权设置考虑的因素单一，有必要进一步研究定量模型。多项目中的能力约束缓冲是为系统"瓶颈"而设的，用以确保"瓶颈"资源在需要时可以获得，同时它也决定了所连接的下一个项目的开始时间，因此它的大小对项目总时间影响很大。当前一般认为其大小是"瓶颈"资源活动的50%，这种方法过于简单，需要根据能力缓冲的本质和多项目特点来进一步准确估计。

二 关键链计划

CCPM本质上处理的是具有不确定性的资源受限项目管理问题，

---

① 彭武良、黄敏：《资源约束多项目调度问题研究现状与展望》，《系统工程学报》2022年第3期。

它尤其适用于不确定性较大的项目环境。在不确定性环境下，项目执行过程中会面临大量的不确定性因素。如果项目基准计划受到这些因素的扰动，则会导致项目严重延误，进而又引发项目成本超支、资源局部闲置，产生更高的在制品库存，以及频繁重新调度而增加系统紧张度。[1] 因此，插入不同缓冲的关键链计划（Critical Chain Scheduling，CCS）被认作一种有效的进度风险预应方式。制订关键链计划包括两个内容：制订基准计划和关键链重排。

（一）制订基准计划

在单项目环境中，关键链是考虑任务和资源依存关系的最长路径，是项目进度的制约因素，制订关键链基准计划并以此对项目进行调度是应用关键链项目管理的第一步。

首先，CCPM 认为应保护项目工期而不是保护单个活动工期，提出活动持续时间应被设定为乐观估计，以避免活动估时中所加入的安全时间被浪费。这是因为活动持续时间在本质上是随机的，当人们对所必须执行的活动进行估时时通常有夸大的倾向，即采用悲观的时间估计。在平均估时和悲观估时之间的差异被认作安全时间。然而，安全时间在如表 2-1 所示的几种人的行为因素影响下会失去保护作用。这种不包含安全时间的乐观时间估计是关键链基准计划的输入要素。但活动的乐观估时难以应对不确定性较大的项目环境，因而活动的安全时间被集中起来作为项目缓冲/输入缓冲，并被配置在关键链计划中，实现各活动"风险共担"的效果[2]。

表 2-1　　　　　　　　　　估时中人的行为因素

行为名称	具体含义
学生综合征	当活动估时中加入安全时间时，人们倾向于直到非常紧急时刻才开始，这类似于学生直到考试截止日期才开始学习的行为现象

---

[1] Herroelen Willy and Leus Roel, "Project Scheduling under Uncertainty: Survey and Research Potentials", *European Journal of Operational Research*, Vol. 165, No. 2, 2005, pp. 289-306.

[2] Vanhoucke Mario, *Integrated Project Management Sourcebook: A Technical Guide to Project Scheduling Risk and Control*, Switzerland: Springer International Publishing, 2016, p. 159.

续表

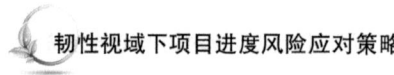

行为名称	具体含义
帕金森定律	当活动估时中加入安全时间时，人们会感到更加舒适且没有动力去加快工作进度。因此，工作总会延续直至填满所分配的时间，从而消耗了活动安全时间
墨菲定律	如果事情有可能出错，那它就会发生。这导致活动实际时间有可能比悲观时间估计还要长。因此，人们倾向于在估时中加入更多的安全时间

其次，与传统资源受限调度方法不同，CCPM按照活动最晚开始时间并以项目完工期为结果向后逐步解决资源冲突，从而制订基准计划。与基于最早开始时间的调度方法相比，这种以最晚开始时间构造的资源可行调度方案具有以下诸多优势：一是最大限度地减少正在进行的总工作量，从而构建了更加均衡的资源负荷；二是推迟重要现金的流出，从而有利于最大化项目的净现值；三是活动执行时更多的不确定性信息被了解，从而减少返工现象。不可忽视的是，构建最晚开始时间的计划表使活动松弛量消失进而可能危害项目完工期，但缓冲插入基准计划后会极大消除这种负面影响。[①]

最后，设计启发式算法识别关键链。关键链是遵从任务关系和资源约束下的最长路径，主要从如何解决资源冲突方面设计启发式算法来识别关键链和非关键链。田文迪和崔南方[②]运用动态规划的思想设计了一个启发式算法来识别关键链和非关键链。提出当存在多条关键链时，选择其中一条关键链，其他关键链可看作非关键链，并在其后设置输入缓冲以保护其按时执行而不影响到选取的关键链。

（二）关键链重排

以上制订的基准计划没有插入缓冲，无法应对各种不确定性因素。CCPM提出将缓冲插入基准计划以提高不确定性环境下的项目按时完工概率。具体来说，有三种类型的缓冲：输入缓冲（Feeding

---

[①] Vanhoucke Mario, *Integrated Project Management Sourcebook: A Technical Guide to Project Scheduling Risk and Control*, Switzerland: Springer International Publishing, 2016, p.164.

[②] 田文迪、崔南方：《关键链项目管理中关键链和非关键链的识别》，《工业工程与管理》2009年第2期。

Buffer，FB)、项目缓冲（Project Buffer，PB）和资源缓冲（Resource Buffer，RB）。RB被设置在关键链上的活动之前，用于保证关键链上的活动所需资源能够按时到位。FB被设置在非关键链与关键链交汇的地方，保证关键链上的活动不会因为等待非关键链上的活动而产生延迟。PB被设置在项目的最后，以保证项目按期完工。这种基于缓冲的项目计划可以作为项目监控的仪表板以触发纠正措施。然而，在基准计划插入缓冲后，会在某些地方产生资源冲突。因此，有必要对原有基准计划进行重排。[①]

图2-5和图2-6显示了项目基准计划插入缓冲后出现资源冲突情况。首先，图2-5（a）中项目网络中每个节点上方的数字用于表示活动的乐观估时，而节点下方的标签表示执行活动所需的可再生资源。可再生资源A、B、C、D、F为1个单位，可再生资源E为2个单位。图2-5（b）表示资源可行的最晚开始时间计划表。然后，识别出关键链为S-2-6-8-E，并增加三个时间缓冲区。增加一个项目缓冲区以保护关键链，增加两个输入缓冲区FB4-6和FB7-8，分别保护输入链1-4和3-5-7。通过缓冲估计法（见表2-2中的密度求解法）计算的项目缓冲大小为3.1，活动4和活动6间的输入缓冲大小为1.07，活动7和活动8间的输入缓冲大小为2.03。最后，插入这3个缓冲到基准计划后得到图2-6（a），发现活动5和活动6在资源B使用上出现冲突，见图2-6（b）。

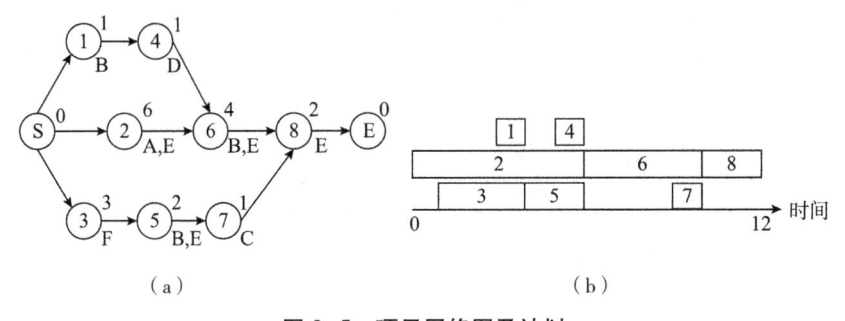

图2-5 项目网络图及计划

[①] 张静文等：《基于鲁棒性的关键链二次资源冲突消除策略》，《管理科学学报》2017年第3期。

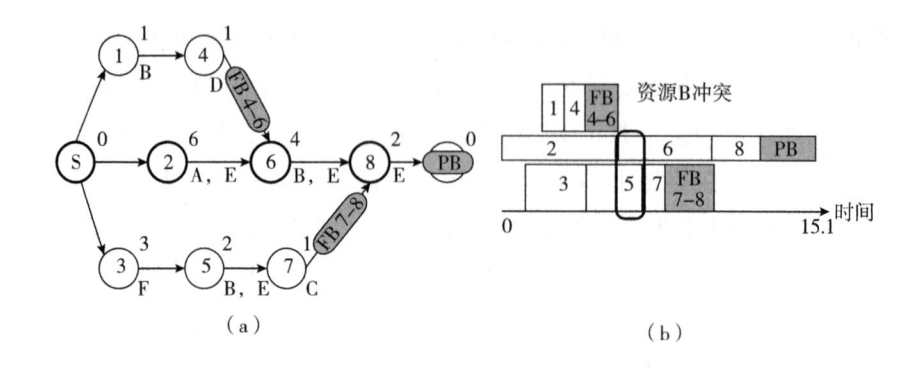

图2-6 插入缓冲后的资源冲突

目前，还没有一种标准化的方法可用来处理由于插入缓冲区而产生的这些资源冲突。Newbold[①]建议不要频繁进行计划重排，只有在项目的缓冲机制真正失效时才进行重排。Herrolen和Leus[②]认为插入缓冲产生资源冲突时，必须对原有调度计划进行调整，并提出保留关键链和关键链可能被打破两种计划重排思路。保留关键链的重排思路对原有计划改动较小，在此类重排方法中通常有三种解决资源冲突的原则：一是允许链条中断。二是调整输入缓冲大小。三是拆分输入缓冲。

三种资源冲突解决原则的应用实例如图2-7、图2-8和图2-9所示。图2-7显示了针对图2-6（b）中出现的资源冲突提出的第一个解决方案，即允许输入链中活动5和活动7之间出现缺口。图2-8显示了应对图2-6（b）中资源冲突的第二个解决方案，这种直接调整缓冲大小的解决方法被认作最简便、最务实的技术。此外，为显示拆分输入缓冲以解决资源冲突的应用过程，更改缓冲估计方法为剪切法，重新计算后的项目缓冲大小为6，输入缓冲区FB4-6的大小为1。由于缓冲区的大小应该反映活动持续时间的不确定性，假设FB7-8的大小从3个时间单位增加到3.5个时间单位，以应对更高程度的不确

---

① Newbold C. Robert, *Project Management in the Fast Lane–Applying the Theory of Constraints*, Boca Raton: The St Lucie Press, 1998, pp.98–99.

② Herroelen Willy and Leus Roel, "On the Merits and Pitfalls of Critical Chain Scheduling", *Journal of Operations Management*, Vol.19, No.5, 2001, pp.559–577.

定性。此时，由于活动 1 和活动 5 都依赖可用 1 个单元的资源 B，因此该资源出现冲突。为应用原则 2 解决资源冲突，将输入缓冲区 FB7-8 已分为 A 部分和 B 部分，如图 2-9 所示。最后，无论应用哪种原则解决资源冲突，都要发挥好缓冲对项目延误的吸收作用，不能让缓冲对基准计划的保护失效。

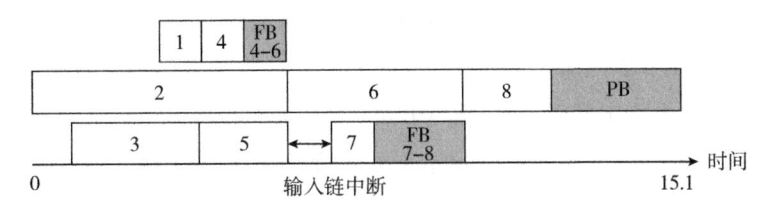

图 2-7　链条中断情况

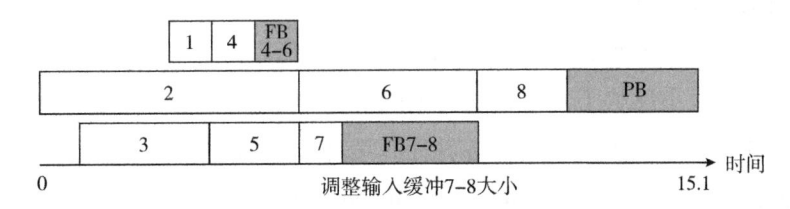

图 2-8　调整输入缓冲大小情况

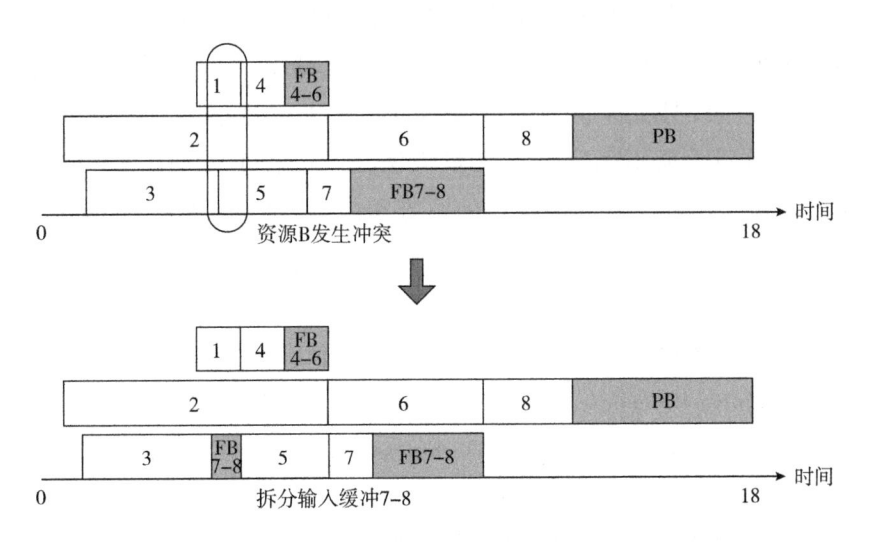

图 2-9　拆分输入缓冲情况（使用剪切法估算缓冲而产生的资源冲突）

三 缓冲管理

在较大的不确定环境下,除在项目计划阶段制订有效的项目进度风险应对计划外,在项目执行阶段根据预警信号采取合适的控制行为也是一项重要和必需的内容。传统的项目控制方法以 PERT/CPM 为基础,控制重点在于关键路径上的活动和松弛量(Slack Measure),当活动工期是随机的并且项目面临大量不确定性时,关键路径上的活动不断变化,这些活动松弛量也无法计算,难以作出正确的控制决策。[①] 而 CCPM 中的缓冲管理(Buffer Management)方法在合理估计缓冲大小(项目工期的不确定水平)的基础上,通过基于缓冲消耗的预警机制发出预警信号并采取行动,从而控制进度风险。因此,缓冲的估计、监控和所采取的控制决策对于成功应用 CCPM,确保项目按时完工和提高项目管理绩效,都至关重要。

(一) 缓冲估计

缓冲大小反映了项目工期的不确定性水平。人们对项目缓冲和输入缓冲研究比较多,提出了各种计算缓冲大小的方法。常用的方法有两种:剪切法(the Cut and Paste Method,C&PM)和根方差法(the Root Square Error Method,RSEM)。C&PM 将关键链长度的 1/2 作为项目缓冲的大小,将非关键链到关键链入口处的长度的 1/2 作为输入缓冲的大小。此法虽然简单易行,但是设置缓冲区的大小与工作链的长度呈线性关系,容易产生缓冲区过大或过小的现象。RSEM 定义了活动工期不确定性的度量方法,假设各个活动工期相互独立,将链上活动工期不确定性的平方和的平方根作为缓冲大小,该方法可以避免缓冲区过长或过短现象发生,但对于较长的链可能产生过小的缓冲。在实际项目中,复杂的项目网络结构与高负荷的资源使用状况会对项目工期不确定性产生显著影响。为此,密度求解法(Adaptive Procedure with Density,APD)和资源紧度求解法(Adaptive Procedure with Resource Tightness,APRT)以量化网络复杂性

[①] Bowman Alan, "Developing Activity Duration Specification Limits for Effective Project Control", *European Journal of Operational Research*, Vol. 174, No. 2, 2006, pp. 585–593.

和项目资源利用率来确定缓冲大小。这两种方法计算的缓冲大小要低于 C&PM 和 RSEM，但超出计划完工时间的可能性更大，适用于项目的不确定性较低的情况。基于模糊数的根方差法（the Root Square Error Method with Fuzzy Numbers，RSEMFN）使用模糊数学方法建立活动工期不确定性模型进而提出改进根方差法。除 C&PM 外，上述方法大多假设活动工期之间相互独立，以统计学中的中心极限定理公式为基础估计活动安全时间和项目的不确定性水平，方法的详细计算内容如表 2-2 所示。

表 2-2　　　　　　　缓冲大小计算方法的详细计算内容

名称	提出者	计算公式	解释
根方差法（RSEM）	Newbold（1998）	$U_i = S_i - d_i$，BufferSize $= (\sum_{i=1}^{n} U_i^2)^{1/2}$	S_i 为活动 i 的安全估计时间；d_i 为活动 i 的平均（50%）估计时间；U_i 为活动的安全时间；n 为链上活动总数
资源紧度求解法（APRT）	Tukel, et al.（2006）	BufferSize $= (1+RT) * (\sum_i VAR_i)^{1/2}$	RT 为链的资源紧张度；$(\sum_i VAR_i)^{1/2}$ 为链的最长路径上活动的方差之和的平方根
密度求解法（APD）	Tukel, et al.（2006）	BufferSize $= (1+ND) * (\sum_i VAR_i)^{1/2}$	ND 为链的网络密度；$(\sum_i VAR_i)^{1/2}$ 同上
基于模糊数的根方差法（RSEMFN）	Long and Ohsato（2008）	$st_i = t_i^h - t_i^d$，BufferSize $= \max_{p=1\cdots P}(\sum_{i \in p} st_i)^{1/2}$	t_i^h 为活动 i 的高满意度工期；t_i^d 为活动 i 的合适的确定工期；st_i 为活动 i 的安全时间；P 为链上活动数

资料来源：Newbold C. Robert, *Project Management in the Fast Lane-Applying the Theory of Constraints*, Boca Raton: The St Lucie Press, 1998, pp. 98-99; Tukel I. Oya et al., "An Investigation of Buffer Sizing Techniques in Critical Chain Scheduling", *European Journal of Operational Research*, Vol. 172, No. 2, 2006, pp. 401-416; Long D Luong and Ohsato Ario, "Fuzzy Critical Chain Method for Project Scheduling under Resource Constraints and Uncertainty", *International Journal of Project Management*, Vol. 26, No. 6, 2008, pp. 688-698。

这些假设活动时间相互独立的缓冲估计方法在实际应用中存在一定问题。在项目不确定性环境下，各种偏差的存在致使活动工期之间并不是独立的。项目中一些活动会共享某一资源或者同时受到外部环境因素的影响而使活动具有相关性。① 例如,一段时间内户外进行的建筑活动会受到持续恶劣天气的影响而停工;使用同一设备的工序由于新设备引入而在最初的磨合期内加工时间变长。受此影响的活动往往倾向于一起变化,且变坏的可能性要比变好的可能性更大,最终导致项目工期不确定性增加。② 因此,独立假设下的缓冲估计法在不确定性环境下会低估缓冲大小。实际缓冲大小可以是活动独立下基于活动方差计算的缓冲大小与基于偏差的缓冲大小之和。③ 此外,活动相关性因素可以量化后加入缓冲计算方法,以构建活动工期相关性条件下的缓冲计算法。

(二) 缓冲监控

缓冲监控中的缓冲区消耗程度提供了一个重要的项目进展状况衡量标准和风险预警机制。Goldratt④ 提出将各种缓冲均分为三部分进行监控,即将缓冲等分为红色区域、黄色区域和绿色区域三部分。当缓冲消耗量低于总缓冲时间的1/3(缓冲侵入绿色区域)时,表明各任务按计划执行,进度良好;当缓冲消耗量为总缓冲时间的1/3—2/3(缓冲侵入黄色区域)时,表明任务的执行可能出现问题,要求项目管理者要检查原因,分析可能发生的问题,拟定应对策略,为下一步行动做准备,同时要加强进度监控;当缓冲消耗量大于总缓冲时间的2/3(缓冲侵入红色区域)时,表明项目的执行出现了严重问题,有可能会超出工期或预算,必须立即采取行动,执行相应的对策,来减少工期或降低成本,避免项目进度持续恶化,如图2-10所示。因此,缓冲监控围绕的是缓冲消耗指标以及所设置的反映进度风险水平的监控阈值。

---

① Cho Sungbin, "A Linear Bayesian Stochastic Approximation to Update Project Duration Estimates", *European Journal of Operational Research*, Vol. 196, No. 2, 2009, pp. 585-593.

② Long D. Luong and Ohsato Ario, "Fuzzy Critical Chain Method for Project Scheduling under Resource Constraints and Uncertainty", *International Journal of Project Management*, Vol. 26, No. 6, 2008, pp. 688-698.

③ Trietsch D., "The Effect of Systemic Errors on Optimal Project Buffers", *International Journal of Project Management*, Vol. 23, No. 4, 2005, pp. 267-274.

④ Goldratt Eliyahu, *Critical Chain*, New York: The North River Press, 1997.

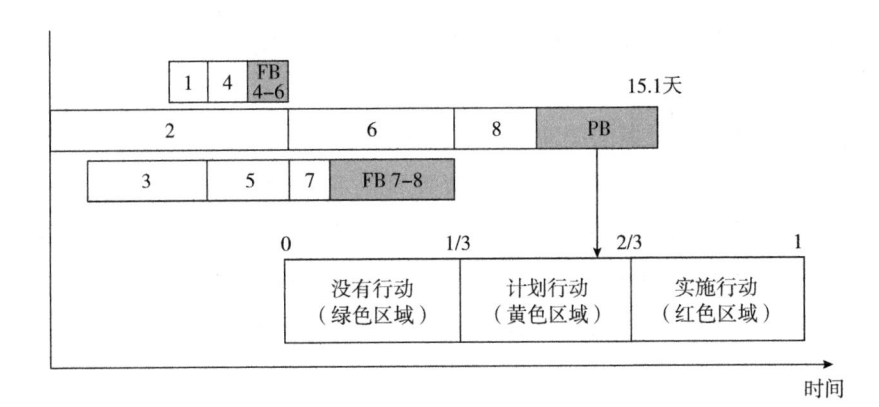

图 2-10 缓冲控制

在缓冲相关指标方面，学者提出了不同衡量缓冲消耗情况的指标，如表 2-3 所示。其中，RCBI 表示相较于目前项目进展的缓冲消耗情况，若大于 1，则表示缓冲消耗过快；若小于 1，则表示缓冲消耗情况良好。RRBI 是表示项目延迟的可能性，若大于 1，则表示对于剩下活动剩余缓冲是足够的，发生延迟的可能性很小；若小于 1，则表示对于剩下活动剩余缓冲可能不够，有延迟的可能性。当前使用最普遍的是缓冲消耗比例。

表 2-3　　　　　　　　　　　缓冲相关指标

指标	计算公式
缓冲大小（Buffer Size，BS）	
缓冲消耗天数（Consumed Buffer，CB）	
缓冲剩余天数（Remaining Buffer，RB）	RB=BS−CB
缓冲消耗比例（Proportion of Consumed Buffer，PCB）	PCB=CB/BS
缓冲剩余比例（Proportion of Remaining Buffer，PRB）	PRB=1−PCB
链完成比例（Proportion of Finished Chain，PFC）	
相对缓冲消耗指标（Relative Consumed Buffer Index，RCBI）	RCBI=PCB/PFC
相对缓冲剩余指标（Relative Remaining Buffer Index，RRBI）	RRBI=PRB/1−PFC

在监控阈值设置方面，核心是两个触发点（绿色区域和黄色区域

的分界点，黄色区域和红色区域的分界点）的确定，而设置触发点的目标就是使监控行为与项目实际执行情况相符，发出错误信息的概率最小。Goldratt[①]所提的缓冲均分法处理过于简单，是一种静态的绝对设置法，忽视了项目的不确定性程度随着项目进行而逐渐降低的事实。Leach[②]提出了随着链路的完成线性增加两个监控阈值的相对缓冲监控法（Relative Buffer Monitoring Approach，RBMA），如图2-11所示。当关键链或非关键链完成比例较少时，两个触发点设置应较低；当关键链或非关键链接近完成时，两个触发点设置应较高。这一设置考虑了随着项目进展不确定性降低这一特点，但没有给出阈值设置的原则和方法。现有大多数CCPM软件采用两条线性增加的触发线来监控项目，但触发线的数值大小都来自软件开发人员的经验估计（见表2-4）。

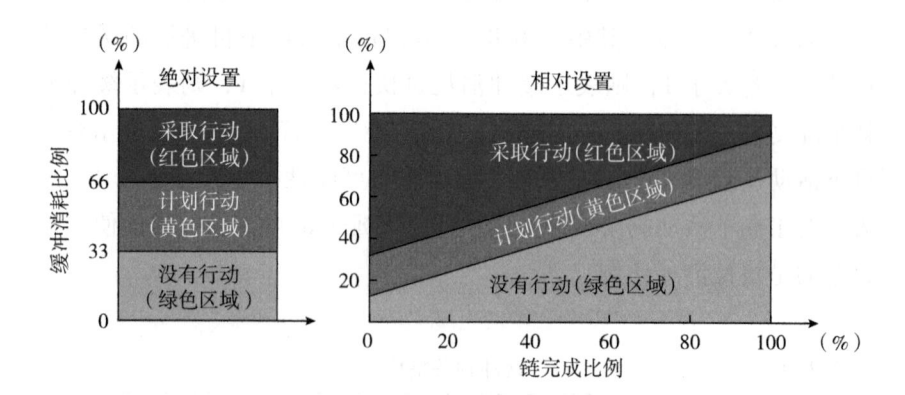

图2-11 两种缓冲阈值设置法

表2-4　　　　　　　　　　相对缓冲阈值设置值　　　　　　　　　　单位：%

关键链完工比例	缓冲消耗比例	
	绿黄分界点	黄红分界点
0	15	30
100	75	90

---

① Goldratt Eliyahu, *Critical Chain*, New York: The North River Press, 1997.
② Leach Larry, *Critical Chain Project Management* (2nd edition), London: Artech House Inc, 2005, pp. 153-160.

（三）控制决策

在不确定性环境下，缓冲监控后的控制决策是当发出预警信号后确定合适的控制对象和采取合理的纠偏行动（Corrective Actions），从而最终恢复项目进度，实现按期完工。控制决策实施对象通常是活动层面。修复进度的纠偏行动一般包括三种：活动赶工、快速追踪和活动不确定性减少。

活动赶工技术是应用较普遍的纠偏行动，是指花费额外的资源和成本来减少控制对象的工期。在此技术下，根据某监控时点下活动是否完成，控制决策实施对象有两种选择策略[①]：一种是当活动未经完工时，控制的对象是此活动的剩余部分，即对活动剩余部分进行赶工，从而缩减此活动的实际工期；另一种是当活动已完工时，控制的对象是此链条上后续未开工的活动，目的是提前对其赶工以缩减计划完成时间。其中，具体赶工数量一方面与超出阈值的偏离程度有关，另一方面由所预留的总控制成本（应急储备金）以及成本分配方案所决定。

快速追踪技术是指将一部分具有先后依赖关系的活动并行或重叠执行，从而推翻项目的原始网络结构，减少项目的总持续时间。这种技术无须投入额外的成本，但违反了活动之间的优先权关系，这意味着在不完全信息下执行活动，会增大返工的概率，进而可能会对项目结果产生负面影响。[②] 实施快速追踪所选择的活动通常来自项目的关键路径。由于原先项目网络计划中的优先关系是经过慎重考虑的，因此活动间的重叠存在一定限制，即最大重叠时间等于两个并行活动持续时间的较少者；并且当前一活动的持续时间长于后一活动的持续时间时，一般不允许后一活动比前一活动提前结束。

活动不确定性减少技术是采取措施减少活动工期的标准差，而不

[①] Song Jie, et al., "Using Earned Value Management and Schedule Risk Analysis with Resource Constraints for Project Control", *European Journal of Operational Research*, Vol. 297, No. 2, 2022, pp. 451–466.

[②] Ballesteros-Pérez Pablo, "Modelling the Boundaries of Project Fast-tracking", *Automation in Construction*, Vol. 84, 2017, pp. 231–241.

是缩减活动工期均值。比如在项目活动开始前,降低与活动有关的风险发生概率或者减小风险产生的影响[①]。实施这种技术时通常需要花费额外的成本,并需要建立投入成本与不确定性减少量之间的函数关系。当实施对象为未完工的高灵敏度活动时,这种技术对项目进度恢复更为有效。

[①] Martens Annelies and Vanhoucke Mario, "The Impact of Applying Effort to Reduce Activity Variability on the Project Time and Cost Performance", *European Journal of Operational Research*, Vol. 277, No. 2, 2019, pp. 442-453.

第三章

项目进度风险应对计划中的缓冲配置策略

在高不确定性环境下实现项目按期完工十分重要。在识别与分析项目进度风险后，项目管理者需要选择或制定合适的项目进度风险应对策略。在风险应对阶段，项目管理者首先需要制订风险应对计划，其次在项目执行中实时监控进度风险，最后根据监控结果进行风险响应与控制。其中，制订具有韧性的项目进度风险应对计划是首要关键问题。

第一节 扰动发生之前的项目进度风险应对计划

项目风险应对策略通常包括风险规避、风险减轻、风险转移、风险接受和风险储备。根据对风险作用方式的不同，这五种策略可分为两类[①]：一类是预防性策略（Prevention Strategy），主要是减小风险发生概率；另一类是保护性策略（Protection Strategy），主要是降低风险产生的负面影响。在风险识别与分析的基础上，针对随机不确定性（未来可能发生的风险事件），适合采取预防性策略来应对项目进度风险。对于项目执行阶段中更常出现的偶然不确定性（不可预知性）和认知不确定性（对风险认知模糊或不完整），则更适合采取保护性

---

① Guan Xin, et al., "An Analytical Model for Budget Allocation in Risk Prevention and Risk Protection", *Computers & Industrial Engineering*, Vol. 161, 2021, pp. 1-17.

策略。

项目进度风险应对计划在选择合适的项目进度风险应对策略前,需要构建具有鲁棒性的项目调度计划,以实现风险应对效用最大化或者总成本最小化。针对基建项目的独特性以及面临的复杂不确定性环境,本章采用关键链项目管理方法构造前摄性项目调度方案,并在扰动发生之前选择保护性策略来应对项目进度风险,增强韧性工程中所强调的缓冲能力(Buffering Capacity),从而使系统能够有效吸收或抵抗变化,而不造成系统性能或结构的根本故障。

一 鲁棒性项目调度计划

(一)鲁棒性评价

确定性项目调度是在静态环境下假设已获取进度安排的完整信息,从而制订最优的基准计划(Baseline Schedule)。然而,由于项目执行中会出现各种意外事件,例如,活动实际执行时间通常与最初预计不一致;资源有时出现短缺;材料可能会比计划晚到;由于项目范围的变化,可能不得不加入新的活动或放弃活动;准备时间和交期可能会被修改等,项目按照预先设定的基准进度计划执行的概率很低。因此,看似最优的基准计划缺乏应对不确定性的灵活性,而非最优且具备应对意外事件灵活性的基准计划在执行时效果更好。这种对项目执行中可能发生的扰动并不敏感的基准计划可视作具有鲁棒性(Robustness)。[1]

项目调度计划的鲁棒性评价包含两个方面。

1. 解鲁棒性

解鲁棒性(Solution Robustness)是指项目按计划执行的稳定性。项目基准计划建立后用于指导执行阶段中资源分配、与客户协调等。如果执行进度与计划偏离,则会增加财务成本、库存成本、组织协调成本等。而且在项目实施过程中,为保证项目按期完工而不停地变更调度,会大大降低基准计划的价值,造成执行混乱。因此,相对于项

---

[1] Herroelen Willy and Leus Roel, "Project Scheduling under Uncertainty-Survey and Research Potentials", *European Journal of Operational Research*, Vol. 165, No. 2, 2005, pp. 289-306.

目实施过程中不停地变更调度，项目执行者更偏向于按项目基准计划执行。这种鲁棒性由实际调度时间与基准调度计划的偏离程度衡量，偏离程度有多种度量方式，如时差、各活动节点实际开始时刻偏离计划开始时刻的程度等。①

2. 质量鲁棒性

质量鲁棒性（Quality Robustness）是指项目基准计划面对扰动时最终绩效的不灵敏程度。质量鲁棒性的衡量一般借助相关目标函数值，项目设置中常用的目标函数有项目完工期、项目成本、项目净现值等。为了进一步衡量不灵敏程度，质量鲁棒性还可以用项目实际完工期与计划完工期的偏离百分比、项目按时完工率等指标衡量。②

（二）前摄性/反应性项目调度

为了产生鲁棒性项目调度计划，通常采用前摄性/反应性项目调度（Proactive/Reactive Scheduling）来应对项目执行过程中可能出现的进度扰动。前摄性项目调度，也称预应式项目调度，一般发生在计划制订阶段，是根据对不确定性和预期扰动的统计推断来产生一个抗干扰能力较强的基准计划，其目的是尽可能地保护基准计划以应对执行阶段可能的扰动。反应性项目调度，也称响应式项目调度，一般发生在项目执行阶段，是指在项目执行过程中根据干扰情况对调度计划进行修补或者重新制订调度计划，从而修复项目进度。

前摄性项目调度计划由于其抗干扰性强的特点，是项目进度风险应对中常采用的方案。制订前摄性项目调度计划分为两步。

第一步，构造一个满足网络依赖关系和资源约束的初始计划。

第二步，增加初始计划的鲁棒性，采用的策略有两种：一种是鲁棒性资源配置，即通过构造资源流网络来确定不同资源在活动间转移的合适方式；另一种是插入时间缓冲，即在项目初始计划中配置不同

---

① 崔南方等：《基于智能算法的双目标鲁棒性项目调度》，《系统管理学院》2015 年第 3 期。

② Van de Vonder, "The Use of Buffers in Project Management: The Trade-off Between Stability and Makespan", *International Journal of Production Economics*, Vol. 97, 2005, pp. 227–240.

类型的时间缓冲，防止扰动在整个计划中传递，从而减轻扰动对计划的影响，起到有效保护作用。关键链项目管理法就是其中一种增强鲁棒性的方法。

二 插入缓冲的项目进度风险应对计划

关键链项目管理方法构造的是前摄性项目调度方案。它考虑项目资源约束并建立最小化某种偏差的鲁棒性调度计划，强调在项目计划中配置合适的时间或资源缓冲，以对冲不确定性事件造成的潜在延误，确保资源受限项目的按时完工，能有效管理建筑工程项目中的风险和不确定性。[①] 具体来讲，此方法在项目最后一个活动末尾配置项目缓冲，用作保证项目按期完工；在非关键链与关键链上的活动接驳处配置输入缓冲，用作保证关键链上的活动不会因为等待非关键链上的活动而产生延迟。FB 和 PB 插入关键链网络中的项目进度风险应对计划如图 3-1 所示。

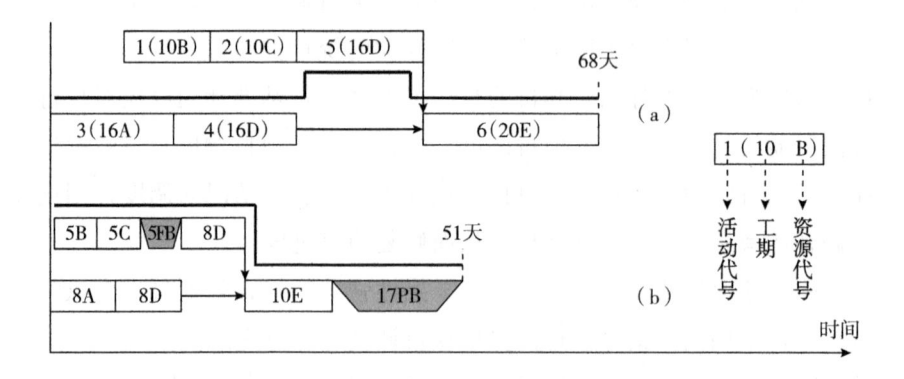

图 3-1 插入缓冲的项目进度风险应对计划

图 3-1（a）表示考虑了资源冲突后得到项目最优基准计划，其中关键链为<3-4-5-6>，非关键链为<1-2>，得到的项目计划工期为 68 天。图 3-1（b）表示对基准计划插入 FB 和 PB 后得到调度计划，

---

① Yeo K. T. and Ning J. H.，"Managing Uncertainty in Major Equipment Procurement in Engineering Projects"，*European Journal of Operational Research*，Vol. 171，No. 1，2006，pp. 123-134.

其中采用剪切法（安全时间之和的一半）计算这两个缓冲大小。具体来讲，每个活动的工期减半，计算关键链上活动的安全时间之和为34天，将其一半即17天作为PB大小插入项目末尾，计算非关键链上活动的安全时间之和为10天，再将其一半即5天作为FB大小插入活动2之后，最终得到项目计划工期为51天。

这些时间缓冲主要用于减轻风险对项目进度的负面影响，还用于在项目执行阶段监控进度风险，其大小反映了项目任务估时中的不确定性程度。过大的缓冲会导致项目计划工期过长，进而影响预期价值的实现；过小的缓冲又会增大项目超期完工的概率，极大增加风险监控的工作量。因此，如何考虑风险特征确定缓冲大小是缓冲配置决策的关键内容。

第二节 不确定性因素扰动下项目任务相关性

一 任务相关性的含义

在韧性工程视域下，大型基建项目的复杂性体现在内部子系统间的相互依赖性。当出现大量不确定性因素扰动时，项目任务常在其同时或先后被影响，进而导致这些任务的工期并不是独立的，而是具有统计上的相关性（Statistical Dependence）。[1] 例如：一段时间户外进行的建筑活动会受到恶劣天气和现场条件不佳的影响而停工；使用相同物料的工程活动会受到供应中断影响而延期；由于共享可更新资源和存在联合契约等情形而导致的任务相关性。此相关性是形成进度风险进而影响项目完工的重要驱动因素。[2] 受此影响的任务工期往往倾向于一起变化，且变坏的可能性要比变好的可能性更大，最终导致项目

---

[1] Van Dorp J. Rene, "Statistical Dependence through Common Risk Factors: With Applications in Uncertainty Analysis", *European Journal of Operational Research*, Vol. 161, No. 1, 2005, pp. 240-255.

[2] Schonberger R. J., "Why Projects are 'Always' Late: A Rationale Based on Manual Simulation of a PERT/CPM Network", *Interfaces*, Vol. 11, No. 5, 1981, pp. 66-70.

工期不确定性增加。忽视这种任务相关性会导致低估项目进度风险，进而可能形成系统性偏差。美国 GAO 机构 2015 年发布的项目进度评价指南指出，一些大型复杂项目在假设项目工期独立条件下进行进度风险评价时发现，其按时完工的可能性不到 1%。因此，在不确定性环境下，项目管理人员制订项目进度风险应对计划并评估项目进度风险大小时，有必要考虑这种相关性的影响。

为有效解决此类相关性引致的影响，制订具有冗余缓冲能力的项目进度风险应对计划有利于增强项目韧性，提高进度风险管理绩效。在制订项目进度风险应对计划前，需要先确定合适的网络计划以获得预计项目完工期，再分析不确定性环境下任务工期变动对项目完工期的影响，计算出各种可能工期的完工概率。其中，任务工期相关性对项目完工期的影响有待进一步分析。因此，在综合各种影响因素的情况下提出缓冲配置策略能够有效应对各种项目进度风险。

二 任务相关性的建模

在分析任务相关性的影响时，需要先对其进行量化建模。当前相关性建模方法有两类：一类是关联驱动型建模方法（Correlation-Driven Modeling Method），另一类是辅助因子建模方法（Additive Factors Modeling Method）。关联驱动型建模方法是在建立单个变量的分布函数基础上，评估所有相关变量的两两之间的相关系数。而辅助因子建模方法采用多元统计学中的变量变换技术，将风险因素作为辅助变量引入模型以替代对所有相关系数的估计，从而获得风险因素与受影响活动间的相关参数，并且可以据此计算得到所有活动间的相关系数。[1] 项目管理者通过专家判断或者历史数据分析也可较为容易地识别并量化这些辅助因子。由于参数估计的便捷性和低工作量，其被广泛应用在复杂环境下的项目任务相关性分析中。

在辅助因子建模方法方面，有学者提出了不同的数学模型，并主要采用 Monte Carlo 模拟技术分析任务间的相关性对项目工期的影响。

---

[1] Kim Byung-Cheol, "Dependence Modeling for Large-scale Project Cost and Time Risk Assessment: Additive Risk Factor Approaches", *IEEE Transactions on Engineering and Management*, Vol. 70, No. 2, 2023, pp. 417-436.

Duffey 和 Van Dorp[①] 构建了统计相关性模型，认为同方向变化的两个任务是风险正相关的。Van Dorp 和 Duffey[②] 假设在一种风险因素影响下，构建单风险因素和每个受影响任务之间的二维变量联合分布函数来量化这种正相关关系，并在一个项目实例中应用此相关性模型分析发现，任务相关条件下的项目工期标准差明显大于任务独立条件下的项目工期标准差。然而，在上述计算实验中，每个二维随机变量的相关程度都是确定的，且假设项目中所有任务都受到风险因素的影响。相关程度对项目工期绩效的灵敏度没有被分析，项目中部分任务受风险因素影响的情况没有被考虑。[③]

假设只有一种风险因素影响项目中的任务，同时，多风险因素在建模时可以将其构造为一个聚集风险因素。采用辅助因子建模方法建立任务相关性模型的详细步骤如下。

第一步：建立一个有向图来代表项目中的风险因素与受影响任务之间的关系，如图 3-2 所示。

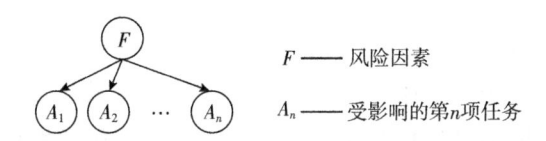

F —— 风险因素

A_n —— 受影响的第 n 项任务

图 3-2　风险因素与受影响任务之间的关系

第二步：将受同一风险因素影响下的多个任务的多维随机变量分布函数转化为风险因素与单个任务之间的多个二维随机变量分布函数，如图 3-3 所示。

第三步：使用连接函数（Copula）对每个二维随机变量分布函数

---

① Duffey M. R. and Van Dorp J. Rene, "Risk Analysis for Large Engineering Project: Modeling Cost Uncertainty for Ship Production Activities", *Journal of Engineering Valuation and Cost Analysis*, Vol. 2, No. 4, 1998, pp. 285-301.

② Van Dorp J. Rene and Duffey M. R., "Statistical Dependence in Risk Analysis for Project Networks using Monte Carlo Methods", *International Journal of Production Economics*, Vol. 58, No. 1, 1999, pp. 17-29.

③ Van Dorp J. Rene and Duffey M. R., "Statistical Dependence in Risk Analysis for Project Networks Using Monte Carlo Methods", *International Journal of Production Economics*, Vol. 58, No. 1, 1999, pp. 17-29.

建模。其中，连接函数为斜带分布（Diagonal Band Distribution）[①]。

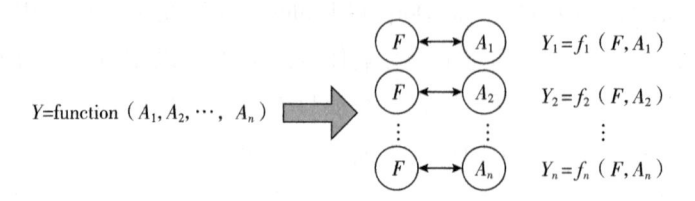

图 3-3 多个二维随机变量分布函数

第四步：通过询问项目工程师风险因素对任务工期不确定性的影响程度确定每个二维随机变量的相关性程度。

第三节 任务相关性影响项目进度风险的量化分析

在建立相关性模型后，需要进一步分析这种任务工期的相关性对项目完工期的影响。上述相关性模型主要是围绕风险因素和任务建立的，针对关键链网络计划的复杂性，本节主要从相关性任务的网络类型、规模大小、占链条总任务的比例和相关系数大小四个方面探讨其对项目工期均值和标准差的影响，为任务相关假设下的缓冲配置提供定量分析的依据。任务相关性影响项目进度风险的量化分析包括任务随机工期的产生、绩效评价指标和量化分析结果讨论三部分。

一 任务随机工期的产生

假设任务工期是随机变量，任务工期标准差代表任务不确定程度，项目工期标准差代表项目不确定程度。具体来讲，任务工期符合对数正态分布[②]。如果 X 为均值 μ，方差 σ^2 的正态分布为 $N(\mu, \sigma^2)$，

[①] Cooke R. M. and Waij R., "Monte Carlo Sampling for Generalized Knowledge Dependence with Application to Human Reliability", *Risk Analysis*, Vol. 6, No. 3, 1986, pp. 335–343.

[②] Herroelen Willy and Leus Roel, "On the Merits and Pitfalls of Critical Chain Scheduling", *Journal of Operations Management*, Vol. 19, No. 5, 2001, pp. 559–577.

则认为 $Y=\mathrm{e}^X$ 服从对数正态分布，其均值和方差为 $\mu_y=\mathrm{e}^{\mu+\sigma^2/2}$，$\sigma_y^2=\mathrm{e}^{2\mu+\sigma^2}(\mathrm{e}^{\sigma^2}-1)=\mu_y^2(\mathrm{e}^{\sigma^2}-1)$。$Y$ 的均值从[5，15]的均匀分布上随机产生，Y 的变异系数 σ_y/μ_y 从[0.5，1.25]的均匀分布上随机产生。

具有独立性的随机工期由 MATLAB 中的对数正态分布的随机矩阵函数 $X=\text{lognrnd}$（mu，sigma）产生，其中 mu 和 sigma 分别代表对应的正态分布的均值和标准差。具有相关性的随机工期可使用上面的模型产生，具体的产生步骤如下。

步骤1：从[0，1]的均匀分布上随机产生风险变量 F 的值。

步骤2：确定风险变量和每个任务之间的相关因子 θ 的大小。

向项目工程师询问每个任务工期的不确定性受风险因素影响的比例 K，则相关因子 θ 的大小为 $\theta=\sqrt{K}$。$\theta=0$ 表示任务不受风险因素影响，两者之间是独立的；$\theta=1$ 表示两者是一样的；$0<\theta<1$ 表示两者是正相关的。

步骤3：确定风险因素和每项任务构成的斜带分布中任务随机系数 P。

①从[0，1]的均匀分布上随机产生 c。
②$a=F-1+\theta$，$b=F+1-\theta$。
③$P=(b-a)\times c+a$。
④如果 $P<0$，则 $P=-P$；如果 $P>1$，则 $P=P-1$。

步骤4：产生随机任务工期 D。

使用 MATLAB 中的正态对数累计分布反函数 $X=\text{logninv}$（P，mu，sigma）产生任务随机工期。此函数返回 P 点的值，P 由步骤三计算得到。其中，mu 和 sigma 分别代表对应的正态分布的均值和标准差。

二　绩效评价指标

为了更好地反映任务相关性对项目工期的影响，提出两个绩效衡量指标。

任务相关条件下与任务独立条件下项目工期均值的相对差，如式（3-1）所示。

$$\text{RD\_mean}=\frac{M_D-M_I}{M_I} \tag{3-1}$$

式中：RD_mean 为项目工期均值的相对差；M_D 为任务相关条件下项目工期均值；M_I 为任务独立条件下项目工期均值。

任务相关条件下与任务独立条件下项目工期标准差的相对差，如式（3-2）所示。

$$RD\_sd = \frac{SD_D - SD_I}{SD_I} \tag{3-2}$$

式中：RD_sd 为项目工期标准差的相对差；SD_D 为任务相关条件下项目工期标准差；SD_I 为任务独立条件下项目工期标准差。

三 量化分析结果讨论

下面主要讨论三种相关性任务参数的影响，即相关性任务的网络类型、网络规模、相关性任务占总任务的比例，并在每种参数影响分析中，改变相关因子的大小。

（一）网络类型的影响

假设一个项目中只有两个相关的任务，如图3-4所示。图3-4（a）为串行项目网络，图3-4（b）为并行项目网络。风险因素与每项任务的相关因子 θ 被设置为相同的，并且从 0.32—0.95 变化。这对应着任务工期的不确定性受风险因素影响的比例 K 从 0.1—0.9 变化，其中间隔大小为 0.1。对每种网络以及每种相关因子水平，计算项目工期的均值和标准差。另外，作为比较基准，计算任务独立条件下（$K=0$）的项目工期均值和标准差。这样使用式（3-1）和式（3-2）得到绩效指标 RD_mean 和 RD_sd。对此模拟 5000 次，获取的统计结果如图3-4所示。

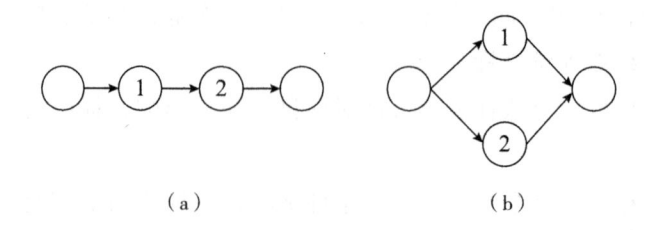

图 3-4 串行和并行的项目网络

如图3-5所示，当 K 等于 0.1 和 0.2 时，项目工期均值和标准差比任务独立时($K=0$)的情况要小,当 K 大于等于 0.3 时,项目工期均值和标准差比任务独立时($K=0$)的情况要大。此时,两种项目网络的绩效指标 RD_mean 和 RD_sd 都随着 K 的增大而增大,这表明无论相关任务网络是什么类型,随着相关因子的增大,项目工期的均值和标准差都增大。另外,当 K 的值为 0.4—0.9 时,串行项目网络下比并行项目网络下的 RD_sd 要大,而此时串行项目网络下比并行项目网络下的 RD_mean 要小。因此,与并行项目网络相比,串行项目网络下的任务相关性对项目工期标准差的影响更为明显。

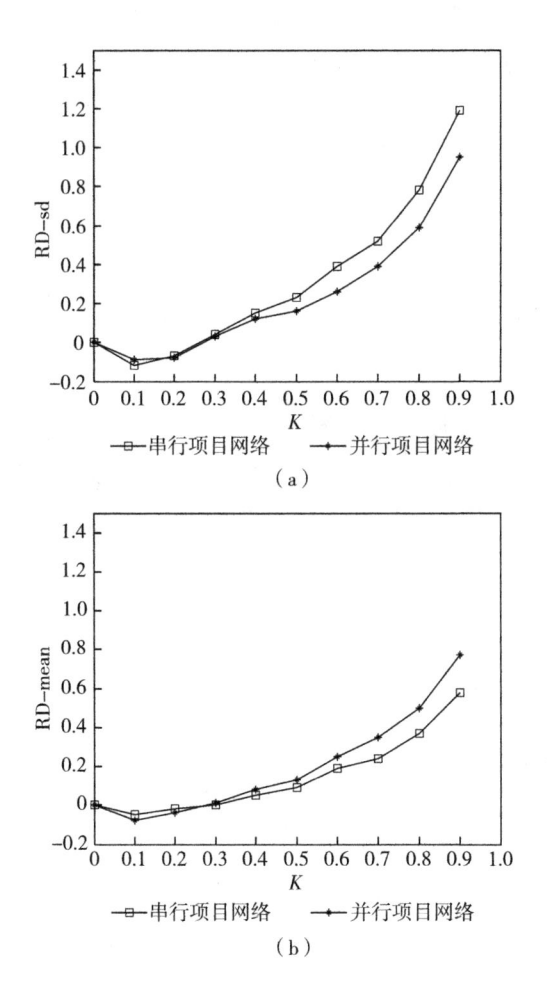

图 3-5 串行和并行项目网络中相关性参数和绩效指标之间的关系

（二）网络规模的影响

假设项目中的所有任务都是串行的和相关性的，这种假设的基础在于当计算输入缓冲大小时需要考虑接驳网络中的最长路径的所有任务。为了显示相关性任务网络规模的影响，设定项目任务数量为10，30，60，90。K 也从 0—0.9 变化，对此模拟 5000 次，获取的统计结果如图 3-6 所示。

图 3-6 的结果表明，对于四种网络规模，绩效指标 RD_mean 和 RD_sd 与 K 的关系图都是一样的。对于每种网络规模，RD_mean 和 RD_sd 都随着 K 的增大而增大。因此，任务相关性对项目工期均值和标准差的影响与相关任务网络规模无关。

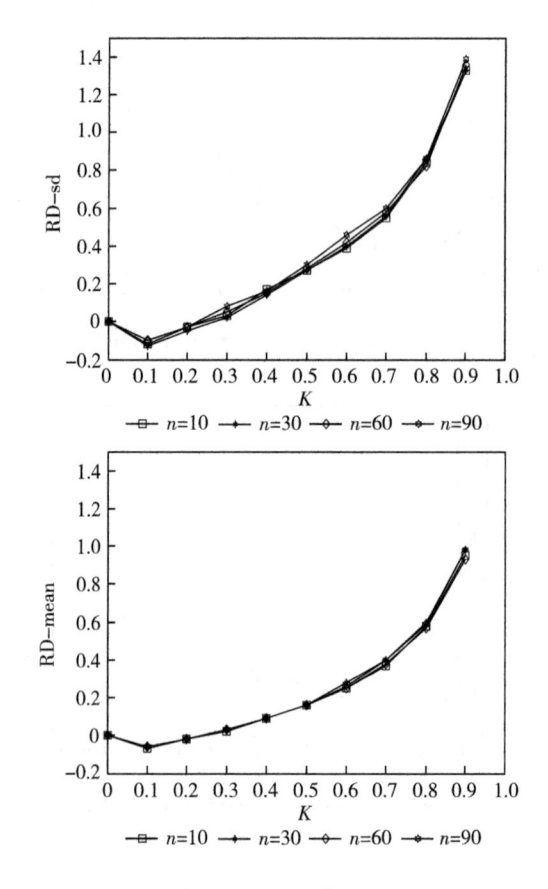

图 3-6　相关性任务网络规模对绩效指标的影响

(三) 相关性任务占总任务的比例的影响

假设项目中的所有任务都是串行的，项目中的总任务数为 60。相关性任务占总任务的比例 Q 设为 0，1/6，2/6，3/6，4/6，5/6，1。对于每次模拟，随机产生受风险因素影响而具有相关性的任务代号。风险因素与每项任务的相关因子 θ 被设置为相同的，K 也从 0—0.9 变化。对此模拟 5000 次，获取的统计结果如图 3-7 所示。

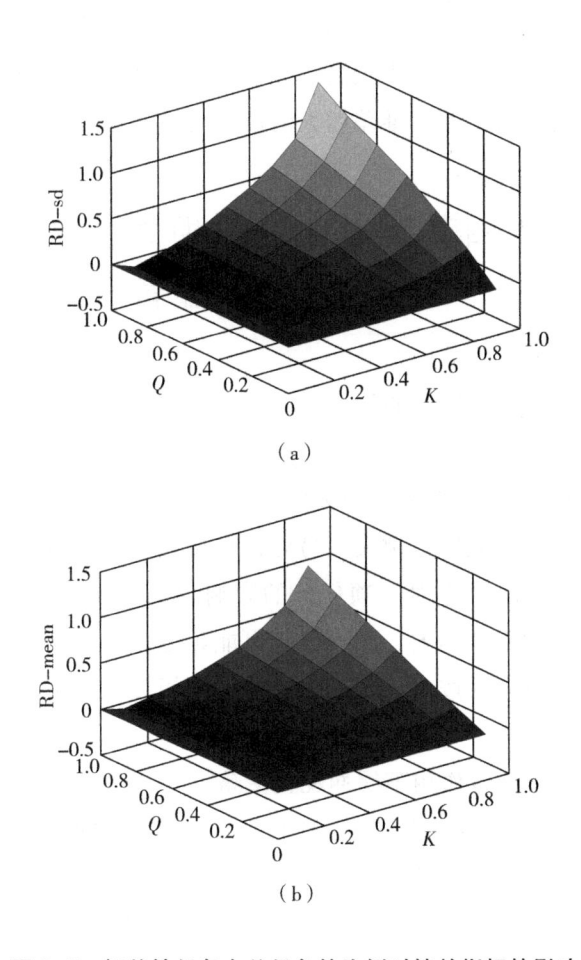

(a)

(b)

图 3-7 相关性任务占总任务的比例对绩效指标的影响

图 3-7 的结果表明，当 K 等于 0.1 或 0.2 时，项目工期的均值和标准差并不随着比例 Q 的增大而增大。而当 K 大于等于 0.3 时，项目

79

工期的均值和标准差会随着比例 Q 的增大而增大，这种增大现象在 K 较大时更为明显。另外，对于每个给定的 Q，项目工期的均值和标准差随着 K 的增大而增大。特别当 Q 为 1 时，RD_sd 和 K 之间的相关曲线与图 3-6（a）中的第三个问题（$n=60$）的结果相同。

总体而言，相关性任务的网络类型和网络规模对于绩效指标几乎没有影响。而相关性任务占总任务的比例以及风险因素和任务之间的相关因子对绩效指标有很大影响。同时，当 K 大于等于 0.3 时，这种影响是正相关的。特别对于较高的相关因子，任务相关条件下比任务独立条件下的项目工期标准差增大的情况更为明显。

第四节　考虑任务相关性的项目缓冲配置策略

本章第三节分析得到的相关性任务占总任务的比例以及相关因子对绩效指标有很大影响。如果受风险因素影响的任务个数越多，其占总任务的比例越大，则这种相关的程度越高，项目不确定性程度越大，项目延迟的可能性也越大。另外，在相关性任务占总任务比例不变的情况下，风险因素对每项任务的影响因子越高，相关因子越大，项目的不确定性程度越大，项目也越可能延迟。因此，为了应对这种延迟以及保证较高的按时完工率，任务工期相关条件下配置的缓冲大小应更大一些。

一　单风险因素作用下缓冲配置策略

假设只有一个风险因素影响项目任务，在找到项目的关键链后，确定每条链上会受此风险因素影响的任务，这是量化任务相关性的至关重要的一步。然后，估计风险因素与这些任务之间的相关因子大小。假定使用根方差法确定独立条件下的缓冲大小。在考虑加入这两个相关变量后，提出计算缓冲大小的任务相关性自适应程序（Adaptive Procedure with Activity Dependence，APAD）。具体步骤如下[①]。

第一步：定义两个衡量任务相关性的概念，即相关程度（Dependence Degree，DD）和相关因子（Dependence Factor，DF）。其中，相关程度为某条链（关键链或者非关键链上的最长路径）中具有相关性任务数量与这条链的总任务数量之比，反映了这条链的相关程度。相关因子为某条链（关键链或者非关键链上的最长路径）中具有相关性任务受风险因素影响的比例的平均值，反映了这条链的相关因子的值。

假设 K 为这条链（关键链或者非关键链上的最长路径）中具有相关性的任务数量，N 为某条链（关键链或者非关键链上的最长路径）中的总任务数量，P_i 为任务 i 的工期不确定性受风险因素 F 影响的比例。那么，相关程度 DD 和相关因子 DF 的计算如式（3-3）和式（3-4）所示。

$$DD = K/N \tag{3-3}$$

$$DF = \sum_{i=1}^{K} P_i/K \tag{3-4}$$

第二步：提出缓冲配置的自适应程序。即考虑任务相关性对项目进度风险的影响，根据项目中相关程度 DD 和相关因子 DF 的大小提出自适应缓冲配置策略。假设 $BufferSize_D$ 代表考虑任务相关性下的缓冲大小，$2*(\sum_i VAR_i)^{1/2}$ 代表 2 倍的链路（关键链或者非关键链上的最长路径）标准差，即为根方差法得到的缓冲大小。那么，$BufferSize_D$ 的计算如式（3-5）和式（3-6）所示。

$$r = DD * (\exp(DF^2) - 1) \tag{3-5}$$

$$BufferSize_D = (1 + r) * \left(2 * \left(\sum_i VAR_i\right)^{1/2}\right) \tag{3-6}$$

其中，DD 或者 DF 的数值为 0—1。当 DD = 0 时，代表没有活动受风险因素影响，此时 DF 也等于 0。所以，当 DD 等于 0 时，所提的

[①] Bie Li, et al., "Buffer Sizing Approach with Dependence Assumption between Activities in Critical Chain Scheduling", *International Journal of Production Research*, Vol. 50, No. 24, 2012, pp. 7343-7356.

缓冲配置自适应程序得到的缓冲大小与根方差法的结果一样。当 DD 和 DF 都大于 0 时，此方法得到的缓冲大小会大于根方差法计算的结果。

第三步：缓冲配置策略的理论解释。假设 BufferSize_I 是任务独立下的缓冲大小，那么，式（3-6）中的 r 其实反映了所提出的缓冲配置策略考虑任务相关性后的结果改进程度，即所提策略计算的缓冲大小与根方差法计算的缓冲大小的相对差，其计算如式（3-7）所示。

$$r = \frac{\text{BufferSize}_D - \text{BufferSize}_I}{\text{BufferSize}_I} \tag{3-7}$$

当 DD 等于 0，1/6，2/6，3/6，4/6，5/6，1 时，DF 从 0—0.9 变化，此时采用缓冲配置策略中提出的式（3-5）计算得到的 r 值如图 3-7 所示。图 3-8 中的关系图所反映的规律与图 3-7（a）中的结论相符。

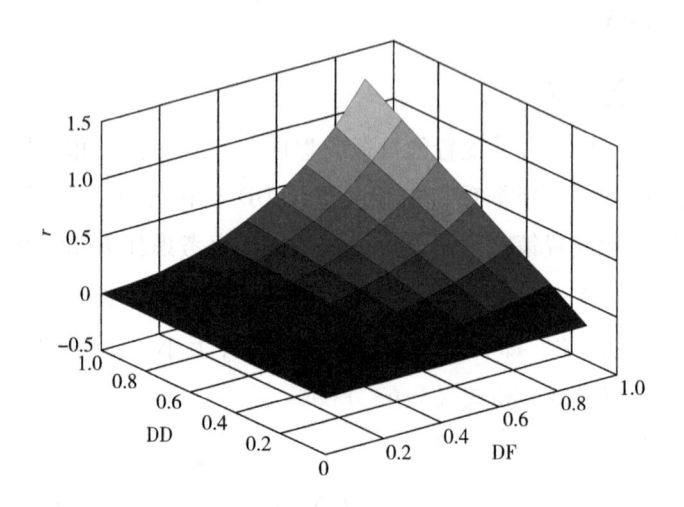

图 3-8 DD 和 DF 给定下的 r 的值

在任务受风险因素影响而具有相关性的情况下，这些相关任务倾向于一起变化，以致项目工期的不确定性增大。因此，提出的缓冲配置自适应程序在计算缓冲大小时考虑了风险作用下任务相关性的影响，从而在项目进度网络中插入时间缓冲区间，构造了考虑任务相关性特点的具有冗余缓冲性质的项目进度风险应对计划。

二 多风险因素作用下缓冲配置策略

假设有 M 个风险因素去影响项目任务，在对多风险因素作用下的活动相关性建模基础上，提出此条件下缓冲计算方法和配置策略。

（一）活动相关性量化模型

第一，建立项目活动相关性网络。假设 $G(M, N)$ 为包含 M 个共同风险因素和 N 个活动的项目网络。共同风险因素是指同时影响多个活动的风险源，如天气、共性材料或共同设备的可获得性等，常见于事故树分析方法中，目前已被引入项目网络的风险分析。[①] 其中，F_m 为第 m 个共同风险因素，A_n 为第 n 个活动。此外，每个共同风险因素为服从 [0，1] 均匀分布的随机变量，且它们之间是独立的。N 个活动由于 M 个共同风险因素的影响而具有正相关性，即受影响的活动工期是同方向变化的，其项目活动相关性网络模型如图 3-9 所示。

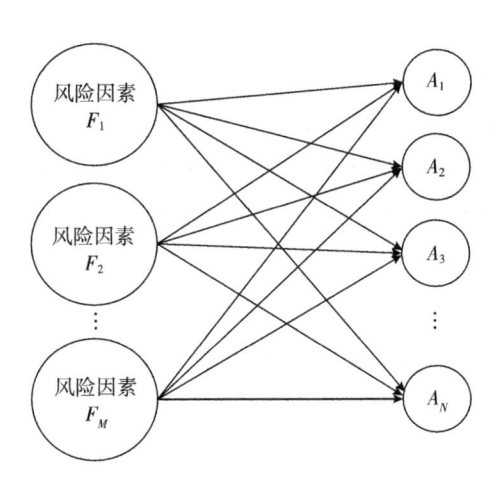

图 3-9 风险因素影响下的活动相关性网络模型

[①] Van Dorp J. Rene and Duffey M. R., "Statistical Dependence in Risk Analysis for Project Networks using Monte Carlo Methods", *International Journal of Production Economics*, Vol. 58, No. 1, 1999, pp. 17-29.

第二，构造多个共同风险因素的聚集评价模型。假设第 m 个共同风险因素是服从[0,1]均匀分布的独立随机变量 V_m，根据其特性可将其看成潜变量，并依据潜变量模型的线性组合方法，将影响同一个活动的多个共同风险因素转变为一个聚集风险进行评价，且这个聚集风险也为服从均匀分布的潜变量。假设影响活动 A_n 的多个共同风险因素所形成的聚集风险为 R_n，风险因素 F_m 对于聚集风险的相对贡献为 W_m，其代表不同风险因素对活动工期影响的相对程度，其大小可由层次分析法得到。那么，影响活动 A_n 的聚集风险 R_n 的分布函数为 $Y=\sum_{m=1}^{M} W_m \times V_m$，其中，$\sum_{m=1}^{M} W_m = 1$ 且 $W_m \geq 0$。这为刻画多风险影响下具有相关性的多个活动工期的联合分布提供了便利。

第三，建立受多个共同因素影响下的活动相关性数学模型。为获得多个相关活动工期的联合分布，在其条件独立的假设下，可将其转化为获得多对聚集风险与所影响活动工期所构成的二元分布，并一一评价它们之间的相关系数，如图3-10所示。假设聚集风险 R_n 与活动 A_n 之间的相关系数为 θ_n，为了相关系数获取的可行性，基于斜带分布（Diagonal Band Distribution）[①] 的 Copula 方法被使用来构造此二元分布函数。通过专家估计活动 A_n 的工期受聚集风险因素 R_n 影响而导致的变化量与初始工期的比例为 $\varepsilon_n = (IT_n - KT_n)/IT_n$，其中 IT_n 是指在不知道聚集风险因素 R_n 状态下的活动 A_n 的估计工期，KT_n 是指已知聚集风险因素 R_n 情况下活动 A_n 的估计工期。由于 ε_n 与聚集风险因素 R_n 的分布函数无关，而与二元分布的相关系数 θ_n 存在联系，即当 $\theta_n = 0$ 时，$\varepsilon_n = 0$；当 $\theta_n = 1$ 时，$\varepsilon_n = 1$。因此可由专家获得的比例值 ε_n 来计算聚集风险 R_n 与活动 A_n 二元分布的相关系数 θ_n，计算公式为 $\theta_n = \sqrt{\varepsilon_n}$。

(二) 缓冲配置策略

假定每个聚集风险 R_n 与活动 A_n 之间的相关系数一致，若受聚集风险因素影响的活动的数量越多，则这种相关的程度越高，项目

[①] Cooke R. M. and Waij R., "Monte Carlo Sampling for Generalized Knowledge Dependence with Application to Human Reliability", *Risk Analysis*, Vol. 6, No. 3, 1986, pp. 335–343.

第三章 项目进度风险应对计划中的缓冲配置策略

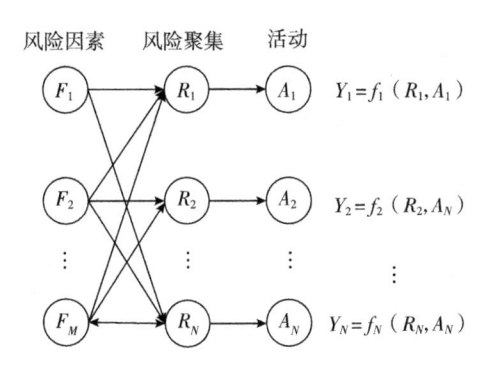

图 3-10 聚集风险与活动间的相关性模型

的不确定性越大，项目越可能延迟，缓冲应设置更大些。在给定受影响活动个数的情况下，聚集风险因素与活动之间的相关系数越大，项目的不确定性越大，项目延迟的可能性也越大，缓冲也应设置更大些。因此，在计算缓冲大小时要同时考虑这两种情况的影响。

基于此，针对关键链项目网络的特点，重新定义两个衡量关键链/非关键链相关性水平的指标：链条的相关程度和链条的相关因子。假设项目执行的某个时刻，在多风险因素的影响下，计算链条的相关程度和相关因子。

第一，确定链条的相关程度。DD 为某条链中受聚集风险因素影响的活动数量与这条链的总活动数量之比，反映了这条链的相关程度。DD 的计算如式（3-8）所示。

$$DD = K/NC \tag{3-8}$$

式中：NC 为某一条链中的总活动数量；K 为这条链中受聚集风险因素影响的活动数量，其值等于受不同风险因素影响的活动集合的并集中活动的个数 $K = \text{card}(B_1 \cup B_2 \cup \cdots \cup B_3)$，其中 B_m 为风险因素 F_m 所影响的活动集合。

第二，确定链条的相关因子。DF 为某条链中聚集风险因素与活动之间相关系数的平均值，反映了这条链的相关因子的值。DF 的计算如式（3-9）所示。

85

$$DF = \sum_{n=1}^{NC} \theta_n / NC \tag{3-9}$$

式中：θ_n 为聚集风险因素 R_n 与活动 A_n 的相关系数。

第三，确定多风险因素作用下考虑活动工期相关性的缓冲大小。缓冲大小计算如式（3-10）所示。

$$\text{Buffer}_{\text{size}} = (1 + DD \times (\exp(DF^2) - 1)) \times \left(\sum_i U_i^2\right)^{1/2} \tag{3-10}$$

$$i \in \{\text{接驳链}\}$$

式中：$\left(\sum_i U_i^2\right)^{1/2}$ 为使用根方差法计算的缓冲大小。当 DD 或者 DF 为 0 时，本方法与假设活动工期独立的根方差法一样。

第五节 缓冲配置策略的计算实验及结果分析

一 实验设置

（一）项目案例

选择 Patterson[1] 提出的数据集中的一个项目为例，此项目包含 19 个任务，其中首尾都是虚任务，如图 3-11 所示。项目任务信息如表 3-1 所示，项目中只有一种资源，其最大可用量为 8。此节将所提缓冲配置策略（APAD）与根方差法（RSEM）、密度求解法（APD）和资源紧度求解法（APRT）进行比较，以测试其绩效结果。

假设只有一种风险因素影响该项目中的任务。在使用所提出的 APAD 去计算缓冲大小时，需先确定受风险因素影响的任务，再估计风险因素与这些任务之间的相关因子，然后可以得到 DD 和 DF 的大小。只要当一条链上的任务数量足够大时，任务工期相关和独立两种情况下的差别才比较明显。Leach[2] 建议在使用根方差法时链上的任务

---

[1] Patterson J. H., "A Comparison of Exact Procedures for Solving the Multiple Constrained Resource, Project Scheduling Problem", *Management Science*, Vol. 30, No. 7, 1984, pp. 854–867.

[2] Leach Larry, *Critical Chain Project Management* (2nd edition), London: Artech House Inc, 2005, pp. 153–160.

数最好多于10个。因此，APAD被建议能适合并且有效使用的前提条件也是链上的任务数量多于10个。然而，通常接驳连上的任务数较少，为了更好地验证APAD的有效性，本实验中的对象局限于项目缓冲。

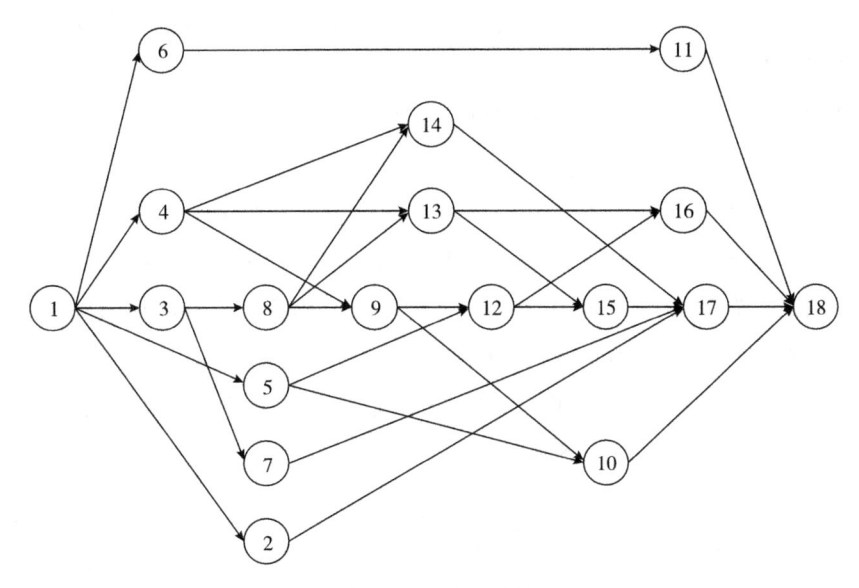

图 3-11　项目网络

表 3-1　　　　　　　　　　　项目任务信息

任务	1	2	3	4	5	6	7	8	9	10	11	12	13	14	15	16	17	18
工期	0	2	2	6	4	4	5	0	3	3	8	1	5	1	0	5	8	0
资源	0	5	1	2	5	1	2	0	2	3	3	2	4	2	0	3	2	0

（二）活动随机工期

假设任务工期服从对数正态分布。如果 X 为均值 μ、方差 σ^2 的正态分布 $N(\mu, \sigma^2)$，则认为 $Y=\mathrm{e}^X$ 服从对数正态分布，其均值和方差为 $\mu_y=\mathrm{e}^{\mu+\sigma^2/2}$，$\sigma_y^2=\mathrm{e}^{2\mu+\sigma^2}(\mathrm{e}^{\sigma^2}-1)=\mu_y^2(\mathrm{e}^{\sigma^2}-1)$。设置 Y 的均值等于任务时间 d_i，即 $d_i=\mathrm{e}^{\mu+\sigma^2/2}$。则对 Y 有 $\mu=\ln(d_i)-\sigma^2/2$。正态分布的标准差 σ 设置为 0.3、0.5、0.8，分别代表任务工期的不确定性程度为低、中、高。然后可以计算得到正态分布的均值 μ 和任务工期的方差 σ_y^2。相关性任务的随机工期和独立性任务随机工期的产生方式与第三节中的相同。

(三) 绩效评价指标

实验采用的绩效评价指标为缓冲大小、缓冲消耗比例、缓冲超出比例。[①] 其中，缓冲消耗比例为缓冲消耗量除以缓冲大小；而缓冲消耗量等于预估完工期减去计划工期；缓冲超出比例为当缓冲消耗量大于所设置的缓冲大小时，其数值等于缓冲超出量除以缓冲大小，缓冲超出比例越高，代表项目延期风险越大。

实验中使用Tukel等[②]的启发式算法识别关键链，使用并行调度产生法模拟项目执行。为了分析缓冲配置策略中参数DD和DF的影响，设置此两种参数为两种水平：低水平和高水平。即设置DD为0.4和0.8，设置DF为0.4和0.8平。每次模拟，相关性任务都是随机产生的。对此项目模拟1000次，两种相关程度，两种相关因子，三种不确定性水平，这样共1000×2×2×3×4次运行，其统计结果如表3-2、表3-3、表3-4、表3-5所示。

表3-2　　　　　　　　使用APAD的计算结果

DD	DF	缓冲大小			缓冲消耗比例			缓冲超出比例		
L	L	7.34	12.74	22.64	0.26	0.27	0.29	0.05	0.05	0.07
	H	9.32	16.19	28.76	0.27	0.33	0.41	0.04	0.04	0.08
H	L	7.81	13.57	24.11	0.28	0.30	0.38	0.07	0.06	0.10
	H	11.78	20.46	36.36	0.35	0.47	0.54	0.06	0.09	0.11

表3-3　　　　　　　　使用APD的计算结果

DD	DF	缓冲大小			缓冲消耗比例			缓冲超出比例		
L	L	6.29	10.92	19.41	0.30	0.32	0.34	0.08	0.08	0.08
	H				0.40	0.49	0.61	0.11	0.17	0.19
H	L				0.35	0.37	0.47	0.09	0.12	0.15
	H				0.66	0.87	1.02	0.28	0.42	0.44

[①] Tukel I. Oya et al., "An Investigation of Buffer Sizing Techniques in Critical Chain Scheduling", *European Journal of Operational Research*, Vol. 172, No. 2, 2006, pp. 401-416.

[②] Tukel I. Oya et al., "An Investigation of Buffer Sizing Techniques in Critical Chain Scheduling", *European Journal of Operational Research*, Vol. 172, No. 2, 2006, pp. 401-416.

表 3-4　　　　　　　　使用 APRT 的计算结果

DD	DF	缓冲大小			缓冲消耗比例			缓冲超出比例		
L	L	6.82	11.84	21.03	0.28	0.29	0.32	0.08	0.07	0.07
	H				0.37	0.45	0.57	0.11	0.14	0.16
H	L				0.32	0.34	0,43	0.09	0.09	0.13
	H				0.61	0.81	0.94	0.28	0.37	0.39

表 3-5　　　　　　　　使用 RSEM 的计算结果

DD	DF	缓冲大小	缓冲消耗比例			缓冲超出比例		
L	L	11.18	0.17	0.31	0.60	0.01	0.07	0.20
	H		0.22	0.48	1.07	0.01	0.14	0.42
H	L		0.20	0.36	0.81	0.01	0.09	0.30
	H		0.37	0.85	1.76	0.06	0.39	0.70

二　实验结果分析

L 和 H 分别代表变量的低水平和高水平，每列绩效指标中的三小列分别对应正态分布标准差。为 0.3、0.5、0.8 时的值，分别代表不确定性水平为低、中、高。

表 3-2 为四种 DD 和 DF 组合下所提的 APAD 的计算结果。对于每种组合，都有三种不确定性水平。随着不确定性水平的提升，缓冲大小和缓冲消耗比例都会增大，而缓冲超出比例增加得并不明显。另外，对于每种不确定性水平，随着 DD 或 DF 的增加，缓冲大小和缓冲消耗比例也会增大。当 DD 和 DF 都是高水平时，这两种指标增加得更为明显，并且缓冲消耗比例的平均值几乎都在 0.3—0.4 变化。而缓冲超出比例并不随着 DD 或 DF 的增加而变化，且对于每种 DD 和 DF 的组合，其值都低于 0.1，这表明按时完工的概率都在 90% 以上。

表 3-3 为四种 DD 和 DF 组合下 Tukel 等[1]提出的 APD 的计算结果。由于 APD 是假设任务工期独立的，因此得到的缓冲大小与变量

---

[1] Tukel I. Oya et al., "An Investigation of Buffer Sizing Techniques in Critical Chain Scheduling", *European Journal of Operational Research*, Vol. 172, No. 2, 2006, pp. 401-416.

DD 和 DF 无关，对于四种组合只有一种缓冲大小。随着 DD 或 DF 的增加，缓冲消耗比例和缓冲超出比例也会增大，当 DD 和 DF 都是高水平时，这两种指标增加得更为明显。另外，随着不确定性水平的提升，三种指标都会增加，当 DD 和 DF 都是高水平时，缓冲消耗比例和缓冲超出比例增加得特别明显。其中，缓冲消耗比例大于或者等于 1 时，表示缓冲已被完全消耗，这个值越大，模拟完工期超出计划完工期的时间就越多。因此，当 DD 和 DF 以及不确定性都是高水平时，有 102% 的缓冲被消耗，这表明 APD 得到的缓冲大小不足够。

表 3-4 为四种 DD 和 DF 组合下 Tukel 等[①]提出的 APRT 的计算结果。APRT 得到的缓冲大小也与变量 DD 和 DF 无关。APRT 和 APD 一样都考虑了项目的不确定性水平，其得到的缓冲大小也随着不确定性水平的提升而增加，同时 APRT 得到的缓冲要稍大于 APD 得到的缓冲。对于缓冲消耗比例和缓冲超出比例这两个指标，APRT 得到的结果与表 3-3 中的结果相似。

表 3-5 为根方差法的计算结果。根方差法与变量 DD 和 DF 以及不确定性水平都无关，因而只有一个缓冲大小。随着不确定性水平的提升，缓冲消耗比例和缓冲超出比例都会增大。当不确定性水平为高时，缓冲消耗比例在 0.6—1.76 变化。另外，随着 DD 和 DF 的增加，缓冲消耗比例和缓冲超出比例也都会增大。当 DD 和 DF 都是高水平时，这两种指标增加得特别明显，此时缓冲消耗比例在 0.37—1.76 变化。因此，不管是对高不确定性水平，还是对高水平的任务相关性，根方差法得到的缓冲大小都不足够。

综上所述，根方差法没有考虑项目的不确定性水平和任务相关性，在高不确定性或者高任务相关性时，产生过小的缓冲大小。APRT 和 APD 虽然考虑了项目的不确定水平，但是没有考虑任务相关性，当不确定性和任务相关性都较高时，也会产生过小的缓冲。与根方差法相比，APAD 考虑了项目不确定性水平，得到的缓冲会随着不

---

① Tukel I. Oya et al., "An Investigation of Buffer Sizing Techniques in Critical Chain Scheduling", *European Journal of Operational Research*, Vol. 172, No. 2, 2006, pp. 401-416.

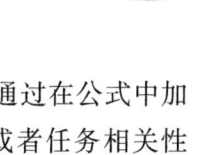

确定性的增大而增大。与 APRT 和 APD 相比，APAD 通过在公式中加入变量 DD 和 DF 从而考虑任务相关性，在不确定性或者任务相关性较高时，会相应产生更大的缓冲。因此，当项目中的一些任务受因素影响而具有相关性，并且项目的不确定水平较高时，APAD 是更好的选择。

第六节　本章小结

在不确定性环境下，制订应对扰动时具有冗余能力的项目进度风险计划至关重要。本章采用关键链/缓冲管理法制订网络计划，从而构建插入缓冲的关键链进度计划，其中缓冲的不同配置策略极大影响项目进度风险应对计划的有效性。韧性工程理论认为，项目系统内部存的相关依赖性是影响系统韧性的重要驱动因素。因此，本章在制订项目进度风险应对计划过程中，提出了考虑任务相关性的项目缓冲配置策略。首先，分析了不确定性环境下受风险因素作用的任务特征。其次，采取辅助因子法对任务相关性建模，并通过仿真实验分析任务相关性不同属性对项目进度风险的影响。具体地，从相关性任务的网络类型、规模大小、占链条总任务的比例和相关系数大小四个方面分析其对项目工期均值和标准差的影响，识别出占链条总任务的比例和相关系数大小对项目进度风险影响十分显著，从而为缓冲配置策略提供定量分析依据。再次，将识别出的这两类显著参数作为相关程度和相关因子加入缓冲大小计算公式，分别提出了单因素和多因素作用下考虑任务相关性的缓冲配置方法。最后，通过一个算例将所提方法与现有的缓冲配置方法进行比较分析，结果显示所提方法考虑了项目不确定性程度和相关性水平，当项目中的一些任务受风险因素影响而具有相关性，并且项目的不确定水平较高时，能够自适应地产生更大的缓冲。从而在扰动发生之前，针对项目进度风险应对计划，为制定更有效的缓冲配置策略提供新的思路和量化方法。

第四章

多项目进度风险应对计划中的缓冲配置策略

现代基建项目日益大型化和复杂化，并多以项目群形式（企业同时承担多子项目）存在。超84%的公司同时从事多个项目，超90%的项目发生在多项目环境中。多项目管理成为项目管理实践和理论研究的热点。与单项目管理相比，多项目管理面临更多的管理层级和不确定性因素，一个项目的成本、工期和资源的变动往往会引起其他项目的连环变动，项目间争夺有限资源的情况也更加严峻，因而多项目的进度风险更大。[①] 为有效应对多项目环境中的各种扰动，项目管理者需制订更具韧性的多项目进度风险应对计划。

第一节 应对多项目进度风险的能力约束缓冲

一 多项目关键链进度计划

多个具有相互联系的子项目组成的项目群在我国正在进行的新型城镇化和智慧城市建设中大量出现。这类项目投资规模大、建设周期

[①] Lova Antonio, et al., "A Multicriteria Heuristic Method to Improve Resource Allocation in Multi-project Scheduling", *European Journal of Operational Research*, Vol. 127, No. 2, 2000, pp. 408–424.

长、未知风险多、复杂性高，进度目标的实现相比一般项目风险更高。项目群的风险因素由子项目的风险因素组成，但并非子项目风险因素的线性叠加，比子项目风险管理更加宏观和战略化。而相较于质量、成本风险等其他风险，项目群（具有关联的多项目）的进度风险更具层次性、传播性、隐藏性和高发性，需要项目组织采取更合适的进度风险管理策略。[1]

项目驱动型组织通常管理着多个项目，如果每个项目使用的资源是独立的，那么可以按照单项目的方式来管理；如果存在共同使用的资源，每个项目经理都会争夺此类资源的使用，这样会加剧资源冲突，最后出现"多任务"的情形。"多任务"既可能存在于项目之间，也可能存在于各个项目内部。因此，多项目通常交错运行，相互间存在资源竞争和工期冲突等多种联系，加剧了项目进度管理的复杂性。

由于多项目资源之间的激烈竞争，往往存在一种多项目共享的资源，它比其他资源的负荷都大，并限制了系统能处理项目的最大数量，"鼓"资源的调度计划决定了所有项目的排序，影响着项目群整体进度绩效。然而，关键路径法、计划评审技术等传统的项目进度管理工具在解决多项目资源冲突上能力不强，在不确定扰动下多项目整体进度规划上效果不佳，最终无法保证多项目按期完工。[2]

Goldratt[3]提出了多项目环境下的关键链项目管理法来应对多项目进度风险，保证项目群按时完工。多项目关键链管理法的步骤如下[4]。

第一步，设定各个项目的优先权。在创建"鼓"资源的调度计划之前，必须对所有正在进行的项目进行优先排序。排定优先级的目的是确定"鼓"资源使用的优先级，从而消除"鼓"资源的多任务影响。确定优先级的首要考虑因素是使单位"鼓"资源对多项目系统进

---

[1] 何清华等：《基于贝叶斯网络的大型复杂工程项目群进度风险分析》，《软科学》2016年第4期。

[2] 李俊亭等：《关键链多项目整体进度优化》，《计算机集成制造系统》2011年第8期。

[3] Goldratt Eliyahu, *Critical Chain*, New York: The North River Press, 1997.

[4] Leach Larry, *Critical Chain Project Management* (2nd edition), London: Artech House Inc, 2005, pp. 155–160.

度贡献最大，比如用项目有效产出除以"鼓"资源需求水平来衡量。其他考虑因素包括公司目标以及客户和公司的将来盈利能力等。

第二步，按关键链计划调度每个项目。即按照关键链单项目进度管理方法，识别每个项目的关键链，并在关键链基准计划中插入项目缓冲和输入缓冲，最后进行关键链计划重排以解决插入两个时间缓冲后所引起的资源冲突。

第三步，交错各个项目以避免资源冲突。在获得每个项目的优先级和每个项目的"鼓"资源需求后，项目管理者需要制订多项目的"鼓"资源的调度计划，这是多项目关键链管理法的核心步骤。该计划是决定项目系统处理能力的主要因素，它也确定了每个项目的开始日期。制订"鼓"资源的调度计划的过程可称为管道化（pipeline），即通过交错项目使通过管道的项目数量最大化。这并不意味着在启动另一个项目之前需要完成上一个项目，而是最大限度地利用系统能力。具体过程是，首先，根据单项目关键链计划中每个使用"鼓"资源的活动的持续时间、最早时间，获得"鼓"资源使用的相对时间；其次，按照项目优先等级从高至低进行安排与交错，直至它们满足"鼓"资源的最大可用量；再次，创建每个项目的进度计划表，即从使用"鼓"资源的活动向前倒推项目的开始时间，并将项目的其余部分安排在使用"鼓"资源的活动之后；最后，在所有项目中平衡所有其他资源，前面步骤仅是对"鼓"资源进行了平衡，从而最小化项目群工期，最终需要对所有其他资源进行交错以避免资源争夺。

第四步，设定多项目环境下的各种缓冲。在多项目关键链计划中分别设置了"鼓"缓冲和能力约束缓冲。DB是用来保护"鼓"资源的，放置于使用"鼓"资源的活动之前，使其不会由于"鼓"资源短缺而无法开工，作用类似于单项目中的资源缓冲。CCB是用于保护"鼓"计划的，详细内容见本章第二节。

第五步，进行缓冲管理。在多项目执行过程中，实时监控各种缓冲的消耗情况，当进入黄色区域时，代表缓冲被消耗一部分，有项目延误的潜在风险，需要制订进度恢复计划；当超过红色阈值时，代表缓冲快要被消耗完，有较大的项目延误的潜在风险，此时需要立刻执行进度恢复行动。

二 能力约束缓冲

与传统的多项目管理方法不同的是，关键链多项目管理法强调以同步化的机制来降低多任务作业的机会，并以此加速项目的进行，而其中最重要的就是能力约束缓冲的设置。配置能力约束缓冲的本质是使前后项目之间有一定的时间间隔，其目的就是要平衡"鼓"资源的过载负荷，避免后一项目受前一项目的影响。能力约束缓冲设置在前后两个项目之间，即在紧前项目最后一个使用"鼓"资源的活动与紧后项目第一个使用"鼓"资源的活动之间，它是用时间来表示的，如图4-1所示。能力约束缓冲为"鼓"资源提供了能力弹性，以保证后一项目第一个使用"鼓"资源的活动能按时开工，决定了下一个项目的开始时间。

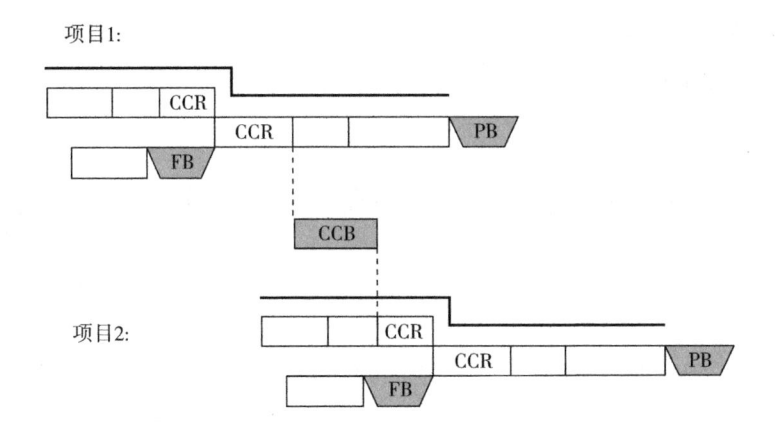

图4-1 多项目关键链进度计划

能力约束缓冲大小影响着多项目进度风险应对计划的有效性。在多项目进度风险应对计划中，能力约束缓冲配置决策需要考虑以下两个方面。

第一，能力约束缓冲配置方式。项目管理者需要考虑如何将其配置在项目之间，从而在获得最佳的保护效果和维持最短的项目排程之间取得平衡。一般有两种配置方式：集中式和分散式。

一是集中式配置是指将前一项目的多个使用"鼓"资源的活动安全时间集中起来设置为能力约束缓冲大小，这如同单项目关键链管理中的项目缓冲设置方式。这种集中式配置提供了足够的保护，但会增加项目群计划完工期。

二是分散式配置是相较于集中式配置而言的，是指在前一项目的多个使用"鼓"资源活动的后面设置缓冲，这样配置方式可以利用"鼓"资源的使用空闲时间（如果存在的话），有利于缩减项目群计划完工期。

第二，能力约束缓冲配置大小。项目管理者还需要考虑将其设置多大才足以产生保护作用而不会拉长项目群的计划完工期。能力约束缓冲配置大小一般由前一项目使用能力约束资源的活动时间来决定。最常用的是将使用"鼓"资源的活动总时间的50%设置为能力缓冲的大小，然后通过改变比例大小分析其影响。这种计算方法对于大规模项目易产生过大的缓冲保护，如何调整也主要基于项目管理者的经验，缺乏定量分析依据。[1]

第二节 能力约束缓冲配置的影响因素分析

多项目环境中的能力约束缓冲大小与前一个项目中一系列使用"鼓"资源的活动直接相关。在根据本书第三章的方法制订出单个项目的进度风险应对计划后，就某一个项目而言，这些使用"鼓"资源的活动可能有的在关键链上，有的在非关键链上；可能首尾相连（一个活动结束，下一个活动立刻开始），也可能中间有间隙；可能在一条链上，也可能不在一条链上。两个使用"鼓"资源的活动在关键链网络中的分布关系有四种情况，如图4-2所示。

---

[1] Cohen Izack, et al., "Multi-project Scheduling and Control: A Process-based Comparative Study of the Critical Chain Methodology and Some Alternatives", *Project Management Journal*, Vol. 35, No. 2, 2004, pp. 39-50.

第四章 多项目进度风险应对计划中的缓冲配置策略

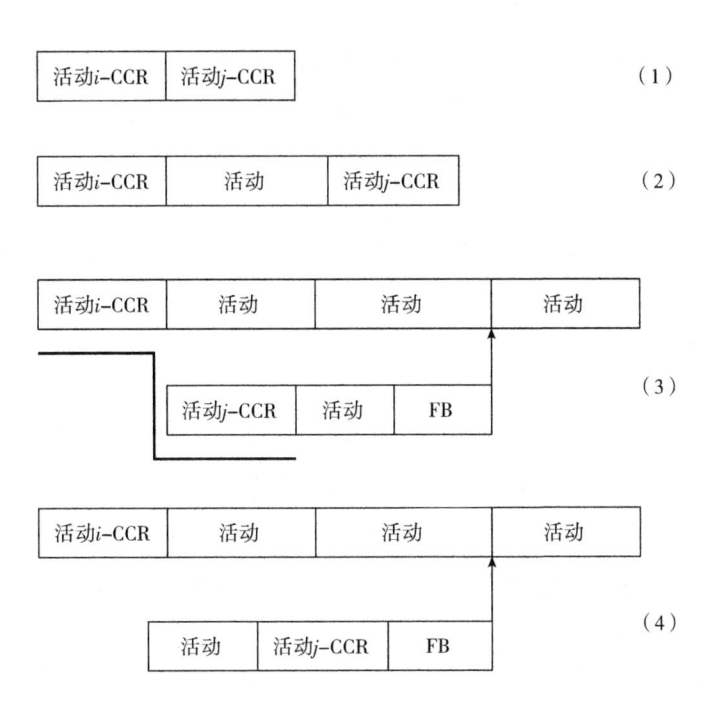

```
活动i-CCR | 活动j-CCR                          （1）

活动i-CCR | 活动   | 活动j-CCR                  （2）

活动i-CCR | 活动 | 活动 | 活动
              活动j-CCR | 活动 | FB             （3）

活动i-CCR | 活动 | 活动 | 活动
              活动 | 活动j-CCR | FB             （4）
```

图 4-2 使用"鼓"资源活动在关键链网络中的四种分布情况

第一种情况：两个使用"鼓"资源的活动 i、活动 j 在一条链上，且首尾相连，如图 4-2（1）所示。它们之间既是任务约束也是资源约束。活动 i 的延迟肯定造成活动 j 开工时间的延迟。

第二种情况：两个使用"鼓"资源的活动 i、活动 j 在一条链上，但首尾不相连，中间有其他活动，如图 4-2（2）所示。活动 i 的延迟不一定会造成活动 j 开工时间的延迟。

第三种情况：两个使用"鼓"资源的活动 i、活动 j 不在一条链上，但首尾相连，它们之间只存在资源约束，如图 4-2（3）所示。活动 i 的延迟会造成活动 j 开工时间的延迟。

第四种情况：两个使用"鼓"资源的活动 i、活动 j 不在一条链上，且首尾不相连，中间有其他活动，如图 4-2（4）所示。活动 i 的延迟不一定会对活动 j 造成影响。

在一个多项目网络环境中，所有使用"鼓"资源的活动之间的关系都由这四种基本情况构成。针对第二种和第四种情况，由于两个使用"鼓"资源的活动首尾不相连，中间存在其他活动，称这种情况为"鼓"资源活动之间存在间隙，它使"鼓"活动有一定的错开时间，使"鼓"资源不会一直处在高负荷的紧张使用中。计算能力约束缓冲大小应当考虑这一特点。

因此，当进行能力约束缓冲配置时应综合考虑前一项目使用"鼓"资源的活动网络特点、使用"鼓"资源的活动时间，以及"鼓"资源的使用情况。

第一，"鼓"资源紧张度（Drum Resource Tightness，DRT）。DRT是指"鼓"资源的总体使用量占总体可用量的比例，用于衡量"鼓"资源的使用负荷。在单项目环境中，活动的资源负荷越大，项目越可能发生延迟，因而缓冲设置应大些。与此类似，在多项目环境中，就"鼓"资源而言，它的利用率越高，"鼓"活动延迟的可能性就越大，CCB应设置得更大些。

第二，"鼓"网络复杂度（Drum Network Density，DND）。DND是指使用"鼓"资源活动的紧前关系数占子网络任务总数的比例。在单项目环境中，项目网络越复杂，活动的紧前关系数量越多，项目越可能发生延迟，因而缓冲的设置应大些。同样地，在多项目网络中，使用"鼓"资源活动的紧前关系数越多，"鼓"活动延迟的可能性就越大，CCB应设置得更大些。

第三，"鼓"活动间隙度（Drum Space Interval，DSI）。前两个因素都是对缓冲造成负面影响的因素，这两个因素的数值越大，缓冲也相应增大。当两个"鼓"活动中间存在间隙时，前一个"鼓"活动的延迟不一定会对后一个"鼓"活动造成影响，如图4-3所示。间隙越大，前一个"鼓"活动的延迟对后一个"鼓"活动的影响越小，整个"鼓"活动延迟的可能性越小，CCB应设置更小；间隙出现次数越多，整个"鼓"活动延迟的可能性越小，CCB也应设置得越小。因此，DSI定义为前后"鼓"活动的间隙时间总和占总流程时间（首尾"鼓"活动间的总时间）的比例。

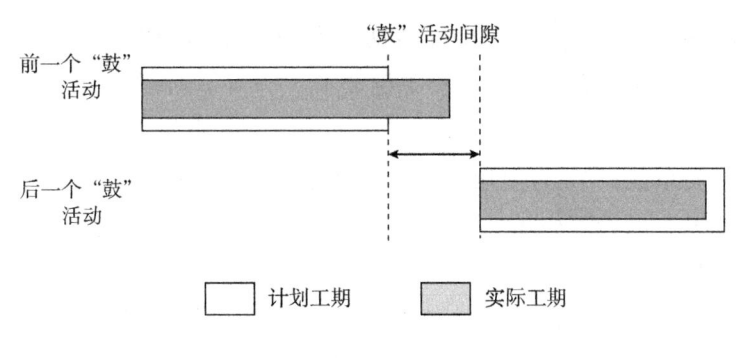

图 4-3 "鼓"活动间隙的影响

第三节 集中式能力约束缓冲配置策略

一 集中式能力约束缓冲大小计算方法

根据第二节的分析结果,在多项目环境下确定能力约束缓冲大小时应综合考虑"鼓"资源紧张度、"鼓"网络复杂度和"鼓"活动间隙度这三个因素,并按照缓冲集中配置方式确定缓冲大小,其方法的计算步骤如下[①]。

第一步,计算"鼓"资源紧张度。假设 r_i 为活动 i 所需"鼓"资源的数量;d_i 为活动 i 的工期;R 为"鼓"资源的可用量。那么,DRT 的计算如式(4-1)所示。

$$\text{DRT} = \left(\sum_i r_i \times d_i\right) / \left(R \times \sum_i d_i\right) \tag{4-1}$$

$i \in \{$使用"鼓"资源的活动集合$\}$

式(4-1)中,分子为各个使用"鼓"资源的活动时间与"鼓"资源使用量的乘积之和,代表所使用的"鼓"资源量;分母为使用"鼓"资源的活动总时间与"鼓"资源可用量的乘积,代表相应时间段内的可用"鼓"资源量。DRT 是计算的单一"鼓"资源的利用水

---

① 别黎、崔南方:《关键链多项目管理中能力约束缓冲大小研究》,《计算机集成制造系统》2011 年第 7 期。

平，而不是考虑接驳链上全部活动中资源利用因子的最大值。很显然，DRT 越大，表示"鼓"资源越紧张。

第二步，计算"鼓"网络复杂度。假设 N_P 为使用"鼓"资源活动的紧前关系数；N_T 为使用"鼓"资源活动数与其紧前关系数之和。那么，DND 的计算如式（4-2）所示。

$$DND = N_P/N_T \qquad (4-2)$$

式（4-2）只考虑了"鼓"活动的紧前关系数，而不是所有活动的紧前关系数。DND 越大，表示"鼓"网络越复杂。

第三步，计算"鼓"活动间隙度。假设 ST(j) 为第 j 个"鼓"活动的开始时间；FT(j) 为第 j 个"鼓"活动的结束时间；IT(j) 为第 j 和第 $j+1$ 个"鼓"活动之间的间隔时间，$j=1, 2, \cdots, J$。"鼓"活动的间隙度为总间隙时间与总流程时间之比。DSI 的计算如式（4-3）所示。

$$DSI = \sum_j IT(j)/(FT(J) - ST(1)) \qquad (4-3)$$

$j \in \{$使用"鼓"资源的活动集合$\}$

第四步，确定能力约束缓冲大小。假设 ΔB 为能力约束缓冲大小，活动 i 的方差是 VAR_i，考虑"鼓"资源紧张度、"鼓"网络复杂度和"鼓"活动间隙度这三个因素，以根方差法为基础，并假定 DRT 和 DND 对 CCB 的影响同等重要，则配置的 CCB 大小的计算如式（4-4）所示。

$$\Delta B = [0.5 \times (1+DRT) + 0.5 \times (1+DND)] \times \left(\sum_i VAR_i\right)^{1/2} \times (1-DSI) \qquad (4-4)$$

$i \in \{$使用"鼓"资源的活动集合$\}$

式中：$(\sum_i VAR_i)^{1/2}$ 为根方差法得到的缓冲大小；$[0.5 \times (1+DRT) + 0.5 \times (1+DND)] \times (\sum_i VAR_i)^{1/2}$ 为综合考虑"鼓"资源紧张度和"鼓"网络复杂度两个因素提出的缓冲大小计算式子；$(1-DSI)$ 为在考虑"鼓"活动间隙度因素下对前部分的修正。

二　集中式能力约束缓冲配置策略

设置能力约束缓冲一般集中设置在前后两个项目之间。在一个关键链多项目调度计划中，负荷最重的资源为"鼓"资源。依据上节中确定能力约束缓冲的式（4-4），在两个项目例子间的合适位置配置集中式的能力约束缓冲，并制订多项目进度风险应对计划。针对三个不同项目群的配置策略如图4-4、图4-5、图4-6所示。

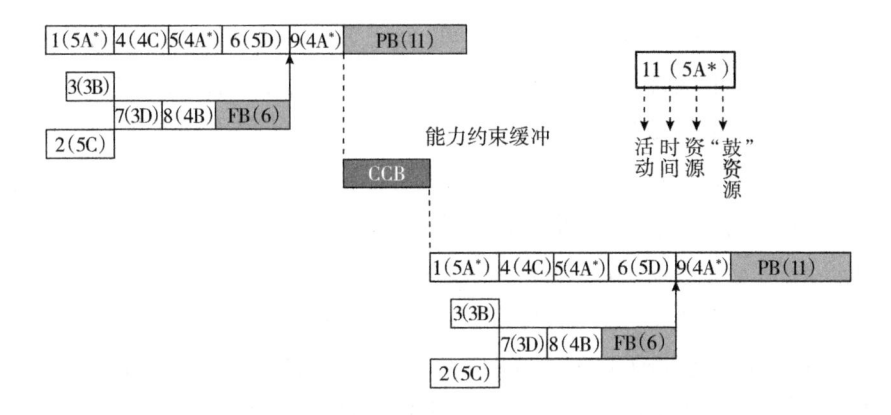

图4-4 "鼓"活动网络一的集中式能力约束缓冲

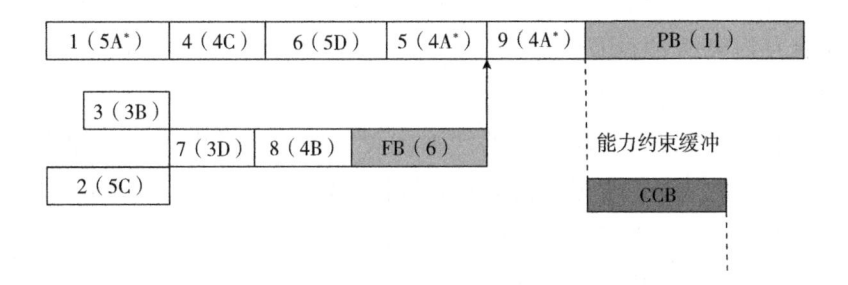

图4-5 "鼓"活动网络二的集中式能力约束缓冲

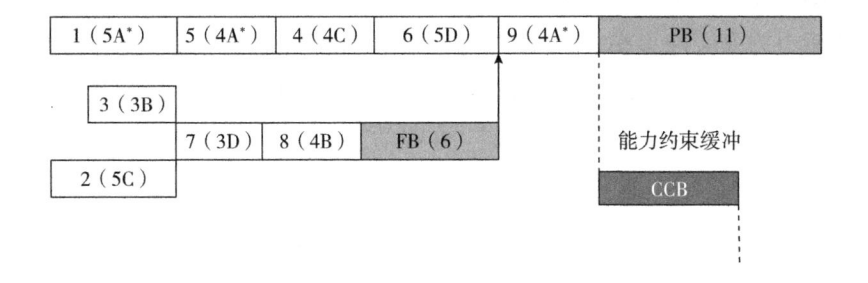

图4-6 "鼓"活动网络三的集中式能力约束缓冲

第一,"鼓"活动不相邻的缓冲配置策略。在图4-4的多项目关键链调度计划中,资源A是"鼓"资源,活动1、活动5、活动9是"鼓"活动。活动1和活动5之间有4天的间隙,活动5和活动9之间有5天的间隙。这种间隙越大,前一个"鼓"活动的延迟对后一个"鼓"活动的影响越小,整个"鼓"活动延迟的可能性越小,能力约束缓冲应设置更小。考虑到这种"鼓"活动间隙对能力约束缓冲大小的影响,在多项目进度风险应对计划中配置能力约束缓冲。具体的过程如下:

一是计算初始能力约束缓冲大小,其为活动1、活动5、活动9的安全时间之和,即 $\Delta B' = (5+4+4) = 13$。

二是衡量"鼓"活动之间间隙程度的概念——"鼓"活动间隙度,计算其大小 $r = (4+5)/(5+4+4+5+4) = 9/22$。其中,分子是总间隙时间,分母是第一个"鼓"活动到最后一个"鼓"活动的流程时间。

三是考虑"鼓"活动间隙对能力约束缓冲造成的影响,采用集中式能力约束缓冲设置法计算其大小 $\Delta B = (1-r) \times \Delta B' = (1-9/22) \times 13 = 7.6$。

第二,"鼓"活动相邻的缓冲配置策略。假设由于某种原因将图4-4中的活动5推迟到活动6后执行,如图4-5所示;图4-5中,活动1和活动5之间有9天的间隙,活动5和活动9之间没有间隙。或者,将图4-4中的活动5提前到活动4之前执行,如图4-6所示。而图4-6中,活动1和活动5之间没有间隙,活动5和活动9之间有9天间隙。针对图4-5和图4-6中的关键链调度计划计算所需的集中式能力约束缓冲大小,由于"鼓"活动时间和"鼓"活动之间的总间隙时间都是一样的,故而其配置策略与图4-4中计算得到的能力约束缓冲大小一样。因此,"鼓"资源活动相邻的配置策略的结果与"鼓"资源活动不相邻的配置策略得到的结果一致,未进一步反映出"鼓"间隙位置对配置策略的影响。

第四节　分散式能力约束缓冲配置策略

一　分散式能力约束缓冲大小计算方法

集中式配置策略中分析了"鼓"活动之间存在的间隙，这种间隙会使"鼓"活动之间存在一定的错开时间，使"鼓"资源不会一直处在高负荷的使用中，会对能力约束缓冲大小产生影响。然而，集中式设置方式将能力约束缓冲集中设置在紧前项目最后一个使用"鼓"资源的活动与紧后项目第一个使用"鼓"资源的活动之间，无法衡量多项目关键链调度网络中"鼓"活动间隙的分布位置的影响。同样大小的"鼓"活动间隙如果出现在不同的位置可能对"鼓"资源的使用产生不同的影响。例如，在集中式能力约束缓冲设置中，图4-4的情况是4天的间隙和5天的间隙分别在第一个和第二个"鼓"活动后面，图4-5中的9天间隙时间都处于第一个"鼓"活动后面，只保护了这一个活动，因而图4-5中需要的能力约束缓冲比图4-4中的情况要大些。图4-6中的情况是9天间隙都在第二个"鼓"活动后面，保护了前两个"鼓"活动，所需能力约束缓冲与图4-4中的情况也不相同。因此，集中式设置方法确定的缓冲大小可能并不准确，方法适用性较差。

分散式设置方法是利用"鼓"活动之间的间隙特点将能力约束缓冲分别设置到使用"鼓"资源活动的后面。这种分散式设置方法在保证按期完工的前提下还具有更好的鲁棒性。[1] 分散式的缓冲设置方法不仅要考虑"鼓"活动间的间隙的分布位置，还要综合考虑间隙的大小。那么，分散式能力约束缓冲设置法如下[2]。

---

[1] Van de Vonder, et al., "The Use of Buffers in Project Management: The Trade-off between Stability and Makespan", *International Journal of Production Economics*, Vol. 97, No. 2, 2005, pp. 227–240.

[2] 别黎等:《关键链多项目调度中分散式能力约束缓冲设置法》,《管理工程学报》2013年第2期。

在每个"鼓"活动的后面都设置一个能力约束缓冲，用于保护前面的"鼓"活动。假设 N 为在关键链调度网络中"鼓"活动个数；S_i 为第 i 个"鼓"活动的安全时间；T_i 为第 i 个和第 $i+1$ 个"鼓"活动之间的间隙时间；ΔB_i 为第 i 个"鼓"活动后面设置的能力约束缓冲大小。那么，第 i 个"鼓"活动后面设置的能力约束缓冲大小的计算如式（4-5）所示：

$$\Delta B_i = \begin{cases} \min(S_i, T_i), & i=1, 2, \cdots, N-1 \\ S_i, & i=N \end{cases} \quad (4-5)$$

当 $S_i \leqslant T_i$ 时，$\Delta B_i = S_i$（其中，$i=1, 2, \cdots, N$）。表明此处的间隙时间足够大，能够为前面的"鼓"活动提供足够的错开时间。

当 $S_i > T_i$ 时，$\Delta B_i = T_i$（其中，$i=1, 2, \cdots, N-1$）。表明此处的间隙时间不能为前面的"鼓"活动提供足够的错开时间。为了使前一项目不对后一项目造成影响，将差额时间 $S_i - T_i$ 增加到最后一个"鼓"活动后面的能力约束缓冲上。因此，计算从第一个到最后一个"鼓"活动之间存在的所有差额时间，全部将其加到 ΔB_N 上，则最后一个"鼓"活动后面的能力约束缓冲大小调整为

$$\Delta B_N = S_N + \sum_{i=1}^{N-1}(S_i - T_i) \quad (4-6)$$

二 分散式能力约束缓冲配置策略

根据上述分散式缓冲设置方法在不同的多项目网络中的合适位置配置能力约束缓冲，并制订多项目进度风险应对计划。针对三个不同项目群的配置策略如图4-7、图4-8、图4-9所示。

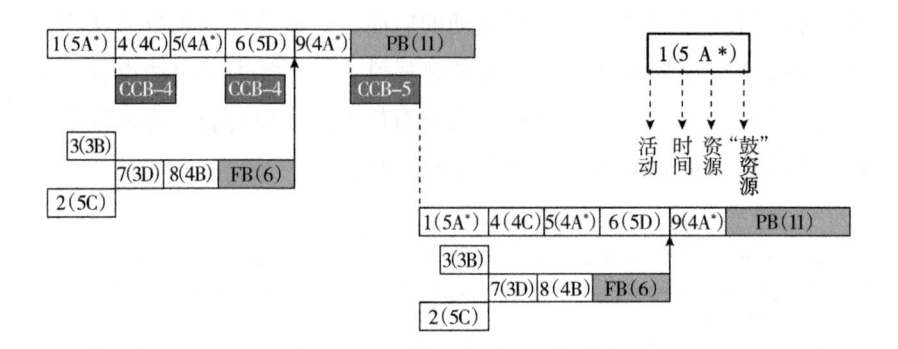

图4-7 "鼓"活动网络一的分散式能力约束缓冲

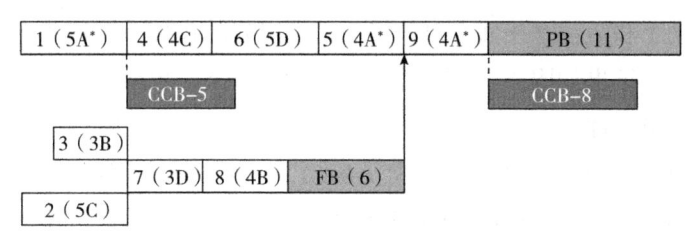

```
1 (5A*) | 4 (4C) | 6 (5D) | 5 (4A*) | 9 (4A*) | PB (11)
           CCB-5                              CCB-8
3 (3B)
        7 (3D) | 8 (4B) | FB (6)
2 (5C)
```

图 4-8 "鼓"活动网络二的分散式能力约束缓冲

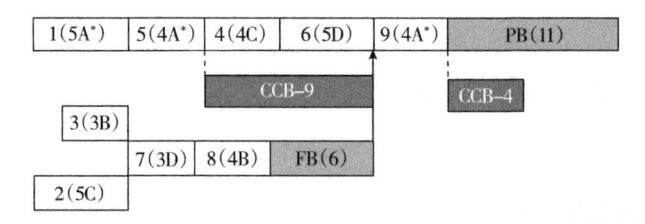

```
1(5A*) | 5(4A*) | 4(4C) | 6(5D) | 9(4A*) | PB(11)
                  CCB-9                    CCB-4
3(3B)
        7(3D) | 8(4B) | FB(6)
2(5C)
```

图 4-9 "鼓"活动网络三的分散式能力约束缓冲

第一，"鼓"活动不相邻的缓冲配置策略。对于图 4-4 中的项目群例子，采用分散式缓冲设置法配置能力约束缓冲，其中每个"鼓"活动的安全时间等于其时间大小，结果如图 4-7 所示。其中，在使用"鼓"资源活动 1、活动 5、活动 9 后面分别配置一个能力约束缓冲。活动 1 的安全时间为 5，而活动 1 或活动 5 之间的间隙时间为 4，根据式（4-5）活动 1 后面的能力约束缓冲设置为 min（5,4）= 4。同理，活动 5 后面的能力约束缓冲设置为 min（4,5）= 4。由于活动 1 的安全时间大于后面的间隙时间，故根据式（4-6）计算最后一个"鼓"活动后的能力约束缓冲为 4+（5-4）= 5。

第二，"鼓"活动相邻的缓冲配置策略。针对最后一个"鼓"活动存在相邻的情况，即在图 4-5 中的项目群例子，活动 5 和活动 9 相邻。对此多项目采用分散式缓冲设置法配置能力约束缓冲，结果如图 4-8 所示。其中，在活动 1、活动 9 后面各配置一个能力约束缓冲。活动 1 的安全时间为 5，而活动 1 或活动 5 之间的间隙时间为 9，根据式（4-5）活动 1 后面的能力约束缓冲设置为 min（5,9）= 5。活动 5 和活动 9 相邻，其所需的安全时间为 4+4=8，由于前面活动 1 的安全时间小于间隙时间，根据式（4-5）计算活动 9 后的能力约束缓冲大小为 8。

针对前期"鼓"活动存在相邻的情况，即在图 4-6 中的项目群例子，活动 1 和活动 5 相邻。对此多项目采用分散式缓冲设置法配置能力约束缓冲，结果如图 4-9 所示。其中，在活动 5、活动 9 后面各配置一个能力约束缓冲。活动 1 和活动 5 相邻，其所需安全时间为 5+4=9，后面的间隙时间为 4+5=9，根据式（4-5）得到活动 5 后的能力约束缓冲设置为 min（9，9）= 9。由于前面"鼓"活动的安全时间等于间隙时间，根据式（4-5）得到活动 9 后的能力约束缓冲大小为 4。

第五节　两种策略的比较实验及结果分析

一　比较实验设置

（一）多项目实例及进度风险应对计划

本书假设最简单的包含 2 个同样项目的多项目环境，项目共需五种资源，每种资源的可用量都是 10。每个项目的活动信息如表 4-1 所示。

表 4-1　　　　　　　　　　工序基本信息

活动代号	紧前活动	活动时间/天	所用资源种类	所用资源数量
A1	—	14	R1	9
A2	A1	7	R2	5
A3	A2	6	R1	8
A4	A3	12	R1	7
A5	A4	13	R3	4
A6	A5	26	R4	7
A7	A6	14	R5	4
B1	—	7	R2	6
B2	—	12	R5	7
B3	B1，B2	16	R1	10
B4	B3	6	R3	3
C1	—	19	R1	8
C2	C1	5	R2	5

续表

活动代号	紧前活动	活动时间/天	所用资源种类	所用资源数量
D1	A7，B4	13	R3	7
D2	C2，D1	8	R4	5

对此多项目按照关键链多项目管理法进行调度以制订多项目进度风险应对计划。

第一，根据每种资源平均使用情况和最大使用率，确定资源 1 为"瓶颈"资源。

第二，对每个项目进行关键链调度。计划时间由每个活动均值产生，参照田文迪和崔南方[1]提出的启发式算法确定关键链，再加入输入缓冲和项目缓冲。其中，这两种缓冲并非本章研究重点，因此采用最简单易行的剪切法计算其大小，从而对每个项目进行关键链调度，计算计划完工期。

第三，交错各个项目，在前一个项目最后使用资源 1 的活动和后一个项目最先使用资源 1 的活动之间设置能力约束缓冲。

该多项目管理法的调度结果如图 4-10 所示。

（二）多项目模拟设置

考虑到工序工期的偏态分布特性，这里采用对数正态分布来描述。对数正态分布也被 Herroelen 和 Leus[2] 以及 Tukel 等[3]使用。如果 X 为均值 μ、方差 σ^2 的正态分布 $N(\mu, \sigma^2)$，则认为 $Y = e^X$ 服从对数正态分布，其均值和方差为

$$\mu_y = e^{\mu+\sigma^2/2}, \quad \sigma_y^2 = e^{2\mu+\sigma^2}(e^{\sigma^2}-1) = \mu_y^2(e^{\sigma^2}-1) \tag{4-7}$$

设置活动时间 d_i 为 Y 的均值，那么正态分布的均值为

$$\mu = \ln(d_i) - \sigma^2/2 \tag{4-8}$$

---

[1] 田文迪、崔南方：《关键链项目管理中关键链和非关键链的识别》，《工业工程与管理》2009 年第 2 期。

[2] Herroelen Willy and Leus Roel, "On the Merits and Pitfalls of Critical Chain Scheduling", *Journal of Operations Management*, Vol. 19, No. 5, 2001, pp. 559-577.

[3] Tukel I. Oya et al., "An Investigation of Buffer Sizing Techniques in Critical Chain Scheduling", *European Journal of Operational Research*, Vol. 172, No. 2, 2006, pp. 401-416.

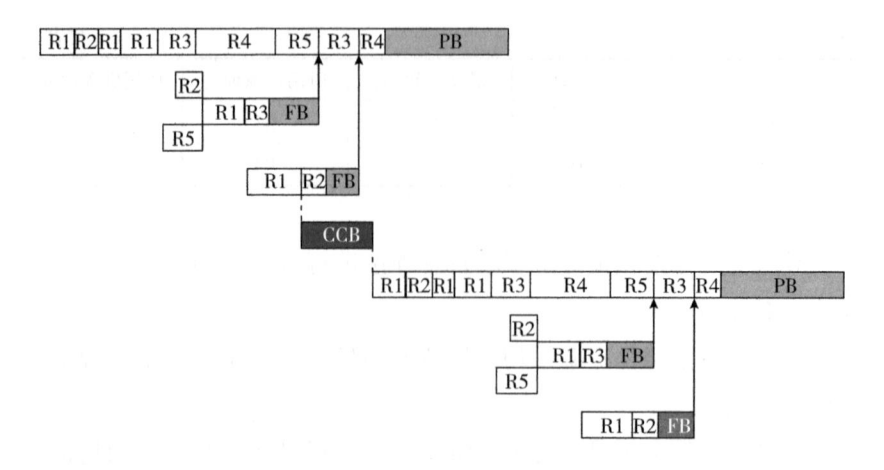

图 4-10 关键链多项目管理法的调度结果

实验中假设活动时间 d_i 的标准差 σ 取五个不同值（0.3，0.4，0.5，0.7，0.9），利用式（4-8）得到不同的 μ 值。对每组 μ 和 σ^2，利用 MATLAB 中的对数正态分布的随机矩阵函数 X = lognrnd（mu，sigma），产生项目模拟中的随机工期。

在项目执行的模拟中，每次模拟、每个活动时间都从其对数正态分布中随机产生。其中，每个活动对应的正态分布的标准差 σ 取五个不同值（0.3，0.4，0.5，0.7，0.9），代表活动的不确定性程度高低。假定工序所需资源在工期内不变，对生成的关键链项目计划采用并行调度模式进行模拟计算，得到模拟完工期。其中，特别考虑了以下几条规则：没有紧前关系的活动以及非关键链上的活动不得早于计划时间开工，其他活动在满足网络约束和资源约束的情况下尽早开工；关键链上的活动与非关键链上的活动发生资源冲突时，关键链上的活动优先开工。

二　集中式配置策略的结果分析

本节提出了四个评价指标：缓冲大小、缓冲消耗比例、缓冲超出比例、项目群最终按时完工比例。为了验证模型的有效性，本书比较了三种 CCB 计算方法。

第一，50%法。Cohen 等[①]提出的将使用"鼓"资源活动总时间的 50%设置为 CCB 大小的方法。

第二，SCCB 法（Simple Capacity Constraint Buffer Method，简单的能力约束缓冲估计法）。该方法仅考虑"鼓"资源紧张度和"鼓"网络复杂度，而不考虑"鼓"活动间隙度的影响。SCCB 法计算的缓冲大小如式（4-9）所示。

$$\Delta B = [0.5 \times (1 + DRT) + 0.5 * (1 + DND)] \times \left(\sum_i VAR_i \right)^{1/2} \quad (4-9)$$

第三，CCB 法。本书式（4-4）提出的缓冲计算方法。

在五个不同的标准差 σ 的情况下，对此项目模拟 1000 次，获取的统计结果如表 4-2 所示。三种方法的比较结果如下。

表 4-2　　缓冲的确定和模拟结果

σ/天	缓冲大小/天			缓冲消耗比例/%			缓冲超出比例/%			项目群最终按时完工比例/%		
	50%法	SCCB法	CCB法	50%法	SCCB法	CCB法	50%法	SCCB法	CCB法	50%法	SCCB法	CCB法
0.3	33.5	15.9	12.2	11.3	23.8	31.0	0.2	5.1	8.6	100.0	100.0	100.0
0.4		21.6	16.6	16.4	24.5	33.1	1.2	5.4	9.9	99.6	99.4	99.3
0.5		27.6	21.3	21.4	25.9	33.6	3.8	6.4	10.9	96.8	96.5	96.3
0.7		41.1	31.6	34.4	28.0	36.4	11.4	7.1	12.3	89.7	89.9	89.1
0.9		57.8	44.5	49.4	28.7	37.3	18.0	8.2	12.5	80.5	83.1	82.5
平均					26.2	34.3		6.4	10.8			

随着活动标准差增大，缓冲消耗比例和缓冲超出比例随之增大，项目群按时完工概率随之减小。这表明随着活动的不确定性程度增加，超期可能性增大，需相应的增大能力缓冲大小来保证整个项目群按时完工。

SCCB 法与 50%法比较，SCCB 法计算的缓冲随着 σ 值增大而增大，缓冲消耗比例和缓冲超出比例变动不大，缓冲消耗比例均值是

[①] Cohen Izack, et al., "Multi-project Scheduling and Control: A Process-based Comparative Study of the Critical Chain Methodology and Some Alternatives", *Project Management Journal*, Vol. 35, No. 2, 2004, pp. 39-50.

26.2%，始终处于缓冲管理的绿色区域。缓冲超出比例均值是6.4%，不超出缓冲的比例为93.6%，能够以很高的可能性提供足够的错开时间。这表明SCCB法适用于不确定性程度不同的各种情况，由于它还同时考虑了两种项目特征，因此SCCB法适用范围更广，适用性更强。另外，在不同标准差σ值水平下，整个项目群的最终按时完工比例与50%法几乎一样。这表明能力约束缓冲大小的改变，对整个项目群的最终按时完工比例影响较小。在标准差σ等于0.3、0.4和0.5时，SCCB法的缓冲大小比50%法要小，整个项目群的最终计划完工期也要短。这表明，在项目不确定性水平较低的情况下，SCCB法的计划完工期比50%法更短，而两者项目群最终按时完工比例差异很小，因此，SCCB法更优。

CCB法与SCCB法比较，两者计算的缓冲大小都随着标准差σ的增大而增大，缓冲消耗比例和缓冲超出比例随着标准差σ的增大而变动不大。在不同标准差σ水平下，CCB法计算的缓冲比SCCB法要小，缓冲消耗比例和缓冲超出比例要大，缓冲消耗比例均值是34.3%，比SCCB法大8.1%。其缓冲消耗比例均值约占缓冲大小的1/3，正好处于缓冲管理中的没有行动和计划行动的交界处（第一个触发点）附近，表明缓冲大小设置正好。缓冲超出比例均值是10.8%，比SCCB法大4.4%，不超出缓冲的均值接近90%，表明CCB法仍能够以较高的可能性提供足够的错开时间。CCB法计算的项目群最终按时完工比例虽然比SCCB法小，但差距在1%以内，CCB法比SCCB法由于计算的缓冲要小，因而最终计划完工期要短。因此，CCB法更优。

综上所述，SCCB法综合考虑两种项目特征水平值，在标准差σ较小的情况下，缓冲计算值小于50%法，仍然能够以很高的可能性提供足够的错开时间，同时提供与50%法几乎一样的项目群最终按时完工比例。在标准差σ较大时，缓冲计算值大于50%法，具有较高的可靠性，符合不确定性程度越高缓冲设置越大的管理常识。与SCCB法相比，CCB法在其基础上又考虑了多项目中"鼓"资源可能间断使用的情况，设置的缓冲更小，最终计划完工期更短，而仍能够以较高的可能性提供足够的错开时间和保证几乎相同的项目群最终按时完工比例。因此，CCB 法在具有 SCCB 法的优点的同时，又优于 SCCB 法。

三 集中式与分散式配置策略比较实验结果分析

本节提出四种绩效评价指标。

第一，项目群计划完工期。即第二个项目的计划完工期，项目群计划完工期越小越好。

第二，项目群按时完工比例。即第二个项目的模拟完工期小于或等于其计划完工期的比例，也就是说计算第二个项目的模拟完工期小于或等于其计划完工期的次数除以总模拟次数，项目群按时完工比例越高代表计划越有效。

第三，缓冲平均消耗比例。它是多个能力约束缓冲消耗比例的平均值，即计算每个能力约束缓冲的消耗比例之和除以能力约束缓冲的个数，缓冲平均消耗比例越高代表项目进度变动的可能性越大。

第四，缓冲平均超出比例。它是多个能力约束缓冲超出比例的平均值，即计算每个能力约束缓冲的超出比例之和除以能力约束缓冲的个数，缓冲平均超出比例越高代表超期的可能性越大。

本节针对三种"鼓"资源分布网络（图 4-7、图 4-8、图 4-9），分别称其为分布网络一、分布网络二、分布网络三。在五种不确定程度下，即活动对应的正态分布标准差 σ 为 0.3、0.4、0.5、0.7、0.9。评价集中式和分散式的能力约束缓冲配置策略的绩效结果。对项目模拟 1000 次，获取的统计结果如表 4-3、表 4-4、表 4-5 所示。

表 4-3　　　　　　　　分布网络一的模拟结果

σ/天	项目群计划完工期/天		项目群按时完工比例/%		缓冲平均消耗比例/%		缓冲平均超出比例/%	
	集中式	分散式	集中式	分散式	集中式	分散式	集中式	分散式
0.3	63	60	99.6	99.6	21.5	27.5	1.8	5.3
0.4			96.9	96.5	28.9	37.2	7.0	10.4
0.5			92.6	91.0	38.2	47.4	13.2	16.4
0.7			82.3	79.6	53.6	65.1	20.9	21.1
0.9			72.3	70.0	77.6	90.3	29.2	26.4

表 4-4　　　　　　　　　分布网络二的模拟结果

σ/天	项目群计划完工期/天		项目群按时完工比例/%		缓冲平均消耗比例/%		缓冲平均超出比例/%	
	集中式	分散式	集中式	分散式	集中式	分散式	集中式	分散式
0.3	63	63	99.6	99.6	23.6	17.3	2.2	1.2
0.4			96.5	96.5	31.8	23.3	6.9	3.2
0.5			92.7	92.7	40.0	29.4	13.0	7.5
0.7			80.2	80.2	61.5	43.8	24.9	15.6
0.9			69.2	69.2	85.4	55.9	29.7	18.6

表 4-5　　　　　　　　　分布网络三的模拟结果

σ/天	项目群计划完工期/天		项目群按时完工比例/%		缓冲平均消耗比例/%		缓冲平均超出比例/%	
	集中式	分散式	集中式	分散式	集中式	分散式	集中式	分散式
0.3	63	59	99.7	99.6	16.0	20.0	1.4	4.2
0.4			98.9	97.4	23.1	28.0	5.3	7.3
0.5			94.4	92.2	32.5	38.4	9.9	12.5
0.7			85.4	82.7	50.4	58.6	20.3	17.4
0.9			75.7	72.6	68.1	78.5	25.6	21.5

对于三种分布网络，随着标准差的增大，项目不确定性程度提高，两种方法得到的项目群按时完工期不变，项目群按时完工比例降低，缓冲平均消耗比例和缓冲平均超出比例都升高。

表 4-3 数据表明，对于分布网络一，分散式缓冲配置策略得到的项目群计划完工期少于集中式缓冲配置策略。相较于每种标准差而言，两种方法得到项目群按时完工比例差不多。分散式缓冲配置策略的缓冲平均消耗比例和缓冲平均超出比例高于集中式缓冲设置法。

表 4-4 数据表明，对于分布网络二，分散式缓冲配置策略得到的项目群计划完工期等于集中式缓冲配置策略。相较于每种标准差 σ 而言，两种方法的项目群计划完工比例也一样。分散式缓冲配置策略的缓冲平均消耗比例和缓冲平均超出比例都要低于集中式缓冲配置策略。

表 4-5 数据表明，对于分布网络三，分散式缓冲配置策略得到的项目群计划完工期少于集中式缓冲配置策略。相较于每种标准差 σ 而言，分散式缓冲配置策略的项目群计划完工比例略低于集中式缓冲配置策略，分散式缓冲配置策略的缓冲平均消耗比例高于集中式缓冲配置策略。标准差 σ 等于 0.3、0.4 和 0.5 时，分散式缓冲配置策略的缓冲平均超出比例高于集中式缓冲配置策略，而标准差 σ 等于 0.7 或 0.9 时，分散式缓冲配置策略的缓冲平均消耗比例低于集中式缓冲配置策略。这表明当项目不确定性程度较高时，分散式缓冲配置策略能提供更好的保护。

对于集中式缓冲配置策略，在三种不同的鼓空隙分布情况中，它所得到的缓冲大小是一样的，项目群的计划完工期也是一样的。对每种标准差 σ 而言，分布网络二的缓冲平均消耗比例和缓冲平均超出比例都要高于其他两种情况。当标准差 σ 等于 0.3、0.4 和 0.5 时，三者的项目群按时完工比例差相差无几。当标准差 σ 等于 0.7、0.9 时，三者的项目群按时完工比例出线差别，分布网络二的项目群按时完工概率最低，分布网络三的项目群按时完工比例最高。这表明当项目不确定性程度较高时，不同的"鼓"活动间隙分布情况对项目工期绩效产生影响。这种影响实质是来自间隙所保护的"鼓"活动个数上。每个"鼓"活动间隙前面所保护的"鼓"活动越多，对最后一个"鼓"活动的影响越小，两个项目之间所需的错开时间越小，集中式能力约束缓冲法设置的缓冲大小可以小些。因此，集中式能力约束缓冲配置策略不能根据不同"鼓"活动间隙分布情况设置不同的缓冲大小。当间隙所保护的"鼓"活动较少时，集中式缓冲配置策略会对不确定性较高的项目产生过小的能力约束缓冲。

对于分散式能力约束缓冲配置策略，在三种不同的"鼓"空隙分布情况中得到的缓冲大小不一样，项目群计划完工期也不一样。其中，分布网络三和分布网络一得到的项目计划完工期较少。对每种标准差而言，三种分布网络得到的项目群按时完工比例几乎一致。在缓冲平均消耗比例和缓冲平均超出比例方面，分布网络一中最高，这可能与分布网络一分散设置了 3 个能力约束缓冲有关。分布网络二中最低，这因为它在两个项目间设置了最长的错开时间。因此，分散式能力约束缓冲配置策略能充分考虑不同"鼓"活动间隙分布情况的影响，设置不同的能力约束缓冲大小。在"鼓"活动间隙保护了较多"鼓"活动的关键链网络中，与集中式缓冲配置策略相比，分散式缓冲配置策略提供更小项目群完工期的同时，得到了相同的项目群按时完工比例以及较低的缓冲超出比例。

第六节 本章小结

在不确定性环境下，多项目间因稀缺资源的激烈竞争而面临更大的进度风险，多项目按期完工面临更大挑战。为更好应对多项目管理中的各种扰动因素，本章采用关键链多项目管理法制订项目进度风险应对计划。即在单项目缓冲配置的基础上，进一步在多项目间配置能力约束缓冲，从而为关键资源提供一定冗余能力。本章分析了影响能力资源缓冲配置的三种重要因素——"鼓"资源紧张度、"鼓"网络复杂度、"鼓"活动间隙度，进而提出了考虑这三种因素的集中式缓冲配置策略和分散式缓冲配置策略。通过仿真实验将分散式能力约束缓冲配置法与集中式能力约束缓冲配置法进行了比较，结果表明，当"鼓"活动间隙靠近最后一个"鼓"活动时，集中式能力约束缓冲配置法会产生过大的缓冲；当"鼓"活动间隙远离最后一个"鼓"活动时，集中式能力约束缓冲配置法会产生过小的缓冲。分散式能力约束缓冲配置法能很好地避免这一点，对于不同特点的"鼓"活动网络能自适应计算缓冲大小。特别当间隙靠近最后一个"鼓"活动时，分散式能力约束缓冲配置法制订的多项目进度风险应对计划更为有效，比集中式能力约束缓冲配置法具有更短的项目群计划完工期，同时得到较高的按时完工比例和较低的缓冲超出比例。

第五章

基于动态缓冲管理的项目进度风险监控策略

在制订了具有韧性的项目进度风险应对计划之后,风险因素并非不复存在,其在项目推进过程中还可能会增大或者减小。因此,在项目执行过程中,需要时刻监控进度风险的发展与变化情况,并确定随着某些风险因素的消失而带来的新的风险。韧性理论认为采取有效手段来监测系统自身性能以及环境的变化,使系统能够在近期可能的威胁和机会真正发生之前就解决它们。为了使监控具有灵活性,必须经常对其监控基准进行评估和修订,以实现动态监控。

第一节 项目进度风险监控概述

一 风险监控的含义与过程

(一) 风险监控的含义

风险监控是在项目风险的阶段性、渐进性和可控制性的基础上,对项目的进展和项目环境的变化所进行的监视和控制,从而保证风险管理能达成预期的目标。风险监控可以让项目管理者及时获得大量的最新项目信息,以便有针对性地采取风险应对与控制措施。风险监控具有风险监视和风险控制两层含义[①]。

第一，风险监视。风险监视是及时掌握项目风险的变化，一般需要不间断进行。风险监视的目的有三个：一是监视风险的动态变化，通常风险的不确定性会随着相关数据的获取和对其认知的深入而不断减小，这有利于采取更合理的风险应对策略。二是及时反馈出现的各类异常风险，如新出现的风险、预先制定的策略不见成效的风险，以及随着时间推移性质发生聚变的风险。三是监视风险应对策略的执行情况，寻找机会改善和细化风险应对计划，及时纠正出现的偏差。

第二，风险控制。风险控制是在风险监视发现结果恶化时，采用风险处置手段来最大限度降低项目风险发生概率和损失程度，从而改变项目组织的风险承受水平。风险控制的措施包括：根据风险特征降低风险发生的可能性，预防风险因素的产生；防止风险因素释放能量或者限制其能量释放速度；利用时间和空间因素或者人为设置物理障碍将风险因素与项目的人、财、物隔离；加强对项目受损部分以及人、物的恢复。

（二）风险监控的过程

在已有项目风险应对计划以及建立项目沟通机制的基础上，风险监控的核心工作是跟踪风险变化和更新风险管理计划，具体包含以下两个部分。

第一，跟踪已识别风险的发展变化情况，包括在整个项目生命周期内，风险产生的条件和导致的后果变化，衡量风险应对需求。

第二，根据风险的变化情况及时调整全面风险管理计划，及时识别和分析已发生的风险、剩余风险和新增的二次风险，在监控列表中去除已解决的风险，并依此调整风险应对策略和工具。

在风险监控过程中，确定跟踪的技术性能度量至关重要。技术性能度量一般描述了项目系统的定量目标。当管理者采用监控工具时，无论是用简单的电子表格绘制项目风险的各种图表和报告趋势，还是用复杂的管理信息系统自动且长期地跟踪各种对象，项目管理者都会利用静态的度量来监视动态的项目风险，监控过程包括三个步骤：

---

① 马海英主编：《项目风险管理》，华东理工大学出版社2017年版，第96—97页。

第一，将不可接受状态的警告级别定义为阈值；

第二，用度量和度量规格监视状态指标；

第三，用触发器控制风险行动计划。

二 风险监控的时机与触发器

（一）监控时机

风险监控既取决于对项目风险客观规律的认识程度，同时也是一种综合权衡和监控策略的优选过程，既要避险，又要经济可行。监控过程可以假设为一个连续体，其中一边是连续控制，另一边是无控制。连续控制可能是最有效的项目控制类型，但成本昂贵；实施无控制策略也可能是昂贵的，因为可能会对延迟交付项目施加惩罚，以及由于无法在指定标准内交付项目而造成其他损失。在项目的持续时间内，应该在一些离散的时间点监控项目进展。监控点的最佳数量和时间是需要解决的主要问题。监控过程的目标是尽量减少与基线进度的偏差。

风险监控过程必须讲求成本效益，尽量在风险应对和风险接受之间寻找平衡。一般是通过比较接受风险之后得到的直接收益和可能蒙受的直接损失，如果收益大于损失，项目继续进行；否则没有必要继续进行下去。此外，比较时还要考虑一些无法量化的因素，如社会、环境影响。

（二）监控触发器

项目中的风险与绩效存在某种因果关系。风险监控往往认为风险由某种"触发器"（Trigger）引起。重视风险的影响和产生的原因，有利于采取预先行动。风险监控中的触发器有三种基本功能：一是激活，触发器提供再次访问风险行动计划的警铃。二是解除，触发器可用于发送信号，终止风险应对活动。三是挂起，触发器可用于暂停执行风险行动计划。

在项目风险监控中常用的四种触发器类型如下。

第一，定期事件触发器。提供活动通知，在每月报告、项目评审、里程碑等项目事件中发出信号。

第二，阈值触发器。通过比较项目风险指标与预先设定的阈值，当超过预先设定阈值时，发出报警信号，及时提醒项目管理人员，并报告项目绩效结果。

第三，已逝时间触发器。提供日期通知以及各类日程表，于日期到来之前及时提醒。如在本月月末、距今10天后、下个季度开始日等进行提醒。

第四，相对变化触发器。相对变化是预先确定的定量目标与实际值之间的差距。高于或低于计划的定量目标，都将使触发器发出信号。

第二节 扰动发生期间项目进度风险的动态监控

项目实施过程中，在人力、物力、财力等方面消耗较大，且提供不了任何产出，这个过程存在着很大的不可预知性。同时受信息、知识、能力等条件的限制，人们往往无法对工程的复杂性进行精确的识别、认知以及控制，项目实施中也会遭受到非预期损失，存在着巨大的非系统风险。由于工程是一次性的，各种风险事件的随机出现也会导致项目的风险性增大。因此，虽然在扰动发生之前制订了具备冗余性的进度风险应对计划，但由于项目执行中存在的各种不确定性，如偶然不确定性（不可预知性）、认知不确定性（模糊或不完整的知识）、随机不确定性（未来可能发生的风险事件）等[1]，需要在扰动发生期间实时衡量实际进展与基准计划之间的偏差，基于监控阈值发出不同等级的风险预警信号以便采取行动，项目进度风险的动态监控对于实现项目目标非常关键。

项目进度风险动态监控需要从外部环境、任务层和项目层三个方面依次开展，如图5-1所示。首先，风险因素在项目执行中不断变化，甚至发生二次风险，且风险因素之间有时还存在关联性，动态监控需跟踪外部风险的变化情况，以便分析其所产生的影响。其次，风险因素发生后一般作用于任务层面上导致其进度延误，因而在动态监

---

[1] Curto D., et al., "Impact of Aleatoric, Stochastic and Epistemic Uncertainties on Project Cost Contingency Reserves", *International Journal of Production Economics*, Vol. 253, 2022, pp. 108626.

控中要实时评估当前风险对任务进度产生的影响并判断危险程度。再次，由于网络相依或者资源共享还会导致单项任务的进度风险出现级联效应，从而在网络中传播和扩散，因此还要进行任务进度风险的演化态势预测。最后，根据项目网络计划，在建立评价指标体系和监控阈值后来动态评估项目整体进度风险水平并决定发出何种预警信号。

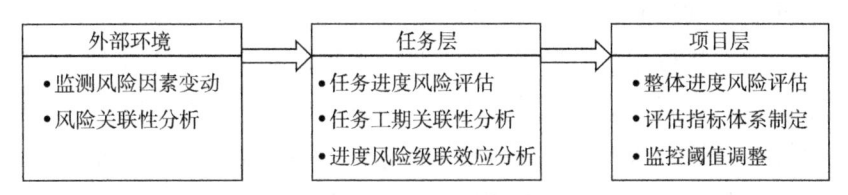

外部环境	任务层	项目层
• 监测风险因素变动 • 风险关联性分析	• 任务进度风险评估 • 任务工期关联性分析 • 进度风险级联效应分析	• 整体进度风险评估 • 评估指标体系制定 • 监控阈值调整

图 5-1　项目进度风险动态监控过程

动态监控项目进度风险需要建立连续性的监控流程，实时根据进度偏离的程度发出进度风险预警信号。其中，在周期性监控点上根据风险情况及时调整项目完工期的预计值极大影响着预警信号的准确性。在风险因素影响而导致活动间具有相关性条件下，由已完活动的"实际工时"调整后续活动的"预测工时"，进而动态调整受共同因素影响的多个活动的工时计划，能够更为准确地预测项目完工期。

贝叶斯方法因其解决不确定条件下知识描述及推理问题的优越性，已被应用于解决项目动态风险管理问题。Jenzarli[1]最早在PERT网络中引入贝叶斯网络，提出了PERT信度网络方法，以更好地估计项目完工期。Cho 和 Covaliu[2] 提出了基于线性贝叶斯模型（Linear Bayesian Method，LBM）的项目串行决策方法，根据观察信息动态更新活动工期的期望和方差。这种LBM不用知道参数的条件分布函数和观测值的先验分布函数，只用变量的期望和方差就能得到与完全贝叶斯方法相同的结果，操作起来更为方便，适用于时间上是前后关系

---

[1] Jenzarli A., "Report of PERT Belief Networks", The University of Tampa Report 535, 1994.

[2] Cho Sungbin and Covaliu Zvi, "Sequential Estimation and Crashing in PERT Networks with Statistical Dependence", *International Journal of Industrial Engineering*, Vol. 10, No. 4, 2003, pp. 391-399.

的变量，但前提是变量为正态分布或者近似于正态分布。[1] Cho[2]进一步根据专家知识和经验刻画活动工期间的相关系数，在使用 LBM 更新活动工期分布函数的基础上提出了项目工期估计的更新方法。Cho[3]考虑风险情况的动态性，建立模型刻画资源数量与活动工期和风险因素之间的相关性，基于资源数量的更新来动态估计项目工期。这些项目工期更新的研究对项目执行过程中的进度计划动态调整研究较少，而在执行过程中将项目后续进度计划的更新预测与进度风险监控相结合，有利于制定合适的风险控制方案。贝叶斯网络则可用于刻画活动相关性，从而实现在项目执行过程中动态监控剩余部分的进度风险。[4] 然而，相对于 CPM/PERT 法，关键链/缓冲管理法能更好地解决资源约束和具备风险应对的鲁棒性。因此，应用缓冲管理法来监控项目进度风险时，考虑活动相关性和进度计划的更新能进一步提高监控的准确性和有效性。

第三节　基于动态缓冲管理的项目进度风险监控模型

缓冲管理是在将输入缓冲和项目缓冲加入关键链计划并制订项目进度风险应对计划后，建立基于缓冲消耗的进度风险预警机制，通过比较缓冲消耗情况与设定的阈值判断项目延迟的可能性，以便作出是

---

[1] Cho Sungbin and Covaliu Zvi, "Sequential Estimation and Crashing in PERT Networks with Statistical Dependence", *International Journal of Industrial Engineering*, Vol. 10, No. 4, 2003, pp. 391-399.

[2] Cho Sungbin, "An Exploratory Project Expert System for Eliciting Correlation Coefficient and Sequential Updating of Duration Estimation", *Expert Systems with Applications*, Vol. 30, No. 4, 2006, pp. 553-560.

[3] Cho Sungbin, "A Linear Bayesian Stochastic Approximation to Update Project Duration Estimates", *European Journal of Operational Research*, Vol. 196, No. 2, 2009, pp. 585-593.

[4] Van Dorp J. Rene, "A Dependent Project Evaluation and Review Technique: A Bayesian Network Approach", *European Journal of Operational Research*, Vol. 280, No. 2, 2020, pp. 689-706.

第五章 基于动态缓冲管理的项目进度风险监控策略

否采取赶工等管理行动的决策,从而保证项目的按期完工。针对项目执行的动态环境以及项目不确定性逐渐降低的情况,本节提出了基于动态缓冲管理的项目进度风险监控模型。模型提出随项目进展动态计算缓冲大小,动态设定监控时点,动态调整两个监控阈值(绿黄区域分界点和黄红区域分界点),从而提升预警信号的准确性[①]。

一 动态计算缓冲大小

缓冲大小应反映项目的不确定性程度。为说明动态监控的绩效,本节选择常用的剪切法来动态计算缓冲大小。其中,采用剪切法计算 FB 和 PB 大小并将其加入关键链计划的过程及说明参见第 3 章图 3-1。

随着项目的进行,项目执行面临的不确定性降低,所需缓冲的大小应当根据剩余活动的情况进行调整。对于一个有 N 个活动的项目网络,实施关键链调度计划后共找到 H 条链,每条链的缓冲大小为 B^h、活动数量为 $n_h(h=1, 2, \cdots, H)$,其中,$h=1$ 为关键链。则,$\sum_{h=1}^{H} n_h = N$。$I_j^h(1 \leq j \leq n_h, 1 \leq h \leq H)$ 表示第 h 条链上的第 j 个活动。

假设活动 I_j^h 在时刻 i 的计划时间为 $D_P(I_{ij}^h)$,实际时间为 $D_A(I_{ij}^h)$,完成的百分比为 P_{ij}^h,已执行部分时间为 $D_E(I_{ij}^h)$,剩余部分时间为 $D_R(I_{ij}^h)$,缓冲消耗量为 BC_{ij}^h。活动历时的计算如图 5-2 所示。那么,它们的计算如式 (5-1)、式 (5-2)、式 (5-3) 所示。

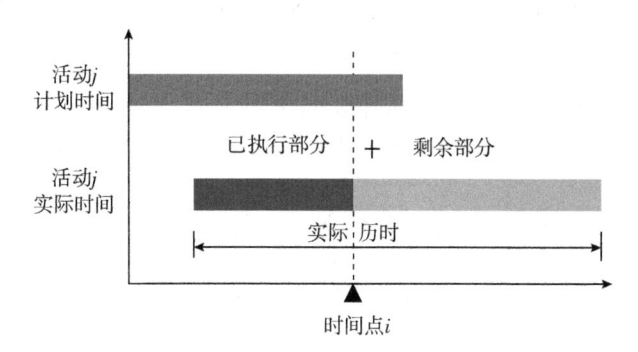

图 5-2 活动历时的计算

[①] 别黎、崔南方:《关键链动态缓冲监控方法研究》,《中国管理科学》2010 年第 6 期。

$$D_R(I_{ij}^h) = D_E(I_{ij}^h) \times (1-P_{ij}^h)/P_{ij}^h \qquad (5-1)$$

$$D_A(I_{ij}^h) = D_E(I_{ij}^h) + D_R(I_{ij}^h) = D_E(I_{ij}^h)/P_{ij}^h \qquad (5-2)$$

$$BC_{ij}^h = \sum_{k=1}^{j-1} D_A(I_{ik}^h) + D_E(I_{ij}^h)/P_{ij}^h - \sum_{k=1}^{j} D_P(I_{ik}^h) \qquad (5-3)$$

其中，式（5-2）表明由活动 I_j^h 在时刻 i 的已执行部分时间和完成比例来估计其实际工时；式（5-3）表明通过计算第 j 个活动的实际完工期与计划完工期之差，得到活动 I_j^h 在时刻 i 的缓冲消耗量。

于是，活动链 h 的剩余部分在时刻 i 所需缓冲大小 BR_i^h 计算如式（5-4）所示。

$$BR_i^h = 1/2 \times \left[D_R(I_{ij}^h) + \sum_{k=j+1}^{n_h} D_P(I_{ik}^h) \right] \qquad (5-4)$$

二 监控时点设置

缓冲监控就是要随着项目的进展，选择合适的时间点对每个输入缓冲和项目缓冲的消耗情况进行分析。本书提出以下几种情况下的监控时点。

第一，将活动链上的每个活动设置为一个里程碑事件，当每个活动完成时，执行一次监控，即监控点为每条链上的活动的完工时间点。

第二，当活动在执行过程中发生中断或者有新活动插入时，执行监控。

第三，实时动态设定监控点。根据项目的执行情况，需要时立即进行监控。为此，定义监控阈值 α，如式（5-5）所示。

$$\alpha = \frac{\text{活动链上剩余部分所需要的缓冲大小}}{\text{实际剩余缓冲大小}} = \frac{BR_i^h}{B^h - BC_{ij}^h}$$

$$= \frac{1/2 \times \left[D_R(I_{ij}^h) + \sum_{k=j+1}^{n_h} D_P(I_{ik}^h) \right]}{B^h - \sum_{k=1}^{j-1} D_A(I_{ik}^h) - D_E(I_{ij}^h)/P_{ij}^h + \sum_{k=1}^{j} D_P(I_{ik}^h)} \qquad (5-5)$$

若 $\alpha \leq 1$，则表明对于剩余的活动，剩余的缓冲是足够的，无须执行监控模型；若 $\alpha > 1$，则表明对于剩余的活动，剩余的缓冲可能是不够的，自动触发监控，根据缓冲实际消耗情况采取相应行动。这样，通过实时监控 α 值就能判断项目状况，从而达到实时监控的目的。

三 监控阈值设置

将剩余部分所需缓冲等分为红黄绿三个部分，然后以计划完工期为终止点与项目缓冲对齐，从而在项目缓冲中确定此时的两个监控阈值位置。若剩余部分所需缓冲大小超过了项目缓冲，则按项目缓冲大小计算，如图 5-3 所示。

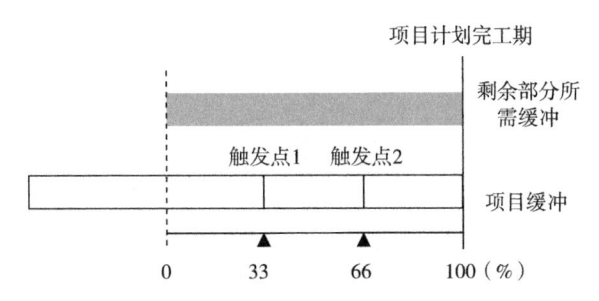

图 5-3 监控点 i 时刻的项目缓冲监控阈值

将所有时刻的两个监控阈值点连成线，就形成了监控整个项目缓冲的两条监控阈值线。确定纵坐标是缓冲消耗比例，横坐标是活动链完工比例，从而构造了缓冲监控图，如图 5-4 所示。由于采用 C&PM 法得到的缓冲大小与活动链的长度呈线性关系，因此图 5-4 中的监控线也呈线性增加。如果采取根方差法等其他缓冲大小估计法，那么在得到每个监控点的阈值后，将其连起来同样可获得相对应的监控阈值线。

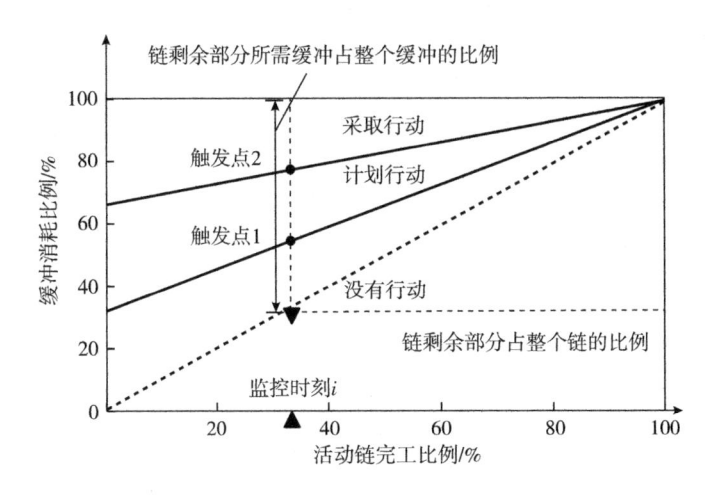

图 5-4 C&PM 法的缓冲监控示意

四 动态缓冲监控模型

缓冲动态监控从活动链上的第一个活动开始，其监控步骤如图 5-5 所示。

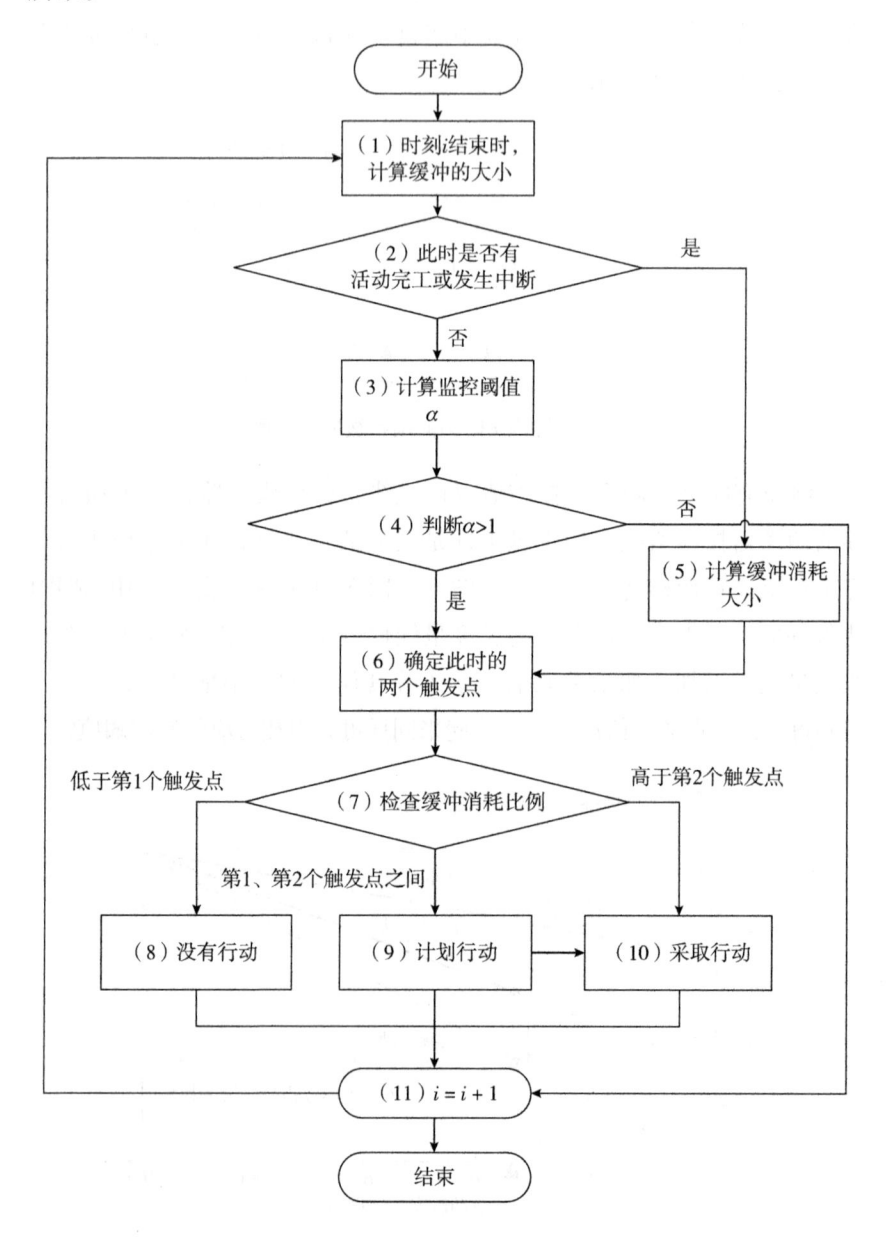

图 5-5 动态缓冲监控模型

第一步，当 $i=1$ 时，其监控进程开始。动态计算缓冲大小，即计算剩余活动所需缓冲大小。

第二步，如果此时没有活动完工，执行第三步；否则，回到第五步。

第三步，计算此时的监控阈值 α。

第四步，判断监控阈值 α，如果 $\alpha>1$，回到第六步；否则，回到第十一步。

第五步，计算有活动完成或中断时的缓冲消耗大小。

第六步，计算此时的两个触发点。

第七步，检查此时缓冲消耗比例。其控制规则如下：

一是如果缓冲的消耗比例低于第1个触发点，则执行第八步；

二是如果缓冲的消耗比例位于第1个和第2个触发点之间，则执行第九步；

三是如果缓冲的消耗比例高于第1个触发点，则执行第十步。

第八步，表明项目进度正常，按照目前情况能按时完工，项目经理无须采取行动，回到第十一步。

第九步，表明任务的执行可能出现问题，要求项目管理者要检查原因，分析可能发生的问题，拟定应对策略，为下一步行动做准备，同时要加强进度监控。这样会产生一个固定费用，即准备成本。如果继续消耗缓冲超过第2个监控点，则回到第十步；否则，执行第十一步。

第十步，表明项目的执行出现了严重问题，有可能会超出工期或预算，必须高度监控，同时立即采取行动，执行相应的对策。一般是对后面的活动进行赶工，使下一个监控点的缓冲消耗量低于或者等于第2个触发点。但这样将会产生单位时间的赶工成本。

第十一步，等待下一时刻。

第四节　考虑任务相关性的动态缓冲监控模型

上述模型中采用剪切法和活动初始计划工期来动态计算缓冲大

小。在不确定性环境下，多个活动会受风险因素影响而具有相关性。在项目执行中如果某一活动发生延迟，受相同风险因素影响的后面未开始活动延迟的可能性也很大。因此，需要对预计活动工期进行更新，以提高监控模型的准确性。基于此，本节提出动态缓冲监控的拓展模型，包括采取相关性视角下的缓冲大小估计法，以及在项目执行中根据已完成活动信息采用线性贝叶斯模型动态更新后续活动工期，从而更好地监控项目进度风险。

一 线性贝叶斯模型

线性贝叶斯模型最早是在棒球比赛中根据已有得分来预测最终得分的推测方法，它可以基于当前观测值来更新之前的评价，并且只用根据变量的期望和方差信息就可以得到推测结果，应用起来并不复杂。

线性贝叶斯基本模型如下。

假设 A 和 B 是两个相关的随机变量，当 A 的一些值被观测到后，可以据此来调整 B 的估计值。设定 B 条件下 A 的期望符合线性方程 $\hat{E}[A/B]=cY+d$，其中 c 和 d 的值使这个方程的方差最小。

那么，A 条件下 B 的方差的计算如式（5-6）所示。

$$\frac{1}{\text{Var}(B/A)}=\frac{1}{\text{Var}(B)}+\frac{c^2}{\text{Var}(A/B)} \tag{5-6}$$

A 条件下 B 的期望估计值的计算如式（5-7）所示。

$$\hat{E}(B/A)=\hat{E}(B)\frac{\frac{1}{\text{Var}(B)}}{\frac{1}{\text{Var}(B/A)}}+\left(\frac{A-d}{c}\right)\frac{\frac{c^2}{\text{Var}(A/B)}}{\frac{1}{\text{Var}(B/A)}} \tag{5-7}$$

二 相关性视角下的任务进度预测

（一）项目活动相关性网络模型

利用贝叶斯网络构建项目活动相关性网络。假设 $G(M, N)$ 为包含 M 个风险因素和 N 个活动的项目网络；F_m 为第 m 个风险因素，其中 $m\in\{1, 2, \cdots, M\}$；A_n 为第 n 个活动，其中 $n\in\{1, 2, \cdots, N\}$；T_n 为第 n 个活动的工期；P_{mn} 为第 m 个风险因素对第 n 个活动的影响程度，也可以被看作第 n 个活动的工期不确定性受第 m 个风险因素影响的比例，其中对于第 n 个活动，有 $\sum_{m=1}^{M} P_{mn} = 1$，$n \in \{1, 2, \cdots, N\}$。$N$ 个活动由于 M 个风险因素的影响而具有相关性，基于贝叶斯网络构建项目活动相关性网络模型，如图 5-6 所示。

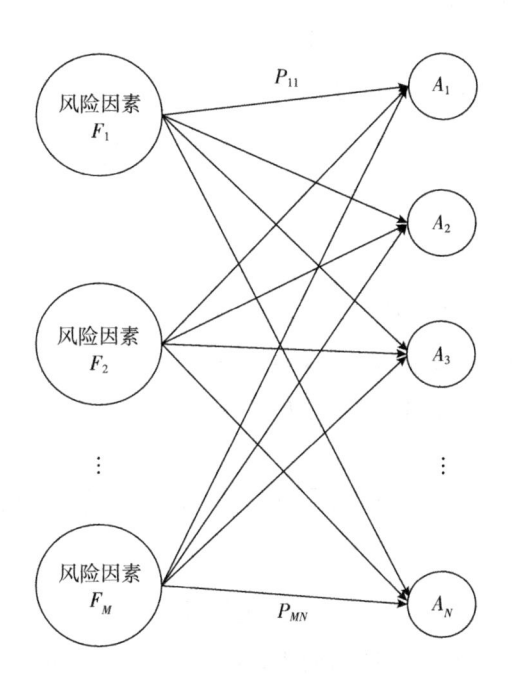

图 5-6　风险因素影响下的活动相关性网络模型

（二）估计相关系数

假设活动 A_i 和 A_j 在项目执行中都受到风险因素 F_m 的影响，其中，它们在一条链上且活动 A_j 在 A_i 后面执行。在时刻 t_0 时，活动 A_i 和 A_j 都没有开始，估计此时两个活动的工期均值分别为 μ_{it_0} 和 μ_{jt_0}，方差分别为 $\sigma^2_{it_0}$ 和 $\sigma^2_{jt_0}$。

根据相关性模型估计活动 A_i 和 A_j 的工期不确定性受风险因素 F_m 所影响的比例分别为 P_{mi} 和 P_{mj}，则活动 A_i 和 A_j 的相关系数为 $\rho_{ij} = P_{mi} \times P_{mj}$。

（三）更新活动均值和方差的预测值

假设时刻 t_1 时活动 A_i 已完成，实际历时是 D_i，此时活动 A_j 待开始。为了更好地监控项目，需要根据 A_i 的完工信息对活动 A_j 的工期估计进行更新。

设定活动 A_i 和 A_j 的工期符合线性方程 $\hat{E}[T_i/T_j]=cT_j+d$，其中 c 和 d 的值使其方差最小。

活动 A_j 条件下 A_i 的工期的方差为

$$\mathrm{Var}[T_i/T_j] = E(T_i-\hat{E}(T_i/T_j))^2 = E(T_i-cT_j-d)^2 = E(T_i^2)-2d\times E$$
$$(T_i)+d^2-2c\times E(T_i\times T_j)+2cd\times E(T_j)+c^2\times E(T_j) \quad (5-8)$$

令 $\dfrac{\partial \mathrm{Var}[T_i/T_j]}{\partial c}=\dfrac{\partial \mathrm{Var}[T_i/T_j]}{\partial d}=0$，

则 $c^*=\rho_{ij}\dfrac{\sigma_i}{\sigma_j}$，$d^*=\mu_i-\rho_{ij}\mu_j\dfrac{\sigma_i}{\sigma_j}$。

用线性贝叶斯模型的式（5-6）计算活动 A_i 条件下 A_j 的工期的方差，即时刻 t_1 时活动 A_j 的方差为

$$\sigma_{jt_1}^2 = \mathrm{Var}(T_j/T_i) = \left(\dfrac{1}{\mathrm{Var}(T_j)}+\dfrac{c^{*2}}{\mathrm{Var}(T_i/T_j)}\right)^{-1} = \left(\dfrac{1}{\sigma_{jt_0}^2}+\dfrac{c^{*2}}{\mathrm{Var}(T_i/T_j)}\right)^{-1}$$

$$(5-9)$$

当活动 A_i 实际历时是 D_i 时，用线性贝叶斯模型的式（5-7）计算活动 A_i 条件下 A_j 的工期的期望，即时刻 t_1 时活动 A_j 的均值为

$$u_{jt_1}=\hat{E}(T_j/T_i=t_i)=\hat{E}(T_j)\dfrac{\mathrm{Var}(T_j/T_i)}{\mathrm{Var}(T_j)}+c^*(T_i-d^*)\dfrac{\mathrm{Var}(T_j/T_i)}{\mathrm{Var}(T_i/T_j)}$$

$$=u_{jt_0}\dfrac{\sigma_{jt_1}^2}{\sigma_{jt_0}^2}+c^*(D_i-d^*)\dfrac{\sigma_{jt_1}^2}{\mathrm{Var}(T_i/T_j)} \quad (5-10)$$

三 缓冲大小动态更新模型

假设项目执行到某一时刻，需要对其进行监控，此时更新缓冲大小过程的详细步骤如图 5-7 所示。

第一步，时刻 $t=0$ 时，计算初始缓冲大小。

首先估计链上所有活动工期的均值和方差，其次构建链上所有活动的相关性模型。针对每个风险因素计算其 DD，选择 DD 最大的一个风险因素。如果 DD 最大的风险因素超过一个，再计算其 DF 并选择最大的那个。确定链中的影响最明显的一个风险因素后，使用第三

第五章　基于动态缓冲管理的项目进度风险监控策略

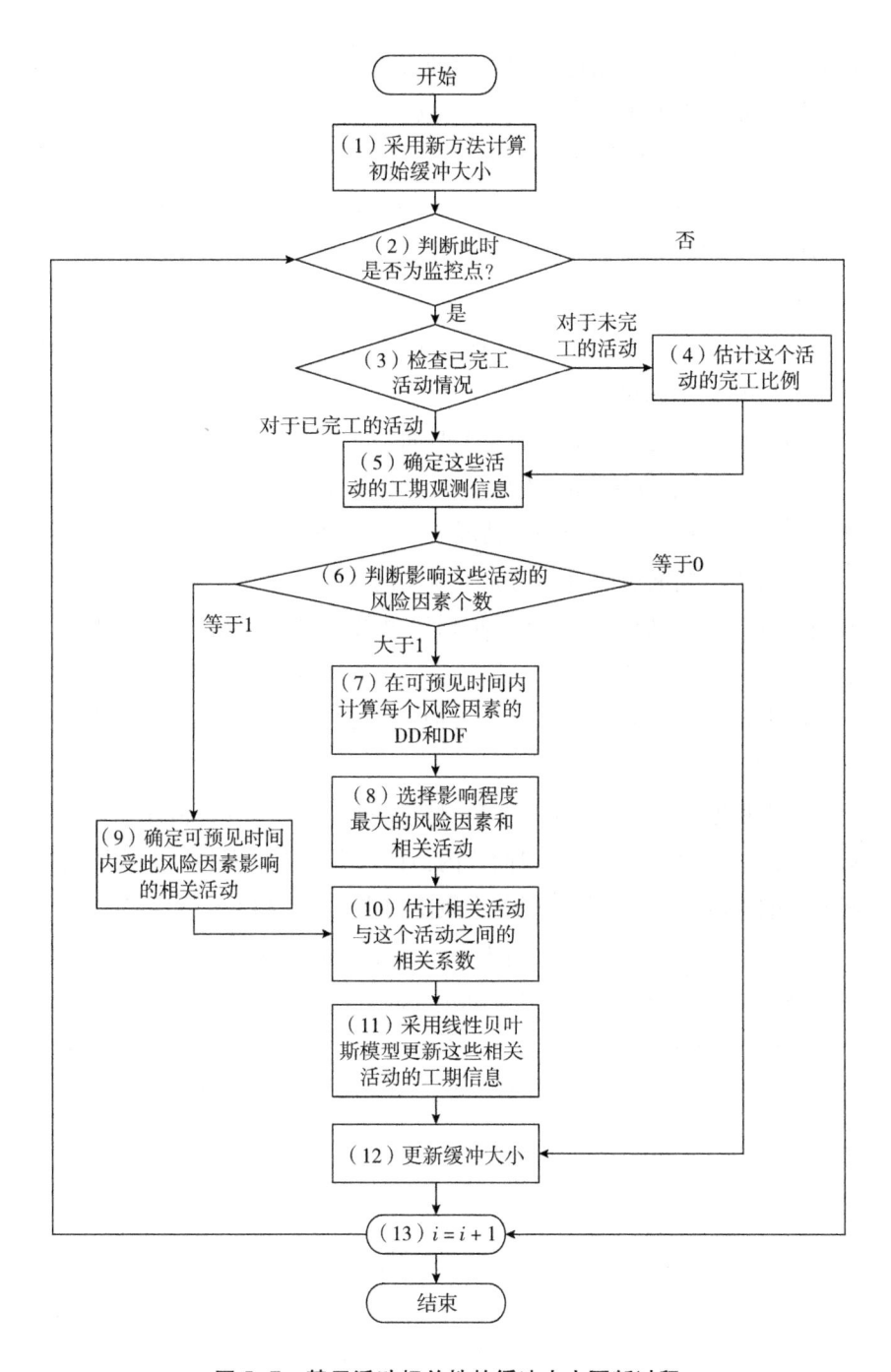

```
                    ┌─────────┐
                    │  开始   │
                    └────┬────┘
                         │
              ┌──────────▼──────────┐
              │ （1）采用新方法计算  │
              │    初始缓冲大小     │
              └──────────┬──────────┘
                         │                    否
              ┌──────────▼──────────┐──────────────┐
   ┌─────────▶│ （2）判断此时        │              │
   │          │   是否为监控点？     │              │
   │          └──────────┬──────────┘              │
   │                     │是                        │
   │          ┌──────────▼──────────┐ 对于未完  ┌───▼──────────┐
   │          │ （3）检查已完工      │ 工的活动 │ （4）估计这个活│
   │          │    活动情况         │─────────▶│动的完工比例  │
   │          └──────────┬──────────┘          └───┬──────────┘
   │                     │对于已完工的活动          │
   │          ┌──────────▼──────────┐              │
   │          │ （5）确定这些活      │◀─────────────┘
   │          │ 动的工期观测信息     │
   │          └──────────┬──────────┘
   │                     │
   │          ┌──────────▼──────────┐  等于0
   │          │ （6）判断影响这些活动│──────────┐
   │          │    的风险因素个数    │          │
   │          └──────────┬──────────┘          │
   │            等于1    │大于1                 │
   │     ┌───────────────┤                     │
   │     │    ┌──────────▼──────────┐          │
   │     │    │ （7）在可预见时间内  │          │
   │     │    │ 计算每个风险因素的   │          │
   │     │    │    DD和DF          │          │
   │     │    └──────────┬──────────┘          │
   │     │    ┌──────────▼──────────┐          │
   │     │    │ （8）选择影响程度    │          │
   │     │    │ 最大的风险因素和     │          │
   │     │    │      相关活动        │          │
   │ ┌───▼──────────┐   │                      │
   │ │（9）确定可预见时间│  │                      │
   │ │内受此风险因素影响│──▶│                      │
   │ │  的相关活动     │   │                      │
   │ └──────────────┘   ▼                      │
   │          ┌─────────────────────┐          │
   │          │（10）估计相关活动     │          │
   │          │ 与这个活动之间的     │          │
   │          │      相关系数        │          │
   │          └──────────┬──────────┘          │
   │          ┌──────────▼──────────┐          │
   │          │（11）采用线性贝叶    │          │
   │          │ 斯模型更新这些相关   │          │
   │          │   活动的工期信息     │          │
   │          └──────────┬──────────┘          │
   │          ┌──────────▼──────────┐          │
   │          │ （12）更新缓冲大小   │◀─────────┘
   │          └──────────┬──────────┘
   │          ┌──────────▼──────────┐
   └──────────│  （13） i = i + 1    │
              └──────────┬──────────┘
                    ┌────▼────┐
                    │  结束   │
                    └─────────┘
```

图 5-7　基于活动相关性的缓冲大小更新过程

129

章的方法计算此条活动链的初始缓冲大小。

第二步，判断此时是否为监控点，如果是，执行第三步；否则，回到第十三步。监控点的判断依据同本章第三节。

第三步，检查是否有活动完工，如果是，执行第五步；否则，回到第四步。监控点可能发生在活动完工时，也可能发生在活动执行一部分时。

第四步，估计这个活动的完工比例。针对活动完成一部分的情况，估计其完工比例 ω_i。

第五步，确定这个活动的完工时间。

假设活动 A_i 的观测时间为 D_i，对于活动已完工情况，观测时间即为其实际工期；对于未完工情况，实际工期为 D_i/ω_i。

第六步，判断影响这个已完工活动的风险因素个数。如果等于 0，回到第十二步；如果等于 1，回到第九步；如果大于 1，则执行第七步。

第七步，在未来可预见的一段时间内，计算每个风险因素的 DD 和 DF。

首先根据风险因素的类型和项目监控的时间单位综合估计未来可预见时间段的长短，其次在此时间段内估计每个风险因素和被影响活动之间的影响程度，最后计算此时每个风险因素的 DD 和 DF。计算如下。

假设 $DD_t(F_m)$ 为时刻 t 时未来一段时间内风险因素 F_m 的相关程度，$DF_t(F_m)$ 为时刻 t 时未来一段时间内风险因素 F_m 的相关因子，那么

$$DD_t(F_m) = K_{mt}/N_t \tag{5-11}$$

式中：K_{mt} 为时刻 t 时决定未来一段时间内受风险因素 F_m 影响的活动数量；N_t 为时刻 t 时活动链上剩余活动总数。

$$DF_t(F_m) = \sum_{i=1}^{K_{mt}} P_{mit}/K_{mt} \tag{5-12}$$

式中：K_{mt} 为时刻 t 时决定未来一段时间内受风险因素 F_m 影响的活动数量；P_{mit} 为时刻 t 时每个相关活动 i 的工期不确定性受风险因素 F_m 影响的比例。

第八步，选择影响最明显的风险因素和受它影响的相关活动。选

择此时 DD 最大的一个风险因素，如果 DD 最大的风险因素超过一个，再选择其 DF 最大的那个，从而确定影响最明显的风险因素，以及受它影响的相关活动。

第九步，在未来可预见的一段时间内，确定受此风险因素影响的相关活动。

第十步，估计未来每个相关活动与此已完工活动的相关系数。

第十一步，采用线性贝叶斯模型更新未来相关活动的工期均值和方差。

第十二步，更新缓冲大小。

在剩余活动中一部分工期信息更新的情况下，针对活动链的剩余部分，计算其所需缓冲大小并对其进行更新。

$$\text{BufferSize}_t = (1 + \text{DD}_t \times (\exp(\text{DF}_t^2) - 1)) \times \left(\sum_i U_i^2 \right)^{1/2}$$

(5-13)

$i \in \{$链的剩余活动集$\}$

第十三步，等待下一时刻。

第五节　计算实验及结果分析

一　实验设置

(一) 项目实例

假设某项目包含 11 个活动，只需要一种资源，且资源可用量为 7 人。项目活动在执行中会受到天气因素的影响而具有相关性。活动基本信息及受天气影响的程度如表 5-1 所示。

表 5-1　　　　　　　　活动基本信息

工序	工期 μ（天）	工期 σ（天）	紧前活动	资源量（人）	受天气影响程度
A	21	7.5	—	5	0.6
B	5	1.5	A	1	0.8

续表

工序	工期 μ（天）	工期 σ（天）	紧前活动	资源量（人）	受天气影响程度
C	8	1.5	—	1	0.7
D	19	3.5	—	2	0.8
E	14	14	B	3	0.3
F	12	2.5	C	2	—
G	10	3.5	D, E	2	0.5
H	5	1	F	1	—
I	17	17	G	3	0.7
J	20	6	I, H	5	0.4
K	6	0.5	J	1	—

使用高德拉特的五步法确定此项目的关键链，使用缓冲估计法确定各个缓冲的大小并加入网络，从而形成关键链调度计划，得到项目计划完工期，如图 5-8 所示。

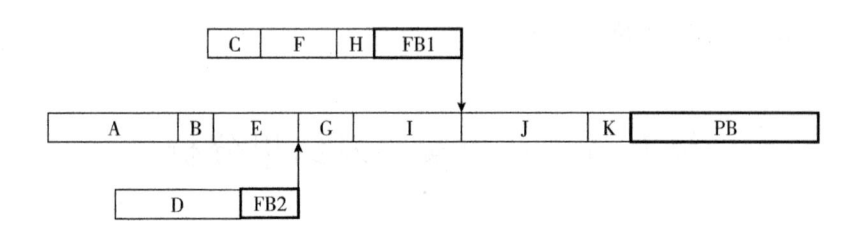

图 5-8　关键链计划结果

活动的模拟工时从其对数正态分布中随机产生，假定工序所需资源在工期内不变的情况下，对生成的关键链项目计划采用并行调度模式进行模拟计算，得到模拟完工期。算例以按期完工为目标，比较不同方法在项目执行过程中的监控措施与成本。因为缓冲监控将缓冲划分为三个区域，即无行动区域（绿色区域）、计划行动区域（黄色区域）、采取行动区域（红色区域），项目管理者根据缓冲的消耗比例所达到的区域来采取相应的监控措施。因此，采取不同的措施需要耗费不同的成本，当项目处于红色区域时需要赶工，其赶工成本往往较大；当项目处于黄色区域时费用相对较小。

（二）实验方案

1. 实验一方案

实验一方案是验证第三节所提动态缓冲监控方法的有效性。通过项目算例将其与已有的缓冲监控方法进行比较，计算不同方法监控时落在预警区域的频数。其中，比较对象为 Goldratt[①] 提出的传统均分 1/3 的缓冲监控法（Traditional Buffer Management Method，TBMM）和 Leach[②] 提出的相对缓冲监控法（Relative Buffer Management Method，RBMM），所提方法为第三节提出的动态缓冲监控方法（Dynamic Buffer Management Method，DBMM）。

2. 实验二方案

实验二方案是验证所提缓冲动态更新模型（Buffer Dynamic Update Model，BDUM）的有效性。通过项目算例将其与下面两种方法进行比较：①静态的根方差法（Static Root Square Error Method，SRSEM）。假设活动工期独立，使用根方差法计算缓冲大小，在项目执行中不更新缓冲大小。在每个监控点都采用均分 1/3 的缓冲监控法。②静态的考虑活动相关性的缓冲计算法（Static Buffer Sizing Method with Dependence Assumption，SBSMDA）。假设活动工期相关，使用考虑活动相关性的缓冲计算法计算缓冲大小，在项目执行中不更新缓冲大小。在每个监控点都采用均分 1/3 的缓冲监控法。

以按期完工为目标，比较不同方法在执行中的控制成本，评价指标如下。

第一，固定成本：计划行动生产的费用。假设计划一次行动花费 5 元，固定成本为在所有监控点计划行动的成本之和。

第二，变动成本：采取行动产生的费用。当在某个监控点需要赶工时，一般是对活动的后续部分或者后续活动进行，其赶工时间是使下一个监控点的缓冲消耗量等于黄色区域和红色区域的交界点。假设

[①] Goldratt Eliyahu, *Critical Chain*, New York：The North River Press, 1997.

[②] Leach Larry, *Critical Chain Project Management*（2nd edition），London：Artech House Inc, 2005, pp. 153-160.

每天的赶工成本为 10 元，赶工费用为赶工时间乘单位赶工成本。变动成本为所有监控点的赶工费用之和。

第三，总成本：固定成本与变动成本之和。

二 实验一结果分析

采用蒙特卡罗技术对项目执行进行了 1000 次模拟计算，其统计结果如表 5-2、表 5-3、表 5-4。

表 5-2 传统均分 1/3 的缓冲监控法（TBMM）落在各区域的频数

区域	工序						
	A	B	E	G	I	J	K
无行动区域（绿色区域）	999	999	953	923	778	665	634
计划行动区域（黄色区域）	1	1	47	77	216	324	353
采取行动区域（红色区域）	0	0	0	0	6	11	13

表 5-3 相对缓冲监控法（RBMM）落在各区域的频数

区域	工序						
	A	B	E	G	I	J	K
无行动区域（绿色区域）	998	998	976	983	946	973	998
计划行动区域（黄色区域）	0	0	0	0	0	0	0
采取行动区域（红色区域）	2	2	24	17	54	27	2

表 5-4 动态缓冲监控法（DBMM）落在各区域的频数

区域	工序						
	A	B	E	G	I	J	K
无行动区域（绿色区域）	1000	1000	996	995	994	1000	1000
计划行动区域（黄色区域）	0	0	4	5	5	0	0
采取行动区域（红色区域）	0	0	0	0	1	0	0

统计结果表明，当相同项目采取相同的缓冲计算方式时，使用不

第五章 基于动态缓冲管理的项目进度风险监控策略

同的缓冲监控方法，会发出不同的项目预警信息，从而得到不同的监控指令，最终产生不同的项目控制成本。在所提的 DBMM 中，处于黄色区域的次数明显少于 TBMM 且略多于 RBMM。这表明 DBMM 采取计划行动的可能性比 TBMM 要小得多，略大于 RBMM，因而计划行动所花费用比 TBMM 要少得多，也略多于 RBMM。此外，DBMM 落于红色区域的次数少于 TBMM 和 RBMM。这表明 DBMM 采取控制行动的可能性小于 TBMM 和 RBMM，因而执行行动所花费用也更少。值得注意的是，计划行动一般产生固定成本，费用较少；而采取控制行动一般是赶工类的变动成本，产生较高的赶工费用。上述统计结果表明，采用 DBMM 产生的项目控制成本相对较小。

具体而言，表 5-2 的数据表明，当采取固定阈值的 TBMM 时，随着项目的执行，缓冲消耗落在黄色区域和红色区域的次数逐渐增加，这表明越到项目执行的后期，发出的预警信号显示项目超期的可能性越大，需要采取计划行动和执行行动的次数也增加。然而，这种显示与项目实际情况不符。当越来越多的活动被执行完成时，项目面临的不确定性会不断减少，发生严重延误的风险也将降低。因此，TBMM 可能会发出错误的预警信息。

表 5-3 的数据表明，当采取阈值线性增加的 RBMM 时，随着项目的执行，缓冲消耗落在黄色区域的次数为 0，落在红色区域的次数主要集中与于项目中后期，并且表示项目中后期发出预警信号进而采取行动的可能性较大。这也表明 RBMM 虽然考虑到了不确定减少的情况设置逐渐增加的阈值，但同样可能发出错误的预警信息。

表 5-4 的数据表明，缓冲消耗到黄色区域的频数在项目执行中期出现，表明当项目进展到一定阶段时，问题开始出现，需要对活动进行分析，为下一步行动做准备，甚至采取必要的执行行动。而接近项目结束时，缓冲消耗均落在绿色区域，表示所预设的缓冲大小可以应对项目执行中的风险，项目进展符合预期，无须采取任何控制行动。这更符合项目一般的进展情况。因此，DBMM 能更好地发出项目预警信息，指导项目管理者采取更合适的控制策略保证项目按期完工。

三 实验二结果分析

在设置五个不同的标准差（0.3，0.4，0.5，0.7，0.9）的情况下，对此项目模拟1000次，获取的统计结果如表5-5所示。

表5-5　　　　　　　　　实验二的统计结果

σ	缓冲大小			总成本			固定成本			变动成本		
	SRSEM	SBSMDA	BDUM	SRSEM	SBSMDA	BDUM	SRSEM	SBSMDA	BDUM	SRSEM	SBSMDA	BDUM
0.3	20	26.06	26.06	1.74	0.50	0.13	1.10	0.46	0.13	0.64	0.04	0
0.4				3.22	1.46	0.23	1.88	1.10	0.16	1.34	0.36	0.08
0.5				9.20	5.48	1.66	2.22	1.77	0.43	6.98	3.71	1.24
0.7				17.36	13.62	9.05	2.64	2.42	1.20	14.72	11.20	7.85
0.9				29.05	23.53	19.84	2.38	2.30	1.70	26.67	21.23	18.14

缓冲大小是指在计划阶段计算的初始缓冲大小。SRSEM 和 SBSMDA 不在项目执行中更新缓冲大小，DBSMDA 在项目执行中更新后的缓冲大小用式（5-10）可以得到。各种成本都是1000次模拟结果的平均值。

比较三种方法，分析结果如下。

随着 σ 增大，项目活动工期的不确定增大，超期的可能性也更大。为了使项目按时完工，控制总成本也增大。其中，固定成本增加程度较低，变动成本增加程度较高。

与 SRSEM 相比，在假设活动工期相关，SBSMDA 计算的初始缓冲大小更大，按期完工的可能性更高。它们都不更新缓冲大小，都采取均分1/3的缓冲监控法。在执行中需要计划行动的可能性要低，固定成本较小。需要采取行动的可能性也要低，变动成本较小。因此，SBSMDA 的控制总成本较低。

与 SBSMDA 相比，BDUM 在执行过程中更新缓冲大小，并据此调整监控触发点的高低，控制总成本较小。当 σ 等于0.3和0.4时，不确定性程度较低，缓冲消耗量大部分处于绿色区域而无须采取行动，BDUM 控制总成本减少得不明显。当 σ 等于0.5，0.7和0.9时，不确定性程度提高，缓冲消耗量增大，DBSMDA 控制总成本减少幅度很大。其中，固定成本减少幅度很小，变动成本减小幅度很大。这意味着项目不确定性较高时，采用 BDUM 能对控制成本的减少产生明显作用。

综上所述，BDUM 考虑活动工期具有相关性的情况，为应对活动一起变动而导致的项目不确定性增大，设置比独立工期假设的 RSEM 更大的缓冲。同时，在项目执行中，根据活动之间的相关性，用已完工活动信息更新剩余活动的工期，并更新缓冲大小。以更新后的缓冲大小来对项目进行监控，发出更加准确的项目预警信息，采取更符合实际的控制措施，从而也得到比 SBSMDA 更少的控制总成本。另外，当项目活动的不确定性较大时，相关性的作用更为明显，项目超期的可能性更大，项目的控制成本也会更大。因此，采用所提缓冲动态更新模型减少的控制成本更为明显，缓冲动态更新模型适合不确定性程度较高的项目。

第六节　本章小结

在扰动发生期间，动态监控项目进度风险有利于及时发现环境变化和系统偏差，在项目进度风险恶化时精准发出预警信号。本章针对项目执行的动态环境，提出了基于动态缓冲管理的项目进度风险监控策略。首先，针对现有缓冲管理法在监控项目进度风险时未考虑动态性的不足，提出了动态缓冲监控模型。它根据项目的实际执行情况来动态计算缓冲大小，动态设定监控点，动态调整监控阈值的高低，从而发出与实际项目进展相符的预警信息。其次，针对模型中动态计算缓冲大小部分采用剪切法和活动计划工期估计不变的局限性，在风险因素影响而导致活动工期相关条件下，提出了动态缓冲监控的拓展模型。即利用线性贝叶斯模型更新后续未开工活动的工期，并采用本书第三章提出的相关性视角下缓冲估计法更新缓冲大小，从而更好地监控项目进展。最后，通过一个算例将动态缓冲监控模型与现有的缓冲监控方法进行了比较，结果显示，所提的项目进度风险方法能更准确地发出进度风险预警信息，产生的控制成本也更少，能更有效地指导项目管理者采取合适的控制决策，以保证项目按期完工。因此，所提的基于动态缓冲管理的项目进度风险监控策略能有效提升项目进度风险研判的反应能力。

第六章

考虑任务灵敏度的项目进度风险响应策略

在风险事件发生并对项目进度产生扰动后,韧性理论强调项目管理者需要聚焦于对扰动的响应与恢复。即及时采取风险响应策略以控制偏差,从而尽可能快速、低成本和有效地恢复项目进度,完成项目预期进度目标。针对风险监控所发出的不同等级预警信号,预警级别越高的风险越是风险响应时的控制重点。在任务选择上,对项目进度目标灵敏度较高的关键任务实施响应策略,有助于进一步缩短进度恢复时间,提高响应策略的有效性。

第一节 任务灵敏度的含义及计算

动态缓冲监控通过衡量缓冲消耗情况识别实际进度与基准计划之间的偏差,进而判断项目进度风险水平和发出预警信号,来指导管理者在任务层上采取控制行动,被认作一种自上而下(top-down)的监控方法,同时也是一种反应式技术(reactive technique)。当不确定性因素干扰项目执行,致使缓冲监控已发出项目进度风险预警信号后,需针对具体任务采取响应策略以尽快恢复项目进度。

一 任务灵敏度的含义

项目任务灵敏度受到理论界与实践界的普遍关注,其缘由在于项目管理者需要将注意力集中在那些影响项目时间绩效的活动上。如果管理层能够了解各种活动对项目目标的潜在影响，那么在项目控制过程中，管理层就能更好地关注这些活动，并作出更准确的响应，从而对项目的整体绩效起到积极的促进作用。

进度风险分析（Schedule Risk Analysis，SRA）是一种模拟技术，它将项目活动的风险信息与基准进度进行关联，认为不同任务对项目工期产生的影响存在显著差异，通过衡量每个任务的灵敏度信息评估不确定性对最终项目工期的潜在影响，使项目管理者在项目执行前就识别可能对项目进度目标产生最大影响的关键任务。任务灵敏度信息反映了网络中某一任务的相对重要性和对整个项目的影响程度。项目管理者可以利用灵敏度来区分不同进度风险的活动，以便在项目执行中重点关注那些可能会对项目总体进度目标产生重大影响的活动。[1]

二 任务灵敏度的计算

在 CPM 方法中，任务时间是确定的，网络图中最长的路径是关键路径。为应对项目不确定环境，PERT 方法提出任务时间是服从某随机分布的随机变量，但无法确定项目的最长时间以及哪个任务处于关键路径。为此，学者基于 CPM/PERT 法提出了四种经典的任务灵敏度指标：关键度指数（CI）、重要度指数（SI）、关联度指数（CRI）、进度灵敏度指数（SSI）。

关键度指数是通过 Monte Carlo 模拟方法分析 PERT 网络而提出的，它被定义为任务位于网络中最长路径（关键路径）上的概率。[2] 假设任务 i 的工期为 d_i，总时差为 ts_i，项目完工期为 C_{max}。任务 i 的关键度指数的计算如式(6-1)所示。

$$CI_i = Pr\{TS_i = 0\} \qquad (6-1)$$

为克服 CI 的局限性，如忽视了任务延误对项目工期的潜在影响，

---

[1] Ballesteros-Pérez Pablo, et al., "Performance Comparison of Activity Sensitivity Metrics in Schedule Risk Analysis", *Automation in Construction*, Vol. 106, 2019, p. 102906.

[2] Van Slyke M. Richard, "Monte Carlo Methods and the PERT Problem", *Operations Research*, Vol. 11, No. 5, 1963, pp. 839-860.

重要度指数是被 Williams 提出以表示各个任务对项目完工期的重要程度。[①] 任务 i 的重要度指数的计算如式（6-2）所示。

$$\mathrm{SI}_i = E\left(\frac{d_i}{d_i + ts_i} \times \frac{C_{\max}}{E(C_{\max})}\right) \tag{6-2}$$

关联度指数也是由 Williams[②] 提出的，通过任务工期与项目完工期之间的相关性，来反映各个任务不确定性程度对项目工期不确定性的影响程度。它衡量了各个任务的不确定性程度占项目工期不确定性的比例。任务 i 的关联度指数的计算如式（6-3）所示。

$$\mathrm{CRI}_i = \mathrm{Corr}(d_i, C_{\max}) = \frac{\mathrm{Cov}(d_i, C_{\max})}{\mathrm{Var}(d_i) \times \mathrm{Var}(C_{\max})} \tag{6-3}$$

进度灵敏度指数既反映了任务处于关键路径的可能性，也刻画了任务工期变动对项目工期的影响。它通过将关键度指数与任务和项目工期的标准差结合，来分析调度风险问题。任务 i 的进度灵敏度指数的计算如式（6-4）所示。

$$\mathrm{SSI}_i = \left[\sqrt{\frac{\mathrm{Var}(d_i)}{\mathrm{Var}(C_{\max})}}\right] \times \mathrm{CI}_i \tag{6-4}$$

第二节　基于任务灵敏度的进度控制

进度风险分析的结果是获得了任务灵敏度的测量值。任务灵敏度测量值表明了基准任务持续时间和成本的变化对项目总体目标（项目持续时间）的潜在影响。项目管理者需要对每项任务的灵敏度测量值进行解释，以便区分不同风险等级的任务，并设定行动阈值，从而在项目遇到扰动时形成纠正措施实施机制。[③]

[①] Williams T. Mervyn, "Criticality in Stochastic Networks", *Journal of the Operational Research Society*, Vol. 43, No. 4, 1992, pp. 353-357.

[②] Williams T. Mervyn, "Criticality in Stochastic Networks", *Journal of the Operational Research Society*, Vol. 43, No. 4, 1992, pp. 353-357.

[③] Vanhoucke Mario, *Integrated Project Management Sourcebook: A Technical Guide to Project Scheduling Risk and Control*, Switzerland: Springer International Publishing, 2016, pp. 251-252.

韧性视域下项目进度风险应对策略

任务灵敏度信息对于引导项目管理者关注对项目整体绩效和时间目标有较高预期影响的项目任务至关重要。这种基于任务灵敏度指标的控制方法本质上是一种自下而上（down-top）的项目监视和控制技术。在项目开始前，它通过模拟法计算出各项任务的灵敏度数值，而后将其按照从大到小进行排序并为其设置一个界限值（行动阈值）。高于界限值的任务被认作高灵敏度（高风险）的任务。这些高灵敏度的任务应受到更严格的控制，其他不太灵敏的任务则在项目进展过程中无须或少需关注。在项目执行中，这些高灵敏度任务成为管理者重点控制的对象，只要它们发生一定的延迟，就立即采取行动以缩短工期，如图6-1所示。界限值设定越高，会使高灵敏度任务越少；而界限值设定越低，会使高灵敏度任务所占比例越高，项目执行中需监管的任务也越多。具体的任务赶工时间由执行阶段总控制预算决定，同时也需符合实际中的最大可缩短时间。最大可缩短时间一般为此任务工期乘一个比例值（常为此任务的敏感指标值），这样越是高灵敏度任务赶工越多。[①] 这种方法的优点是能够区别不同任务对项目工期的敏感程度，使监控重点突出；缺点是赶工决策与项目整体进度绩效无关，即无论项目的延迟程度如何，只要高灵敏度任务延迟都要赶工。

因此，在项目进度风险控制中，项目管理者需要综合利用任务灵敏信息和项目整体进度信息，在任务行动阈值与控制行动对进度目标影响之间进行平衡。在动态缓冲监控法中集成任务灵敏度分析，综合考虑项目整体进度风险和各项任务进度风险，既有助于项目完工目标的顺利实现，也有助于采取更为有效的控制决策和减轻项目管理者的控制负荷。

任务灵敏度指标通常与任务赶工技术（Activity Crashing）一起使

[①] Vanhoucke Mario,"Using Activity Sensitivity and Network Topology Information to Monitor Project Time Performance", *Omega-International Journal of Management Science*, Vol. 38, No. 5, 2010, pp. 359-370.

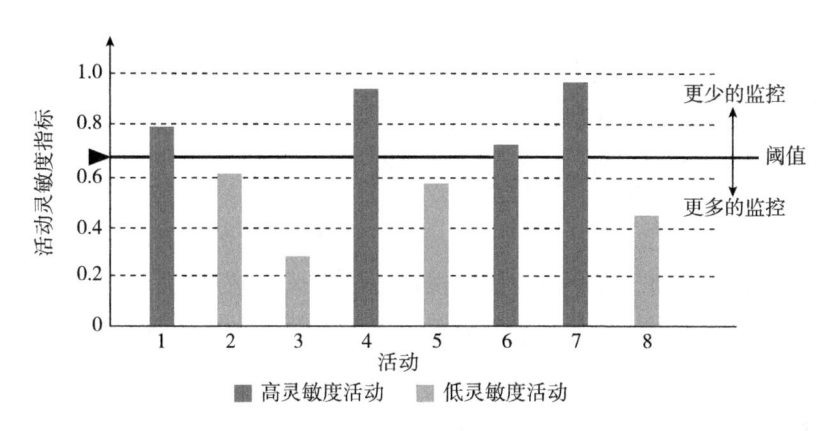

图 6-1　基于任务灵敏度的项目进度控制

用来提升控制决策有效性。[①] Bowman[②] 提出了任务工期灵敏度曲线，并依此对项目进度采取控制行为。Bowman[③] 在任务工期不确定的情况下，提出了一套 PERT 项目控制决策的新方法。即在保证按时完工的前提下，以控制成本最小为目标，提出了一个算法来设定每项任务工期的明确界限，一旦任务超过界限值就需要赶工，并以此在项目执行中进行控制。Vanhoucke[④] 通过计算实验比较了四种基础任务灵敏度指标在项目执行中改善项目进度风险管理的能力，发现 SSI 和 CRI 要好于 CI 和 SI。然而，这些基于任务灵敏度指标的监控研究以 CPM/PERT 技术为基础，没有考虑项目资源受限的情况。资源限制不仅会增加基准计划的复杂性，还会增加项目执行中的不确定性。因此，利用 SRA 中的任务灵敏度识别关键任务，基于插入缓冲的关键链计划进行缓冲监控，两者结合有助于在不确定性环境下有效开展项目进度风险响应。

[①] Vanhoucke Mario, "On the Dynamic Use of Project Performance and Schedule Risk Information during Project Tracking", *Omega - International Journal of Management Science*, Vol. 39, No. 4, 2011, pp. 416–426.

[②] Bowman Alan, "Developing Activity Duration Specification Limits for Effective Project Control", *European Journal of Operational Research*, Vol. 174, No. 2, 2006, pp. 585–593.

[③] Bowman Alan, "Developing Activity Duration Specification Limits for Effective Project Control", *European Journal of Operational Research*, Vol. 174, No. 2, 2006, pp. 585–593.

[④] Vanhoucke Mario, "On the Dynamic Use of Project Performance and Schedule Risk Information during Project Tracking", *Omega - International Journal of Management Science*, Vol. 39, No. 4, 2011, pp. 416–426.

第三节　集成任务关联度信息的动态缓冲控制模型及响应策略

本节针对动态缓冲监控法忽视任务进度风险信息的问题，利用进度风险分析法中的任务灵敏度信息，在衡量任务工期不确定性对项目工期不确定性的影响程度基础上，提出了集成任务关联度的动态缓冲监控法。包括任务关联度的引入、任务关联度的行动阈值动态设置，以及考虑任务关联度的动态缓冲控制模型及响应策略。①

一　任务关联度的引入

动态缓冲监控方法在缓冲消耗量落到红色区域需要赶工时，会出现如下两个问题（假设每项任务的单位时间赶工成本相同）。

第一，某个时刻，接驳网络中两个并行任务都出现延迟，并且导致消耗的输入缓冲量是一样的。在此情况下，是应该两项任务一起赶工，还是只用对其中一项任务赶工就可以恢复项目进度。

第二，某个时刻，任务链上的某任务进行一部分后出现延迟，需要赶工以使此任务完成时缓冲消耗量恢复到黄色区域。但如果需要的减少时间超过了此任务最大可减少时间，这样紧后任务也需赶工。此时对这两项任务是按照现有比例（前一任务按最大可减少时间，后一任务按剩余时间）赶工，还是按照其他比例赶工，以便可以更好降低项目不确定水平，以保证按期完工。

为解决上述问题，本节在缓冲监控中引入任务灵敏度信息中的 CRI。一方面，CRI 比 CI 和 SI 更有利于改善项目执行中的进度风险管理能力；另一方面，缓冲大小用来反映项目工期的不确定性水平，与 CRI 用来衡量任务不确定性对项目工期不确定性的影响程度较为一致，两者都是针对项目工期不确定性的指标。因此，在缓冲监控中引

---

① 别黎等：《基于活动敏感性的动态缓冲监控方法研究》，《中国管理科学》2014 年第 10 期。

入 CRI 更为适合。

在缓冲监控集成 CRI 后，可以较好解决这两个控制决策中的问题。针对第一个问题，CRI 高的任务对项目工期不确定性的影响更大，因而只用对 CRI 高的任务进行赶工，就可以达到缩短工期的目的。针对第二个问题，如果前一任务的 CRI 更高，则需要对其赶工至最大可减少时间，剩下的都由后一任务来赶工；如果后一任务的 CRI 更高，那么前一任务就无须赶工至最大可减少时间。通过分析前一任务的 CRI 除以后一任务的 CRI 得到的比值，比值越接近 1，则需对前一任务尽可能多赶工；比例越接近 0，则需对后一任务赶工更多。此时，两项任务的赶工时间可根据这一比值来分配。

二　任务关联度的行动阈值动态设置

任务 CRI 行动阈值设置分为固定式设置法和递减式设置法，如图 6-2 所示。

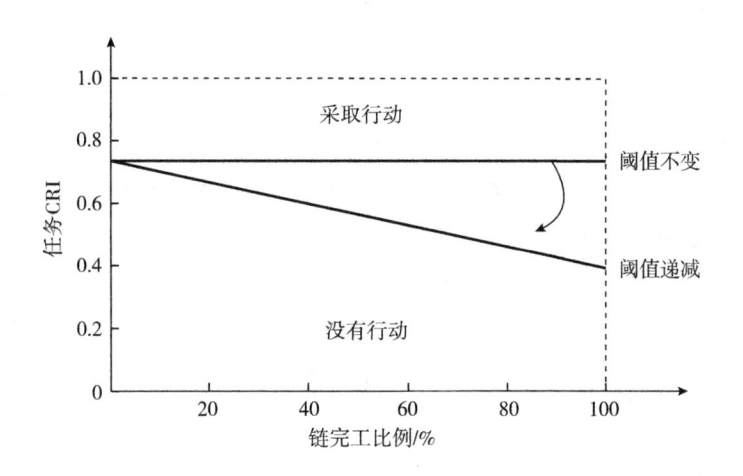

图 6-2　任务 CRI 阈值的设置

固定式设置法提出随任务链的完成任务 CRI 监控阈值保持不变。其设置范围在各任务 CRI 值中的最大值与最小值之间，可以确定为各任务 CRI 的中位数，此时有 50% 的任务成为高灵敏度任务而被监控，然后项目管理者根据项目的重要程度调高或者调低。比如，项目管理者重点关注此项目,可以在此基础上调低阈值。

递减式设置法考虑项目执行的动态性,认为随着项目进展应调整 CRI 的行动阈值。在项目前期,阈值应设置得高些,使较少的任务被控制。这是因为在项目开始时设置低的阈值,使大量任务都成为控制对象,并触发大量的行动是没有必要的,只会增加项目管理者的控制负荷。开始时任务并没有延迟,或者发生很少的延迟,不会对项目工期产生实质性的影响。在项目后期,阈值设置低些,使更多任务都被纳入控制范围。这是因为此时成为控制对象的高灵敏度任务很可能延迟了,对其采取行动对保证项目按期完工的作用更为明显。这种递减设置的方式也符合项目管理者随着项目进展而加大控制力度的常识。

三 考虑任务关联度的动态缓冲控制模型及响应策略

动态缓冲监控方法能够实时衡量项目整体进度绩效并提供决策依据,但忽视任务层面信息。基于任务的项目进度控制法能监控重点任务进展,但其控制决策与项目整体进度无关。因此,将两者集于一体,利用两者的优势,形成一种综合的项目进度风险控制方法。

第一,建立动态的基于任务 CRI 的项目进度控制流程。即在时刻点,确定此时任务的 CRI 和此时的行动阈值,高于阈值的任务被认作高灵敏度任务,如果发生一定程度的延迟,则会对项目进度产生不利影响,使项目发生延迟的风险增大。

第二,以动态缓冲监控法中的缓冲消耗程度,为重要的项目进展状况的衡量标准和预警机制。缓冲消耗落入红色区域,表明项目严重延迟,必须立刻行动。控制行动中利用任务 CRI 的大小,作为任务采取行动的优先权重。缓冲消耗落入黄色区域,表明进度可能出现问题,需要计划行动,实际属于不采取行动的区域。当此时重要任务发生严重延迟时,虽然项目总体进展还不处于红色区域,但是延迟的风险非常大,若不及时采取行动,会导致项目严重超期且无法恢复进度的现象产生,从而失去及时采取行动的机会,增大项目延迟风险和控制成本。因此,在缓冲消耗落入黄色区域时,引入基于任务 CRI 的控制过程。即判断是否存在高灵敏度任务发生延迟的情况,如果存在,则对此任务采取行动赶工,以恢复进度,降低项目延迟风险。

第六章　考虑任务灵敏度的项目进度风险响应策略

第三，综合基于任务 CRI 的项目进度控制流程和动态缓冲监控方法，提出了动态的基于任务 CRI 的缓冲控制模型（Buffer Control with Activity Cruciality，BCAC），其流程如图 6-3 所示。

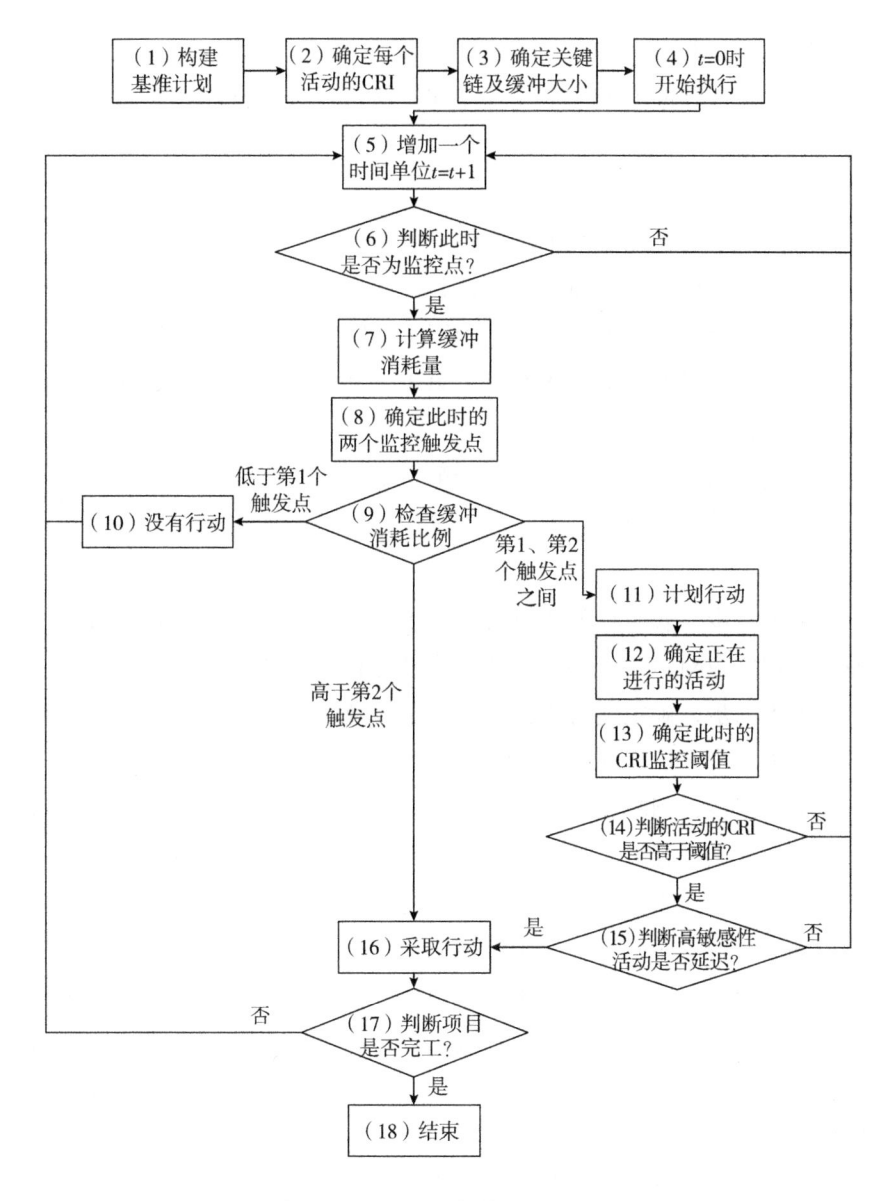

图 6-3　考虑任务 CRI 的动态缓冲控制模型及响应策略

第一步，在项目执行开始前，构建项目调度基准计划。

第二步，计算每个任务的 CRI。

第三步，产生关键链调度计划并确定各缓冲大小。

第四步，$t=0$ 时项目开始执行。

第五步，到下一时刻，$t=t+1$。

第六步，判断此时是否为监控点。如果是，执行第七步；否则，回到第五步。

第七步，计算缓冲消耗量。

第八步，确定此时两个监控触发点。

第九步，检查缓冲消耗比例，其控制规则如下：

一是如果缓冲的消耗比例低于第 1 个触发点，执行第十步；

二是如果缓冲的消耗比例位于第 1 个和第 2 个触发点之间，执行第十一步；

三是如果缓冲的消耗比例高于第 1 个触发点，执行第十六步。

第十步，表明项目进度正常，按照目前情况能按时完工，回到第五步。

第十一步，表明任务的执行可能出现问题，要求项目管理者检查原因，拟定应对策略，同时要加强进度监控，回到第十二步。

第十二步，确定此时正在进行的任务及其 CRI。

第十三步，确定此时的 CRI 监控阈值。

第十四步，判断正在进行的任务的 CRI 是否高于阈值，如果是，表明是高灵敏度任务，执行第十五步；否则，回到第五步。

第十五步，判断此高灵敏度任务是否发生延迟，如果是，需要采取行动，执行第十六步；否则，回到第五步。

第十六步，表明项目的执行出现了严重问题，有可能会超出工期或预算，必须立刻采取行动。采取行动分为两种，一种是缓冲消耗量到达红色区域，此时需要对剩下任务赶工以使缓冲消耗量恢复到黄色区域；另一种是缓冲消耗量到达黄色区域，并且此时有高灵敏度任务延迟，也需要对其赶工，赶工时间需符合最大可赶工时间。

第十七步，判断项目是否结束，如果是，执行第十八步；否则，回到第五步。

第十八步，项目完成。

四 预应式与反应式控制策略

在项目执行过程中，当缓冲消耗超过阈值或高灵敏度任务延迟时，表明项目进度出现问题，需要采取合适的控制决策。决策内容包括三个部分：确定控制决策实施对象、制定控制策略以及计算活动赶工时间。控制决策实施对象通常是活动层面，根据某监控时点下活动是否完成，提出两种控制策略。一种是当活动未完工时，控制的对象是此活动的剩余部分，即对活动剩余部分赶工，从而缩减此活动的实际工期，这种赶工行为被称为反应式控制策略，Hu 等[1]所提出的针对正在进行且延迟的高敏感性活动赶工就属于此类控制策略；另一种是当活动已完工时，控制的对象是此链条上后续未开工的活动，目的是缩减其计划完成时间，这种赶工行为被称为预应式控制策略。

（一）反应式控制策略下赶工时间计算

针对反应式控制策略，对活动剩余部分赶工的目标是恢复其进度，使此活动完工时的缓冲消耗比例等于或者低于此时的监控阈值。因此，在假设后续活动计划工期不变的情况下，赶工时间大小与此活动完工时所设定的监控阈值有关，赶工时间的计算如式（6-5）所示。

$$CT_t^i = \max\left(\frac{BS \times BC_t^i}{r_t^i} - BS \times BC_{\text{threshold}}^i,\ 0\right) \quad (6-5)$$

式中：BC_t^i 为在某个监控时刻点 t，其链上第 i 个活动完成时的缓冲消耗量；r_t^i 为链上第 i 个活动在时刻 t 的完成比例；BS 为链路缓冲大小；$BC_{\text{threshold}}^i$ 为链上第 i 个活动完成时的缓冲阈值。式（6-5）表明，当链上第 i 个活动完成时预计的缓冲消耗比例低于此时的缓冲阈值，赶工时间为 0，即无须对活动剩余部分采取赶工行动。当链上第 i 个活动完成时预计的缓冲消耗高于此时的缓冲阈值，赶工时间为缓冲大小乘超出的

---

[1] Hu Xuejun, et al., "Incorporation of Activity Sensitivity Measures into Buffer Management to Manage Project Schedule Risk", *European Journal of Operational Research*, Vol. 249, No. 2, 2016, pp. 717-727.

比例。其中，缓冲超出比例的计算需要估计活动完成时的缓冲消耗量，而这需要预测活动剩余部分的工期；以及判断此时的活动完成比例。

（二）预应式控制策略下赶工时间计算

针对预应式控制策略，对后续待开工活动赶工的目标是恢复其进度，即使后续待开工活动完工时的缓冲消耗比例等于或者低于那时的监控阈值。因此，在计算赶工时间大小时对后续活动计划工期的预测能够提高控制决策的有效性。在识别相关性活动的条件下，采用线性贝叶斯方法，根据已完工活动的实际工期对同一条链上所有未开始活动的计划工期进行实时预测更新。在综合考虑后续相关活动进度计划预测和监控阈值的情况下，赶工时间的计算如式（6-6）和式（6-7）所示。

$$BC_t^{i+1} = BC_t^i + \frac{\sum_n (RD_t^n - PD_t^n)}{BS} \quad (6-6)$$

$n \in \{$ 同条链上第 i 个活动后且与其工期相关所有活动 $\}$

$$CT_t^i = \max(BS \times BC_t^{i+1} - BS \times BC_{threshold}^{i+1}, 0) \quad (6-7)$$

式中：BC_t^{i+1} 为同一链路上第 i 个活动的紧后活动在时刻 t 的预计缓冲消耗比例；RD_t^n 为活动 A_n 在时刻 t 更新后的预测工期，其计算参见本书第五章第四节；PD_t^n 为活动 A_n 在时刻 t 更新前的计划工期；$BC_{threshold}^i$ 为同一链路上第 i 个活动的紧后活动完成时的缓冲阈值。式（6-7）表明，当链上第 i 个活动完成时预计的缓冲消耗比例低于此时的缓冲阈值，赶工时间为 0，即无须对紧后活动采取赶工行动。

第四节 计算实验及结果分析

一 实验设置

（一）任务随机工期产生

考虑到工序工期的偏态分布特性，这里采用对数正态分布来描述。如果 X 为均值 μ、方差 σ^2 的正态分布 $N(\mu, \sigma^2)$，则认为 $Y = e^X$ 服从对数正态分布，其均值和方差为 $\mu_y = e^{\mu+\sigma^2/2}$，$\sigma_y^2 = e^{2\mu+\sigma^2}(e^{\sigma^2}-1) =$

$\mu_y^2(e^{\sigma^2}-1)$。设置任务时间 d_i 为 Y 的均值,即 $d_i=e^{\mu+\sigma^2/2}$,则对 Y 有 $\mu=\ln(d_i)-\sigma^2/2$。设定任务时间 d_i,σ 根据不同的不确定性程度可以取不同值,利用上面的公式得到不同的 μ 值。对每组 μ 和 σ^2,利用 MATLAB 中的对数正态分布的随机矩阵函数 $X=$ lognrnd(mu,sigma),产生项目模拟中的随机工期。

（二）实验数据设置

假设某项目包含 11 个任务,只需要一种资源,且资源可用量为 7。任务基本信息如表 6-1 所示。

表 6-1　　　　　　　　　任务基本信息

任务代号	工期/天	紧前任务	资源量/人
A	24	—	5
B	6	A	1
C	8	A	1
D	16	—	2
E	14	B	3
F	12	C	2
G	10	D, E	2
H	4	E, F	1
I	16	G	3
J	20	I, H	5
K	6	J	1

第一,根据表 6-1 中的任务工期,σ 从 [0.5,1.5] 的均匀分布函数上随机产生,用上面的随机工期产生法生产模拟工期,使用并行调度模式产生项目基准调度计划,计算项目完工期。使用 Monte Carlo 模拟方法计算每个任务的 CRI,计算如式（6-8）所示。

$$\hat{CRI}_i = \frac{\sum_{k=1}^{N}(d_i^k-\overline{d}_i) \times (C_{max}^k-\overline{C}_{max})}{(N-1) \times S_{d_i} \times S_{C_{max}}} \quad (6-8)$$

式中：$\hat{CRI}_i$ 为任务 i 的 CRI 的模拟值；N 为模拟总次数；d_i^k 为任务 i

第 k 次的模拟工期;$\overline{d}_i$ 为任务 i 模拟 N 次的工期平均值;C_{max}^k 为第 k 次的项目完工期;$\overline{C}_{max}$ 为项目完工期模拟 N 次的平均值;S_{d_i} 为任务 i 工期的标准差;$S_{C_{max}}$ 为项目完工期的标准差。项目模拟 5000 次,任务 CRI 的结果如表 6-2 所示。

表 6-2 任务 CRI 的结果

任务	A	B	C	D	E	F	G	H	I	J	K	中位数
CRI	0.019	0.204	0.093	0.342	0.226	0.261	0.231	0.039	0.403	0.663	0.154	0.226

第二,使用田文迪和崔南方[①]提出的启发式算法确定关键链,再加入接驳缓冲和项目缓冲。其中,采用根方差法计算缓冲大小。关键链调度结果如图 6-4 所示。

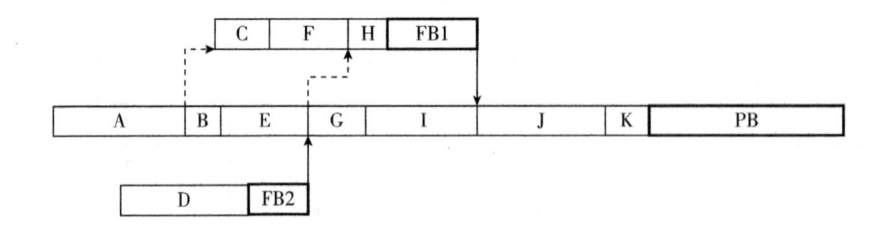

图 6-4 关键链调度结果

第三,在项目执行过程中,每次模拟的每项任务时间从其对数正态分布中随机产生。设定三种项目延迟的可能性水平:较小、较大、很大。这分别对应模拟任务时间不确定性程度的较低、较高、很高,即设定每项任务对应的正态分布的标准差 σ 取三个值(0.5,0.9,1.5)。

第四,设定关键链上每项任务的完工时间点为监控点上。在每个监控点,根据已完成任务的模拟工期和剩余任务的计划工期,采用并行调度模式进行模拟,得到项目模拟完工期。通过将模拟完工期与计

---

① 田文迪、崔南方:《关键链项目管理中关键链和非关键链的识别》,《工业工程与管理》2009 年第 2 期。

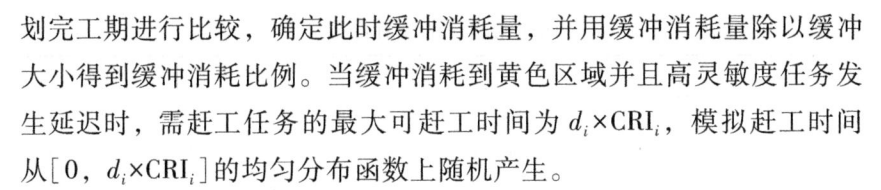

划完工期进行比较,确定此时缓冲消耗量,并用缓冲消耗量除以缓冲大小得到缓冲消耗比例。当缓冲消耗到黄色区域并且高灵敏度任务发生延迟时,需赶工任务的最大可赶工时间为 $d_i \times \mathrm{CRI}_i$,模拟赶工时间从 $[0, d_i \times \mathrm{CRI}_i]$ 的均匀分布函数上随机产生。

(三) 实验绩效指标

在以保证项目按期完工为最终目的的情况下,为了更好地显示不同方法的监控有效性,本书设定四个绩效评价指标。

第一,总赶工时间:项目从开始到完成的所有任务赶工时间的总和,来衡量项目监控中任务赶工的长度。总赶工时间越大,所需的赶工费用越高。

第二,总赶工任务数:项目从开始到完成的所有赶工任务数量的总和,来衡量项目监控中任务赶工的频度。总赶工任务数越多,管理复杂性越高,计划变更越大。

第三,超出计划完工期次数:项目从开始到完成,每个监控点的模拟完工期超过计划完工期的次数总和,来衡量项目监控中采取行动(任务赶工)后的危险程度。超出计划完工期次数越多,项目延迟的可能性越大。

第四,监控负荷:总赶工时间×总赶工任务数,它是衡量监控过程中的总工作量,是一个综合绩效。监控负荷越低,总赶工时间和总赶工任务数都会越小。因此,在保证按期完工的前提下,监控负荷值越低,表明监控效率值越高。

二 不同关联度水平的比较实验结果分析

将本章所提的 BMAC 法与第五章所提的动态缓冲监控法(Dynamic Buffer Management Method, DBMM)进行比较。此比较实验采用固定式的 CRI 监控阈值,即设定 CRI 阈值为 0,0.1,0.2,0.3,…,1,共 11 种水平,且随着项目的进展保持不变。其中,CRI 阈值为 1 时,表明没有任务是高灵敏度任务,不会进行基于敏感信息的监控过程,此时采用的方法就是 DBMM。对此项目模拟 5000 次,其统计结果如表 6-3 所示。

表 6-3　　　　　　　　　　比较实验一的统计结果

CRI 阈值	总赶工时间 (1)			总赶工任务数 (2)			超计划完工期次数 (3)			监控负荷 (4) = (1) × (2)		
	L	H	EH	L	H	EH	L	H	EH	L	H	EH
0	0.263	1.820	5.261	0.139	0.217	0.178	0.013	0.073	0.088	0.037	0.394	0.935
0.1	0.258	1.814	5.258	0.089	0.166	0.148	0.013	0.073	0.088	0.023	0.301	0.777
0.2	0.258	1.814	5.258	0.089	0.166	0.148	0.013	0.073	0.088	0.023	0.301	0.777
0.3	0.391	2.219	5.743	0.100	0.188	0.151	0.023	0.100	0.108	0.039	0.416	0.869
0.4	0.391	2.219	5.743	0.100	0.188	0.151	0.023	0.100	0.108	0.039	0.416	0.869
0.5	0.401	2.277	5.765	0.097	0.187	0.151	0.027	0.103	0.109	0.039	0.425	0.872
0.6	0.401	2.277	5.765	0.097	0.187	0.151	0.027	0.103	0.109	0.039	0.425	0.872
0.7	0.382	2.256	5.761	0.091	0.181	0.150	0.027	0.103	0.109	0.035	0.408	0.865
0.8	0.382	2.256	5.761	0.091	0.181	0.150	0.027	0.103	0.109	0.035	0.408	0.865
0.9	0.382	2.256	5.761	0.091	0.181	0.150	0.027	0.103	0.109	0.035	0.408	0.865
1 (DBMM)	0.382	2.256	5.761	0.091	0.181	0.150	0.027	0.103	0.109	0.035	0.408	0.865

三种不确定性水平下总赶工时间随着 CRI 阈值增加而变化的情况如图 6-5 所示。对于每种 CRI 阈值，随着项目不确定性水平的提升，项目延迟的可能性增大，在保证按期完工下的总赶工时间增加。另外，对于每种不确定性水平，随着 CRI 阈值的增加，总赶工时间的变化趋势较为类似。当 CRI 阈值为 0，0.1，0.2 时，大部分任务被认作高灵敏度任务，此时总赶工时间较少；当 CRI 阈值为 0.3，0.4，0.5，0.6 时，少部分任务被认作高灵敏度任务，此时总赶工时间较多；当 CRI 阈值为 0.7，0.8，0.9，1 时，没有任务被认作高灵敏度任务（所有任务 CRI 的最大值是 0.663），此时总赶工时间不变，BMAC 就是 DBMM。因此，在该项目中，CRI 阈值设置较低可以得到更少的总赶工时间。其中，阈值为 0 会使所有任务都为高灵敏度任务，需要赶工的任务数大大增加，这会给管理者带来更大的监控难度。当项目规模扩大时，所有任务都被监控显然也是不现实的。

（a）σ=L下的赶工时间

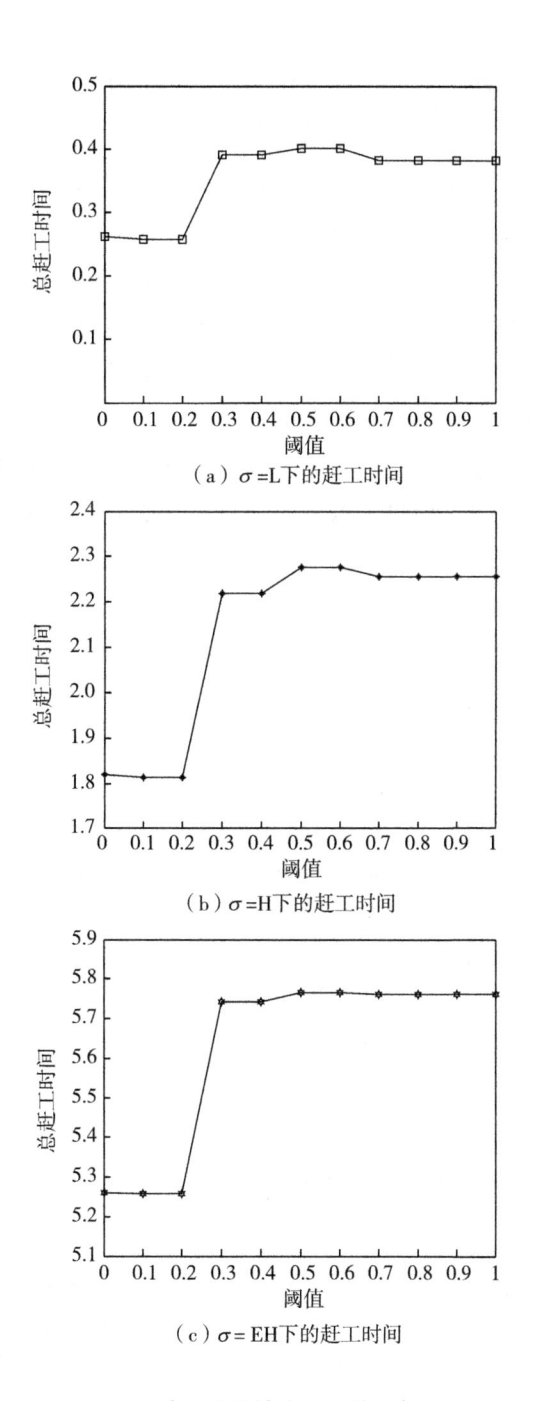

（b）σ=H下的赶工时间

（c）σ=EH下的赶工时间

图 6-5　三种不确定性水平下的总赶工时间

三种不确定性水平下总赶工任务数随着CRI阈值增加而变化的情况如图6-6所示。针对每种不确定性水平，CRI阈值为0时总赶工任务数是最多的，这是因为此时所有任务都是高灵敏度任务。此外，随着CRI阈值的增加，总赶工任务数先增加再减少后保持不变。其中，CRI阈值为0.1和0.2时总赶工任务数是最少的。另外，对于每种CRI阈值，随着不确定性的增加，总赶工任务数先增加再减少。不确定性水平较低时，总赶工任务数很少，是三者中最低的；不确定性水平较高时，总赶工任务数是三者中最高的；不确定性水平很高时，总赶工任务数要低于不确定性水平较高时的水平。这表明相对于一般项目延迟的情况，严重项目延迟下的项目管理者对计划进行变更的频次反而较小。

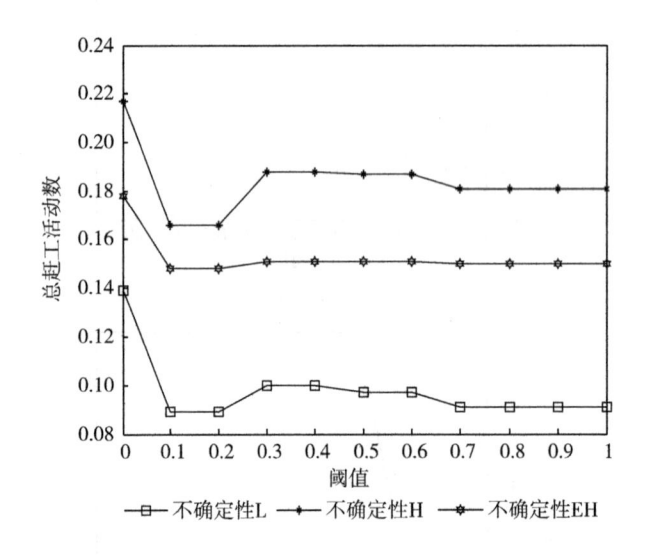

图6-6 总赶工任务数（三种不确定性水平）

三种不确定性水平下超计划完工次数随CRI阈值增加而变化的情况如图6-7所示。对于每种CRI阈值，随着不确定性水平的提升，项目延迟的可能性增大，超计划完工次数也会相应增大。另外，对于每种不确定性水平，随着CRI阈值的增加，超计划完工次数变化的趋势大体相同。当CRI阈值为0，0.1，0.2时，超计划完工次数几乎不变，然后随着 CRI 阈值增加而增大，当 CRI 阈值为 0.7，0.8，0.9，1 时，超计划完工次数再次保持不变。这表明 CRI 阈值较小时，较多任务为高灵敏度任务而需要被监控，此时延期的危险程度较低。CRI 阈值较大时，包括 CRI 阈值大于等于 0.7 时（此时等同于 DBMM），较少甚至没有任务为高灵敏度任务而需要被监控，此时延期的危险程度较高。

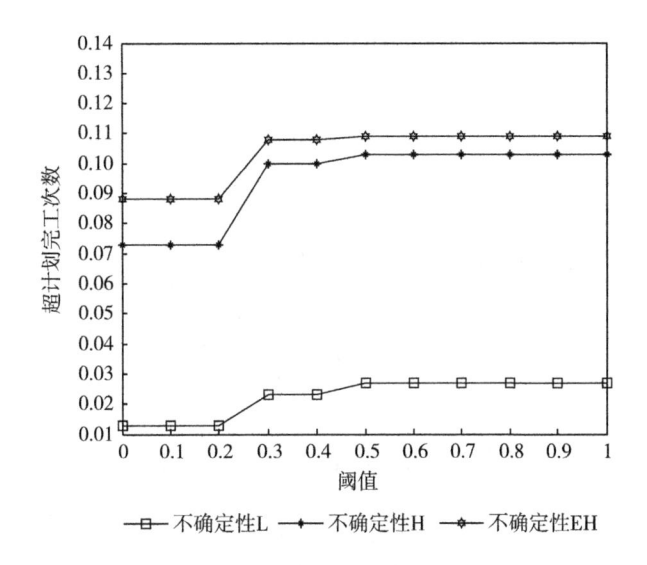

图 6-7　总赶工任务数（三种不确定性水平）

三种不确定性水平下监控负荷随 CRI 阈值增加而变化的情况如图 6-8 所示。很明显，随着不确定性水平提升，监控负荷相应增大。对于每种 CRI 阈值，三种不确定性水平下的监控负荷变化情况相似。具体来讲，CRI 阈值设置为 0.1 和 0.2 时的监控负荷最小，即监控效率最高。此时 BMAC 的监控绩效要优于 DBMM（CRI 阈值为 1 时的结果）。相反地，监控阈值设置为其他值时，BMAC 的监控绩效要差于 DBMM。

(a) $\sigma=$L下的监控负荷

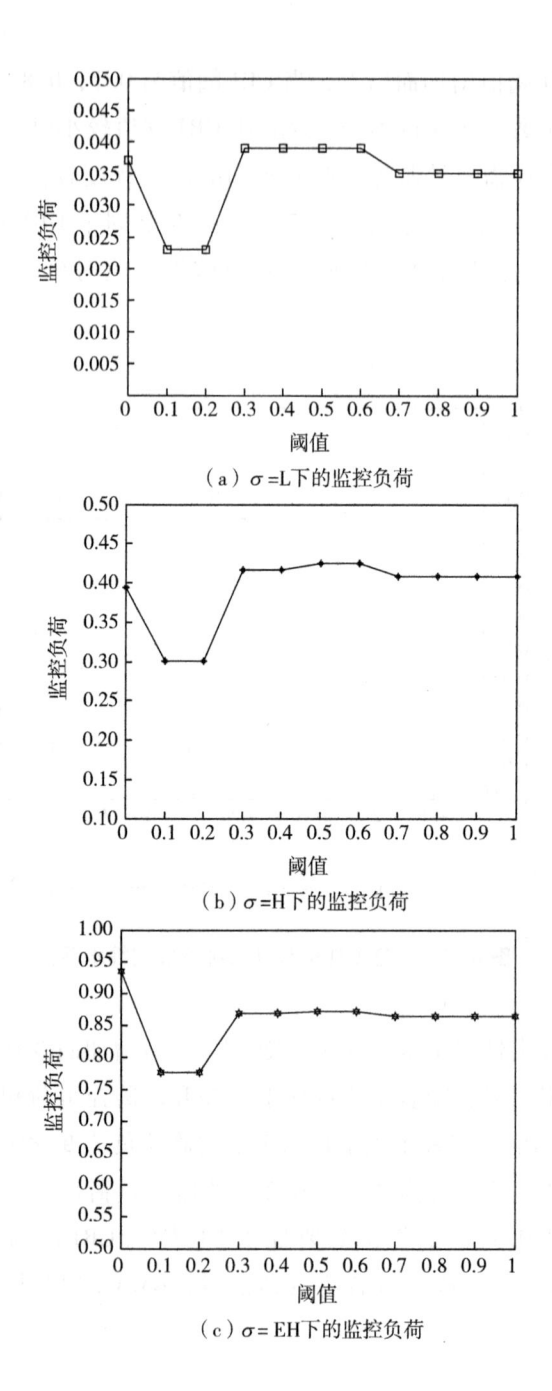

(b) $\sigma=$H下的监控负荷

(c) $\sigma=$EH下的监控负荷

图 6-8　三种不确定性水平下的监控负荷

综上所述，合理设置 CRI 阈值对 BMAC 的绩效有重要影响。当 CRI 阈值设置为任务 CRI 的中位数附近时，无论是单项指标，还是综合指标，BMAC 的绩效都要优于 DBMM。

三　固定与递减式关联度阈值的比较实验结果分析

实验一的结果显示，CRI 阈值在项目进展中保持不变并且在任务 CRI 中位数附近的情况下，BMAC 的监控绩效优于 DBMM。在实验二中，将进一步分析 BMAC 设置固定式 CRI 阈值和设置递减式 CRI 阈值时的绩效差异。设定 CRI 阈值的固定值为 0.3，CRI 阈值随项目进展而递减的斜线方程为 $Y=0.3-0.2\times X$。其中，Y 为 CRI 阈值；X 为链完工比例，变化区间为 0—1。对此项目模拟 5000 次，其统计结果如表 6-4 所示。

表 6-4　　　　　　　　比较实验二的统计结果

σ	总赶工时间（1）		总赶工任务数（2）		超计划完工期次数（3）		监控负荷 (4) = (1) × (2)	
	固定	递减	固定	递减	固定	递减	固定	递减
L	0.469	0.401	0.108	0.097	0.025	0.020	0.051	0.039
H	2.284	2.079	0.175	0.157	0.093	0.082	0.401	0.327
EH	5.049	4.906	0.157	0.152	0.111	0.102	0.792	0.745

显示了三种不确定性水平下两种 CRI 阈值设置方式的绩效。随着不确定性水平的提升，项目延迟的可能性增大，总赶工时间和总赶工任务数增加，超计划完工期次数增多，相应的监控负荷也增大。另外，对于每种不确定性水平，递减设置方式的四种绩效指标都要优于固定设置方式。这表明递减设置方式符合随项目进展而需要加紧关注并控制项目绩效的事实，同时通过这样的努力能带来更好的项目管理绩效。特别地，对于三种不确定性水平(较低、较高、很高)，递减设置方式比固定设置方式减少的监控负荷比例分别为(0.051-0.039)/0.039×100% = 30.8%、(0.401 - 0.327)/0.327×100% = 22.6%、(0.792-0.745)/0.745×100% = 6.3%。这表明随着不确定性水平的提

升，递减设置方式带来的绩效改进程度降低。在不确定性水平较低或者较高的情况下，这种递减设置方式能够比固定设置方式带来更好的监控绩效结果，因而更为适用。而在不确定性水平很高时，项目严重延迟，递减设置方式与固定设置方式的绩效结果差不多，改进的效果不明显。

第五节　本章小结

在扰动发生之后，项目进度风险监控程序发出严重的预警信号，显示项目进度出现重大偏差，此时需要采取项目进度风险响应策略进行进度纠偏。动态缓冲管理方法主要是从项目完工层来衡量项目进度风险大小的，忽视了项目执行中任务层的进度信息，无法指导项目决策者有针对性地对项目任务采取响应策略。进度风险分析技术通过衡量任务灵敏度并排序，识别出影响项目进度风险的重点任务，从而为响应策略的有效实施提供依据。为此，本章提出项目层—任务层相结合的项目进度风险响应策略，即在项目层基于缓冲管理监控项目进度风险水平，在活动层基于任务灵敏度选择合适的活动执行响应策略。具体地，将任务关联度分析集成到动态缓冲监控方法中，动态设置任务关联度的监控阈值，当缓冲消耗处于黄色区域且任务关联度超出其阈值时，认为项目进度风险水平较高，需执行进度风险响应策略。最后，通过算例将所提方法与本书第五章动态缓冲监控法进行了比较。不同关联度水平下的比较实验结果显示，当关联度监控阈值在执行中固定不变时，所提方法合理设置关联度阈值下会产生更优的响应绩效（在总赶工时间、总赶工任务数、超计划完工期次数、监控负荷）；比较实验二分析了关联度监控阈值分别采用固定式和递减式时所提方法的绩效差异，结果显示，在不确定性水平较低的情况下，这种递减设置方式相比固定设置方式能够带来更好的绩效结果。而在不确定性水平很高时，项目严重延迟，递减设置方式相对于固定设置方式改进效果不明显。需指出的是，本实验中假定每项任务的单位时间赶工成本是一样的，进而在衡量监控结果时只考虑了时间绩效，忽视了成本绩效。但项目的总体控制成本以及任务分配方案对于赶工实施和最终项目完工绩效具有重要影响，分析任务的控制成本对监控结果的影响则是本书后续章节探讨的问题。

第七章

控制预算限制下的项目进度风险响应策略

在项目扰动发生之后造成进度延误时,项目管理者需要使用额外的资源并花费额外的费用,来实施项目进度风险响应策略。这种在项目开始前就已准备的项目应急储备金的总额一般是固定的。在总额限制下,不同的应急储备金的分配方式决定着响应策略不同的实施效果。项目管理者需要综合项目特征和风险信息制定合适的控制预算分配方式,从而采取有效的控制决策恢复进度,确保项目按期完工。

第一节 项目进度风险控制预算

一 控制预算的有限性

在不确定性环境下,即使在项目计划阶段制订了较好的进度风险应对计划,在项目执行阶段实时监控进度风险并基于预警信号采取合适的控制决策仍然具有重要意义。任务赶工技术是常采用的一种进度风险响应时的控制决策技术,它通过利用额外的资源(如额外的设备、高技能员工的加入、劳动力的改善等)缩减控制对象的计划工期,以降低项目进度风险。其决策内容包括选择合适的任务对象、确定任务工期缩减水平。而任务工期缩减水平与投入的应急响应成本有关。

在项目实际执行中,项目管理者通常在计划阶段预设一定数量的额外成本，以便遇到各种扰动因素冲击时执行响应策略以恢复进度，这种成本被称为应急储备金。由于采取不同的控制决策会产生不同的总控制成本，项目管理者为完成项目进度目标通常需要大量的应急储备金来应对项目各种扰动。应急储备金的规模和数量取决于项目的"新颖性"和环境不确定性的大小。例如，在风险因素驱动的相关性影响下，为更好应对项目进度风险需要增加项目应急储备金。[1] 然而，通常情况下应对项目进度风险的预算总额在项目执行过程中是有限的。如何利用好有限的应急储备金以最大化项目完工的可能性是项目管理者需解决的关键问题。

二 控制预算的分配

在项目执行中实施响应决策时，应急储备金往往分配给特定的工作包或者项目段。在这种固定数额的应急储备金（控制预算）设置下，预算分配方式极大影响项目进度风险响应策略的实施效果，进而影响最终进度目标的实现。因此，有必要提出更为有效的控制预算分配方案以实现项目进度结果最大化。

在现有项目进度风险管理中，有限控制预算的分配主要采取依据项目计划完成比例的分配方式。即项目计划完成多少比例就将总控制预算分配对应比例至此项目阶段。[2] 当在实际执行中此项目段出现严重进度问题时，就利用所分配的控制预算采取响应行动。考虑到所投入额外资源的不可分割性，为固定成本与变动成本之和。如果所需投入成本小于所分配预算时，代表预算足够，此阶段响应行动立即实施；而如果所需投入成本大于所分配预算时，代表预算不足，此阶段的响应行动无法实施，项目继续执行。[3] 这种按计划完工期的分配方

---

[1] Kim Byung-Cheol, "Multi-factor Dependence Modeling with Specified Marginals and Structured Association in Large-scale Project Risk Assessment", *European Journal of Operational Research*, Vol. 296, No. 2, 2022, pp. 679-695.

[2] Martens Annelies and Vanhoucke Mario, "The Impact of Applying Effort to Reduce Activity Variability on the Project Time and Cost Performance", *European Journal of Operational Research*, Vol. 277, No. 2, 2019, pp. 442-453.

[3] Song Jie, et al., "The Impact of a Limited Budget on the Corrective Actions Taking Process", *European Journal of Operational Research*, Vol. 286, No. 2, 2020, pp. 1070-1086.

式简单有效,但忽视了项目内部的进度风险差异,未考虑控制策略的适应性,产生的控制决策的有效性大打折扣。

基于动态缓冲管理的项目进度风险监控考虑资源约束建立了体现风险聚集效应的关键链缓冲进度计划来应对进度风险,并且在合理估计缓冲大小的同时建立了基于缓冲消耗指标和监控阈值的进度风险评估体系,来发出预警信息并指导采取行动,被认为更适用于资源约束和不确定性水平较高的项目。现有相关研究对预警信号产生后的控制决策探讨较少。这些缓冲控制决策的研究大多采取任务赶工方式,在设置随机赶工比例[1][2]、最小化赶工成本[3]等方面开展了研究,但忽视了总控制预算限制的情况,在指导实际控制决策上存在局限。

韧性视域下任务间的相关性是复杂基建项目系统的典型特征。在各种扰动因素发生后,因素对受影响任务工期不确定性会产生不同程度的影响。相对于受影响程度较低的任务,那些受影响程度较高的任务面临更大的进度风险,这就需要在采取响应策略时为其分配更多的控制预算用于赶工行动。基于此,本章为有效利用有限的控制预算,提出在控制预算分配中考虑任务相关性的影响,进而制定项目进度风险的动态响应策略。

第二节 关键链计划中的任务相关性建模

在相关性建模方法中,辅助因子建模法将风险因素作为辅助变量

---

[1] Vanhoucke Mario, "On the Dynamic Use of Project Performance and Schedule Risk Information during Project Tracking", *Omega - International Journal of Management Science*, Vol. 39, No. 4, 2011, pp. 416-426.

[2] Hu Xuejun, et al., "Incorporation of Activity Sensitivity Measures into Buffer Management to Manage Project Schedule Risk", *European Journal of Operational Research*, Vol. 249, No. 2, 2016, pp. 717-727.

[3] Hu Xuejun, et al., "Effective Expediting to Improve Project Due Date and Cost Performance through Buffer Management", *International Journal of Production Research*, Vol. 53, No. 5, 2015, pp. 1460-1471.

引入模型以替代对所有变量间相关系数的估计。该方法由于相关性估计的便捷性和较低的数据收集工作量，在不确定性水平较高的复杂项目中应用更为有效。[1] 在该方法中，建立风险因素与受影响任务之间的数学关系是关键。为便于分析因素驱动型相关性对缓冲控制决策的影响，假设在关键链网络计划中由一个风险因素同时影响多项任务。这种单风险因素的相关性模型也被 Van Dorp 和 Duffey[2] 使用。而且在因素驱动型方法中，多个风险因素可以表达为一个综合风险因素来影响某项任务的持续时间。当多个风险因素相互独立且差异较小时，其对任务的影响与单因素相关性模型几乎一致。[3] 本章提出关键链计划中单因素影响的相关性建模方法。

第一，利用包含一个共同风险因子和 N 项受影响任务的有向图，构建任务工期相关性的网络模型，如图7-1（a）所示。在网络模型中，风险因素是一种显著的外部因素，如天气、物料供应、劳动力市场等，它会增加任务工期的不确定性(标准差)。这种外部风险因素被定义为一个单位随机变量 F，任务工期也定义为随机变量。两项受风险作用的任务 A_i(或 A_j)之间的相关系数定义为 ρ_{ij}，以表示两项任务工期之间的正相关程度。

第二，利用辅助因子建模法刻画风险因素与受其作用任务之间的相关性参数。假设 θ_i(或 θ_j)是风险因素 F 与任务 A_i(或 A_j)之间的相关性参数，$V[FA_i]$(或 $V[FA_j]$)是受风险因素作用后的任务 A_i(或 A_j)的工期方差。根据相关性模型[4]，任务 A_i(或 A_j)之间的相关系数可以由风险因

---

[1] Kim Byung-Cheol, "Dependence Modeling for Large-scale Project Cost and Time Risk Assessment: Additive Risk Factor Approaches", *IEEE Transactions on Engineering and Management*, Vol. 70, No. 2, 2023, pp. 417-436.

[2] Van Dorp J. Rene and Duffey M. R., "Statistical Dependence in Risk Analysis for Project Networks using Monte Carlo Methods", *International Journal of Production Economics*, Vol. 58, No. 1, 1999, pp. 17-29.

[3] Kim Byung-Cheol, "Multi-factor Dependence Modeling with Specified Marginals and Structured Association in Large-scale Project Risk Assessment", *European Journal of Operational Research*, Vol. 296, No. 2, 2022, pp. 679-695.

[4] Kim Byung-Cheol, "Dependence Modeling for Large-scale Project Cost and Time Risk Assessment: Additive Risk Factor Approaches", *IEEE Transactions on Engineering and Management*, Vol. 70, No. 2, 2023, pp. 417-436.

素与单项任务之间的相关性参数确定,其计算如式(7-1)所示。

$$\rho_{ij} = \frac{\theta_i \times \theta_j}{\sqrt{V[FA_i]} \times \sqrt{V[FA_j]}} \quad (7-1)$$

式中:相关性参数 θ_i 为风险因素 F 对任务 A_i 的作用大小,由专家估计风险因素 F 引起任务 A_i 的工期方差的额外变动而得到。受风险作用的任务工期与风险因素变量、相关性参数和任务原始工期有关,如图 7-1(b)所示。由于风险因素会增大任务工期的方差,因此受风险作用的任务工期方差 $V[FA_i]$ 由上述三个变量确定。假设风险因素的方差为 $V[F]$,任务 A_i 的原始工期的方差为 s_i^2。那么,受风险作用的任务工期方差 $V[FA_i]$ 的计算如式(7-2)所示。

$$V[FA_i] = s_i^2 + \theta_i^2 \times V[F] \quad (7-2)$$

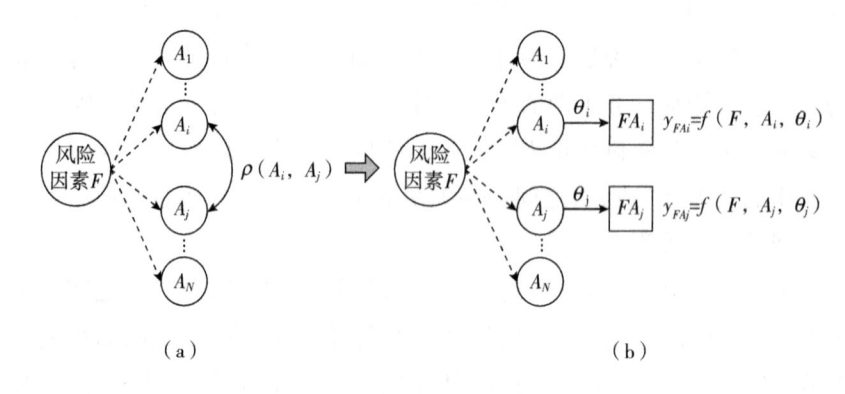

图 7-1 因素驱动型相关性网络模型

第三,构造任务链条的相关性模型。在关键链计划中,项目完工期是由考虑网络关系和资源约束的关键链(最长路径)决定的。那么,针对一条包含 n 个任务的链路,链路工期由每项任务的原始工期决定。但在风险因素 F 作用下,除任务工期外,风险因素与任务之间的相关系数,以及受风险因素作用任务的数量都会改变链路的最终工期。相关系数越大,链条工期影响越大。同时,受风险因素作用任务越多,链条工期影响也越大。为反映受风险因素作用任务数量的影响,假设这条链上受风险因素作用任务个数为 f,那么这条链相关比例(Chain Proportion of Dependence,CPD)的计算如式(7-3)所示。

$$\text{CPD} = \frac{f}{n} \qquad (7-3)$$

在辅助因子建模法中，风险因素不改变任务工期均值，而是会增大任务工期方差。因此，受风险因素作用下的链条工期的均值保持不变，链条工期的方差会增大。下面用一个例子描述链条相关性模型的构建，如图7-2所示。假设在一条包含5项任务的链条中，任务2和任务4受风险因素作用，原始链条工期的均值为$E[D_{bc}]$，方差为$V[D_{bc}]$。那么受风险因素作用后链条工期的均值$E[D_{fc}]$和方差$V[D_{fc}]$分别为

$$E[D_{fc}] = E[D_{bc}] \qquad (7-4)$$

$$V[D_{fc}] = V[D_{bc}] + (\theta_2^2 + \theta_4^2) \times V[F] \qquad (7-5)$$

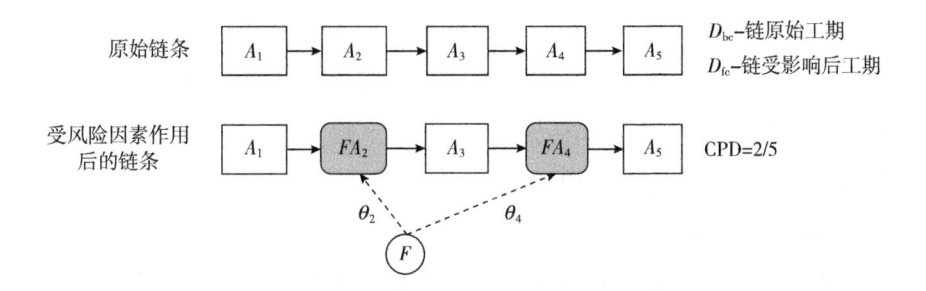

图 7-2　链条中的因素驱动型相关性

第三节　考虑任务相关性的行动阈值与预算分配

一　控制行动阈值设置

缓冲监控的核心是基于缓冲消耗情况的监控阈值动态设置，阈值的大小直接影响是否发出进度风险预警信息。现有基于2个监控阈值的设置方法（设置红黄分界点与黄绿分界点）会设置较高的触发行动信号的红黄分界点，这会降低项目进度出现严重问题时恢复进度的可

能性。基于此，本节设置单一的缓冲监控阈值，即当缓冲消耗比例超过此阈值时需要立即采取控制决策。这种缓冲监控阈值的单点设置方式也被较多学者采纳。[1][2][3][4]

从项目完工绩效层面深入任务层面，并根据任务进度风险信息动态设置缓冲阈值，能够针对不同项目阶段产生更为准确的预警信息。在缓冲阈值的线性设置观点中，工期更大的任务应对应更多的可允许缓冲消耗比例。[5] 此外，面临更大延误风险的任务比低风险任务也需要分配更多的缓冲消耗比例。因此，本节综合考虑任务工期比例和任务风险程度来设置缓冲监控阈值。任务进度延误的风险可由任务工期标准差来表示。而在相关性影响下，任务工期标准差会增大，因此确定任务进度风险程度时可以利用上节提出的风险因素与受其作用任务之间的相关性参数。缓冲监控阈值的设置步骤如下。

第一，设置任务风险程度。假设任务 A_i 的风险水平为 AR^i，原始工期方差为 s_i^2，风险因素 F 与任务 A_i 之间的相关系数为 θ_i。用受风险因素作用后的任务工期标准差来表示任务风险水平，那么，任务 A_i 的风险水平的计算如式（7-6）所示。

$$AR^i = \sqrt{s_i^2 + \theta_i^2} \tag{7-6}$$

假设一条链上有 n 项任务，则此链条上任务 A_i 的风险程度 DR^i 用此任务的风险水平占所有任务总风险水平的比例表示，任务 A_i 的风险程度的计算如式（7-7）所示。

---

[1] Colin Jeroen and Vanhoucke Mario, "A Comparison of the Performance of Various Project Control Methods using Earned Value Management Systems", *Expert Systems with Applications*, Vol. 42, No. 6, 2015, pp. 3159-3175.

[2] Martens Annelies and Vanhoucke Mario, "A Buffer Control Method for Top-down Project Control", *European Journal of Operational Research*, Vol. 262, No. 1, 2017, pp. 274-286.

[3] Martens Annelies and Vanhoucke Mario, "An Empirical Validation of the Performance of Project Control Tolerance Limits", *Automation in Construction*, Vol. 89, 2018, pp. 71-85.

[4] Xiao Lei, et al., "Controlling the Schedule Risk in Green Building Projects: Buffer Management Framework with Activity Dependence", *Journal of Cleaner Production*, Vol. 278, 2021, p. 123852.

[5] Zhang Junguang, et al., "Dynamic Monitoring and Control of a Critical Chain Project based on Phase Buffer Allocation", *Journal of the Operational Research Society*, Vol. 69, No. 12, 2018, pp. 1966-1977.

$$\mathrm{DR}^i = \frac{\mathrm{AR}^i}{\sum_{i=1}^{n} \mathrm{AR}^i} \tag{7-7}$$

第二,设置任务工期比例。任务工期比例为任务工期占链条上所有任务工期和的比值。假设任务 A_i 的计划工期为 D^i,那么任务 A_i 的工期比例 PD^i 的计算如式(7-8)所示。

$$\mathrm{PD}^i = \frac{D^i}{\sum_{i=1}^{n} D^i} \tag{7-8}$$

第三,动态设置缓冲监控阈值。缓冲监控阈值反映的是各阶段可允许消耗的缓冲比例的累计值。假设链条上的任务 A_i 在时刻 t 正在执行,此时任务 A_i 的完成比例为 β_t^i。综合考虑任务风险程度和任务工期比例,设置此时关键链/输入链上的缓冲监控阈值 $\mathrm{BM}_{\mathrm{threshold}}^{t,i}$,其计算如式(7-9)所示。

$$\mathrm{BM}_{\mathrm{threshold}}^{t,i} = \frac{\mathrm{DR}^i \times \mathrm{PD}^i \times \beta_t^i + \sum_{j=1}^{i-1}(\mathrm{DR}^j \times \mathrm{PD}^j)}{\sum_{j=1}^{n}(\mathrm{DR}^j \times \mathrm{PD}^j)} \tag{7-9}$$

其中,分母表示链条上所有任务的风险程度与工期比例乘积之和。由此可见,$0 \leqslant \mathrm{BM}_{\mathrm{threshold}}^{t,i} \leqslant 1$。当实际缓冲消耗比例超过此时的阈值时,代表进度延误风险较大,需利用控制预算采取控制行动;反之,代表项目进度是正常且可控的,无须采取控制行动。这种累计设置监控阈值的方法的优点在于,当缓冲消耗比例低于此时的监控阈值时,当前阶段可允许消耗缓冲比例中剩余(未消耗)部分可自动分配到下一阶段,从而增加下一阶段的可允许消耗缓冲比例,实现进度风险的协同管理。

第四,用一个项目实例来阐释缓冲监控阈值设置过程。假设一条包含 5 项任务的链条,其中任务 2 和任务 4 受单风险因素影响而具有相关性,任务链条如图 7-2 所示。每项任务的计划工期为 10,5 项任务的原始标准差分别是 0.5、0.8、1、0.5、0.5。风险因素与任务 2 和任务 4 的相关性参数分别是 0.9 和 0.6。那么,使用式(7-5)计算

5项任务的风险水平分别为0.5、1.2、1、0.78、0.5，使用式(7-6)计算任务1的风险程度为0.5/(0.5+1.2+1+0.78+0.5)＝0.13，同理计算可得任务2至任务5的风险程度分别为0.3、0.25、0.19、0.13。使用式(7-7)计算得到每项任务的工期比例为0.2。因此，当5项任务分别完成作为监控时刻点，则使用式(7-8)计算在t_1时刻任务1完成时的缓冲监控阈值为0.2×0.3/(0.2×0.3+0.2×0.25+0.2×0.19+0.3×0.13)＝0.13，其他时刻的缓冲监控阈值依次为0.43、0.68、0.87、1。与一般的线性缓冲监控阈值线相比，本节方法计算的缓冲监控阈值线如图7-3所示。

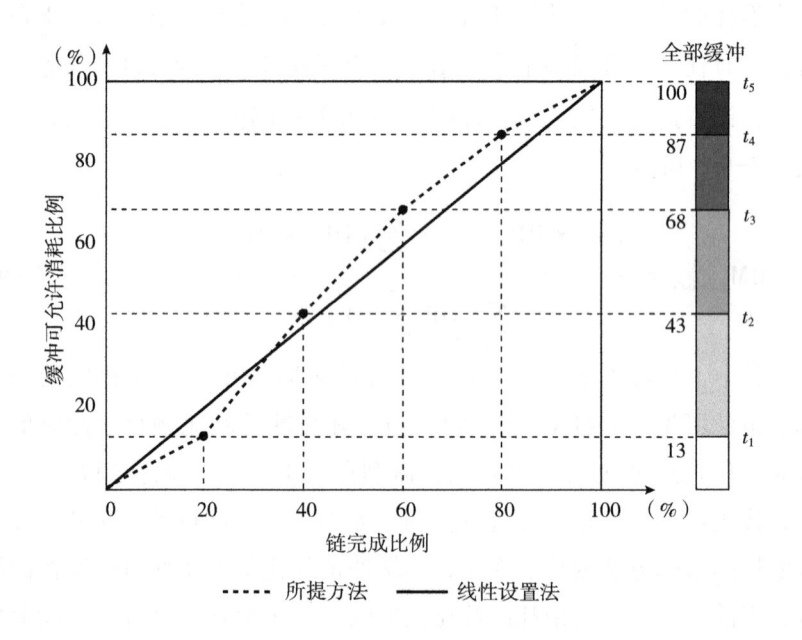

图 7-3 缓冲监控阈值设置

二 应急控制预算分配方式及赶工决策

当缓冲监控发出预警信息后，任务赶工技术是常采用的控制决策。项目管理者需决定控制对象和任务工期减少水平。在插入缓冲的关键链计划中，关键链上的任务以及输入链最长路径上的任务是影响进度的关键任务，是赶工控制对象的备选集。当监控阈值超出时，具

第七章 控制预算限制下的项目进度风险响应策略

体的对象选择策略有两种：一种是当任务未完工时，控制对象是此任务的剩余部分，即对任务剩余部分进行赶工；另一种是当任务已完工时，控制对象是此链条上的紧后未开工任务，目的是缩减其计划工期。在总控制预算有限的条件下，为体现预算分配方式对任务赶工决策的影响，本章选择的控制对象是紧后未开工的任务。在任务工期减少水平决策上，先根据缓冲实际消耗超出此时监控阈值的程度来估计所需的赶工成本，后依据上节提出的任务风险程度和任务工期比例将总预算分配至各项任务。当所需的任务赶工成本小于任务所分配的赶工预算时，执行赶工行动；当所需任务赶工成本大于任务所分配的赶工预算时，代表预算不足，无法执行控制行动。即不考虑预算短缺下实施部分赶工的情况，这是因为实际赶工中所需的额外资源通常无法分割。

假设任务 A_i 的成本包括固定成本和变动成本，固定成为本 FC^i，单位时间的变动成本为 VC^i。那么任务 A_i 的计划成本 PC^i 为

$$PC^i = FC^i + VC^i \times D^i \tag{7-10}$$

项目总控制预算分为两部分：执行关键链上任务赶工的预算和执行非关键链上任务赶工的预算。关键链的控制预算为关键链上所有任务计划成本的一定比例 ω_{CC}，而非关键链的控制预算为非关键链上所有任务计划成本的一定比例 ω_{FC}。由于关键链上任务会对项目工期产生更大影响，因此对其控制预算设置更大的比例值，即 $0<\omega_{FC}<\omega_{CC}<1$。这样，关键链的控制预算 CB_{CC} 和非关键链的控制预算 CB_{FC} 的计算分别为

$$CB_{CC} = \omega_{CC} \times \sum_{k=1}^{N} PC^k \tag{7-11}$$

$$CB_{FC} = \omega_{FC} \times \sum_{q=1}^{M} PC^q \tag{7-12}$$

缓冲监控阈值设置中已为高风险任务分配了更多的可允许缓冲消耗比例，当预警信息仍然发出时，意味着当前进度风险很高，需要配置额外资源立即采取行动。因此，相对于低风险任务，高风险任务所分配的控制预算也要更多。利用本章第二节提出的任务风险程度和任

工期比例把总控制预算分配到各项任务中。假设关键链上有 N 项任务，任务 A_k 所分配的控制预算为 $\mathrm{ACB}_{\mathrm{CC}}^{k}$；非关键链最长路径上有 L 项任务，任务 A_q 所分配的控制预算为 $\mathrm{ACB}_{\mathrm{FC}}^{q}$，那么预算分配的计算分别为

$$\mathrm{ACB}_{\mathrm{CC}}^{k} = \frac{\mathrm{DR}^{k} \times \mathrm{PD}^{k}}{\sum_{k=1}^{N}(\mathrm{DR}^{k} \times \mathrm{PD}^{k})} \times \mathrm{CB}_{\mathrm{CC}} \tag{7-13}$$

$$\mathrm{ACB}_{\mathrm{FC}}^{q} = \frac{\mathrm{DR}^{q} \times \mathrm{PD}^{q}}{\sum_{q=1}^{L}(\mathrm{DR}^{q} \times \mathrm{PD}^{q})} \times \mathrm{CB}_{\mathrm{FC}} \tag{7-14}$$

在控制预算分配后，实际赶工决策需要比较所需赶工成本与所分配的控制预算。预算足够时赶工行动才会执行。假设关键链/非关键链上任务的单位时间赶工成本是 $\mathrm{CC}^k/\mathrm{CC}^q$，任务计划缩减时间分别是 $\mathrm{PRD}^k/\mathrm{PRD}^q$，则关键链/非关键链上任务赶工成本的估计值为 $\mathrm{TCC}^i/\mathrm{TCC}^q$，其计算公式分别为

$$\mathrm{TCC}^k = \mathrm{CC}^k \times \mathrm{PRD}^k \tag{7-15}$$

$$\mathrm{TCC}^q = \mathrm{CC}^q \times \mathrm{PRD}^q \tag{7-16}$$

于是，在考虑预算是否充足情况下，关键链/非关键链上任务实际赶工时间 $\mathrm{ARD}_{\mathrm{CC}}^{k}$ 和 $\mathrm{ARD}_{\mathrm{FC}}^{q}$ 的决策内容分别如式（7-17）和式（7-18）所示。

$$\mathrm{ARD}_{\mathrm{CC}}^{k} = \begin{cases} \mathrm{PRD}^k, & \text{if } \mathrm{TCC}^k \leq \mathrm{ACB}_{\mathrm{CC}}^{k} \\ 0, & \text{其他} \end{cases} \tag{7-17}$$

$$\mathrm{ARD}_{\mathrm{FC}}^{q} = \begin{cases} \mathrm{PRD}^q, & \text{if } \mathrm{TCC}^q \leq \mathrm{ACB}_{\mathrm{FC}}^{q} \\ 0, & \text{其他} \end{cases} \tag{7-18}$$

第四节 考虑控制预算限制的项目进度风险响应框架与策略

一 项目进度风险响应的总体框架

为了分析风险作用下任务相关性对控制决策的影响，本节提出了

第七章 控制预算限制下的项目进度风险响应策略

基于缓冲控制法的项目进度风险响应的总体框架，如图7-4所示。在

阶段Ⅰ：风险应对计划

（1）建立关键链基准计划
（2）计算缓冲并插入计划后进行重排
（3）因素驱动型相关性建模
（4）设置监控阈值
（5）分配控制预算
（6）项目开始执行（$t=0$）

阶段Ⅱ：风险控制

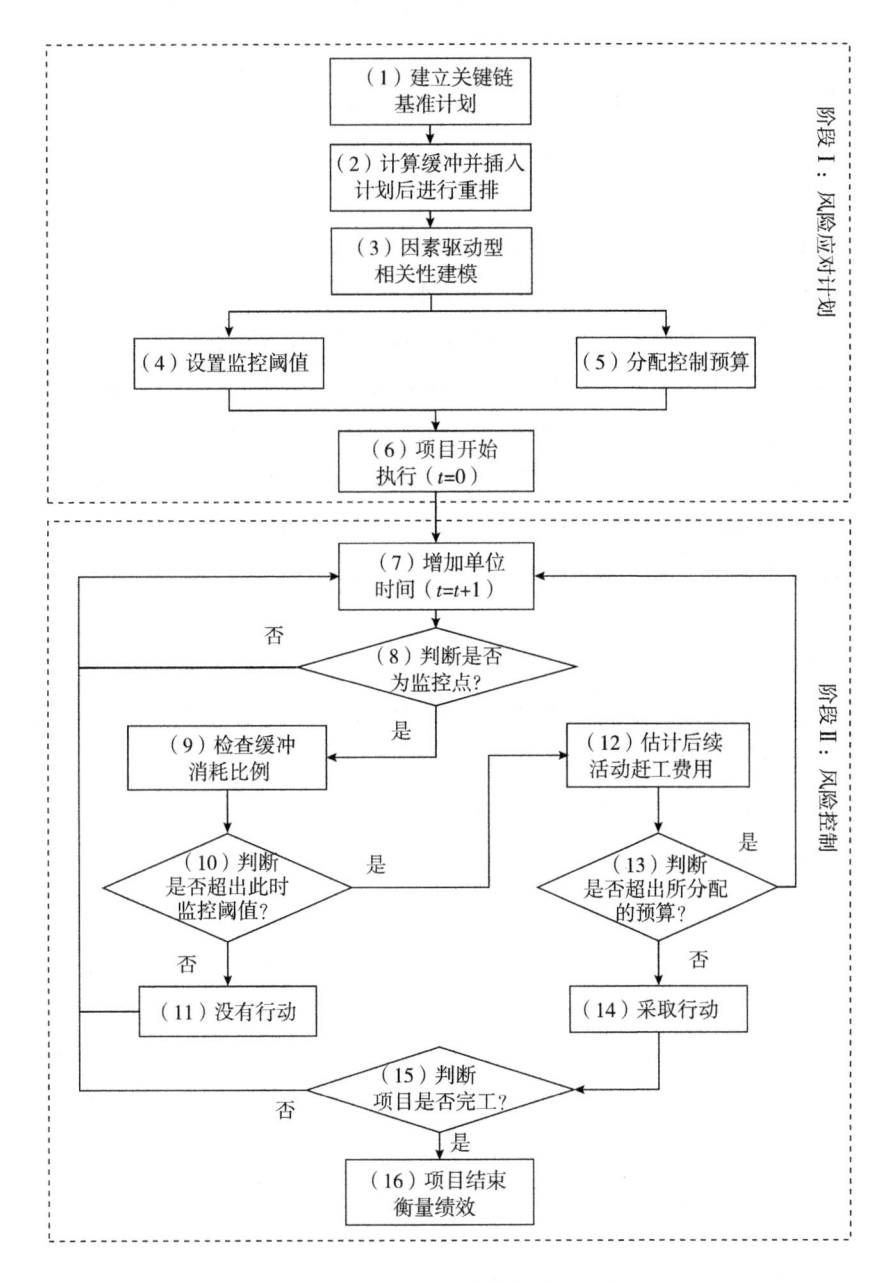

（7）增加单位时间（$t=t+1$）
（8）判断是否为监控点？
（9）检查缓冲消耗比例
（10）判断是否超出此时监控阈值？
（11）没有行动
（12）估计后续活动赶工费用
（13）判断是否超出所分配的预算？
（14）采取行动
（15）判断项目是否完工？
（16）项目结束衡量绩效

图7-4 项目进度风险响应的总体框架

项目进度风险应对计划阶段，建立了插入缓冲的关键链计划，基于风险作用下任务相关性设置了缓冲监控阈值和控制预算分配方案。在项目进度风险控制阶段，项目经理根据缓冲监控发出的预警信号和当时所分配的控制预算来决定控制行为的实施水平。此外，在项目结束时评价项目完工绩效和控制过程绩效。详细的实验步骤如下。

阶段Ⅰ：风险应对计划

第一步，使用分支定界法构建满足紧前约束和资源约束的基准计划，利用 Tukel 等[①]的方法识别关键链和非关键链。

第二步，为聚焦于对缓冲控制决策的影响，使用 Newbold[②] 提出的根方差法计算项目缓冲和输入缓冲的大小。当插入缓冲出现网络或资源冲突时，使用 Zhao 等[③]提出的两阶段算法解决冲突。

第三步，针对插入缓冲的关键链计划建立因素驱动型相关性模型。识别风险因素与每项任务的相关性参数，使用式（7-2）确定受风险作用的任务工期方差，使用式（7-3）确定每条链的相关比例。

第四步，设置缓冲监控阈值。

第五步，将总控制预算分配至关键链上的任务以及非关键链最长路径上的任务中。

第六步，$t=0$ 时项目开始执行。

阶段Ⅱ：风险控制阶段

第七步，到下一时刻，$t=t+1$。

第八步，判断此时是否为监控点。如果是，执行第九步；否则，回到第七步。监控点的判断依据见本书第四章。

第九步，计算缓冲消耗比例。

第十步，检查缓冲消耗比例，判断是否超过此时的监控阈值。如

---

① Tukel I. Oya et al., "An Investigation of Buffer Sizing Techniques in Critical Chain Scheduling", *European Journal of Operational Research*, Vol. 172, No. 2, 2006, pp. 401–416.

② Newbold C. Robert, *Project Management in the Fast Lane – Applying the Theory of Constraints*, Boca Raton: The St Lucie Press, 1998, pp. 98–99.

③ Zhao Yan, et al., "A Two-stage Approach for the Critical Chain Project Rescheduling", *Annals of Operations Research*, Vol. 285, No. 1, 2020, pp. 67–95.

果是，执行第十二步；否则，执行第十一步。

第十一步，表明项目进度正常，按照目前情况能按时完工，无须采取行动，回到第七步。

第十二步，表明项目执行出现了问题，有较高的项目进度延误的风险。项目经理需要依据缓冲消耗超出阈值的程度估计任务赶工费用，预估费用的确定见式（7-14）和式（7-15）。

第十三步，判断此时预估赶工费用是否超出所分配的控制预算，如果是，回到第七步；否则，执行第十四步。

第十四步，采取控制行动，减少后续任务的计划工期，工期减少量的确定见式（7-16）和式（7-17）。

第十五步，判断项目是否完工。如果是，回到第十六步；否则，回到第七步。

第十六步，项目结束，计算项目完工绩效和控制过程绩效。

二　四种响应组合策略

为分析因素驱动型相关性对缓冲监控阈值设置和控制预算分配决策的影响，将 Hu 等[1]提出的线性缓冲监控阈值设置法和 Song 等[2]提出的一般控制预算分配策略作为实验比较对象。其中，线性缓冲监控阈值法提出了一个相对缓冲消耗指标（RBCI），它是缓冲消耗比例与链完工比例的比值，RBCI<1 表示进度风险较小无须采取行动，RBCI>1 表示进度风险较大需立刻行动。而一般控制预算分配策略是指根据项目完工比例进行预算分配，即在某个时期内项目完成了 $x\%$，那么控制预算的 $x\%$ 则被分配至这个项目阶段的任务上。于是，在项目执行的控制决策中构造了四种组合响应策略，如表 7-1 所示。其中，考虑相关性的缓冲监控阈值和考虑相关性的控制预算分配详见本章第三节。

---

[1] Hu Xuejun, et al., "Incorporation of Activity Sensitivity Measures into Buffer Management to Manage Project Schedule Risk", *European Journal of Operational Research*, Vol. 249, No. 2, 2016, pp. 717-727.

[2] Song Jie, et al., "The Impact of a Limited Budget on the Corrective Actions Taking Process", *European Journal of Operational Research*, Vol. 286, No. 3, 2020, pp. 1070-1086.

表7-1　　　　　　　　　　四种响应组合策略

缓冲监控阈值	控制预算分配	
	方式1 （考虑相关性的预算分配）	方式2 （一般的预算分配）
方法1 （考虑相关性的缓冲监控阈值）	组合策略1（CS1）	组合策略2（CS2）
方法2 （线性缓冲监控阈值）	组合策略3（CS3）	组合策略4（CS4）

第五节　四种策略的比较实验与结果分析

一　实验设置

本节选用著名的Patterson数据集[①]和PSPLIB数据集[②]进行大规模计算实验。数据集中每个项目模拟执行1000次，通过比较四种组合策略的平均绩效，来获得相关性对缓冲控制决策的影响。

任务模拟工期采用对数正态分布。如果X为均值μ、方差σ^2的正态分布$N(\mu, \sigma^2)$，则认为$Y = e^X$服从对数正态分布，其均值和方差分别为m和s。两组参数之间的转化如式（7-19）和式（7-20）所示。

$$\begin{cases} m = e^{\mu+\sigma^2/2} \\ s = m\sqrt{e^{\sigma^2}-1} \end{cases} \quad (7-19)$$

$$\begin{cases} \mu = \ln(m/\sqrt{1+s^2/m^2}) \\ \sigma = \sqrt{\ln(1+s^2/m^2)} \end{cases} \quad (7-20)$$

任务模拟工期随机数使用MATLAB中的函数$R = \text{lognrnd}(\text{mu}, \text{sigma})$

---

① Patterson J. H., "A Comparison of Exact Procedures for Solving the Multiple Constrained Resource, Project Scheduling Problem", *Management Science*, Vol. 30, 1984, pp. 854-867.

② Kolisch Rainer and Sprecher Arno, "PSPLIB-A Project Scheduling Problem Library", *European Journal of Operational Research*, Vol. 96, 1996, pp. 205-216.

产生，其中，mu 和 sigma 为对应正态分布的均值和标准差。受风险因素作用任务工期标准差会增加，使用式（7-20）更新受风险因素作用的任务工期标准差后，使用 Kim[①] 提出的 NORTA 方法产生具有相关性的任务工期随机数。

计算实验中的参数设置如表 7-2 所示。这些参数分为两类：固定参数和可变参数。固定参数主要是关于项目任务，而可变参数主要围绕因素驱动相关性。

表 7-2   实验参数设置

参数	数值
任务工期的标准差	0.3
任务的固定成本	[10, 90]
任务的变动成本	[100, 900]
风险因素的均值	0
风险因素的标准差	1
链相关比例	0.3, 0.5, 0.7
相关性参数	0.2, 0.4, 0.6, 0.8
赶工水平	0.15, 0.3, 0.45

（一）固定参数

任务工期对应的正态分布标准差 σ 设为 0.3。当项目数据集中任务的计划工期为 D，则设置任务工期的均值 m 等于 D。那么任务工期的 μ 和 s 可由式（7-18）和式（7-19）计算确定。单个风险因素设置服从对数正态分布的随机变量（$\mu=0$，$\sigma=1$）[②]。在任务成本方面，任务的计划固定成本从 [10, 90] 的均匀分布函数中随机产生，任务

[①] Kim Byung-Cheol, "Multi-factor Dependence Modeling with Specified Marginals and Structured Association in Large-scale Project Risk Assessment", European Journal of Operational Research, Vol. 296, No. 2, 2022, pp. 679-695.

[②] Martens Annelies and Vanhoucke Mario, "The Impact of Applying Effort to Reduce Activity Variability on the Project Time and Cost Performance", European Journal of Operational Research, Vol. 277, No. 2, 2019, pp. 442-453.

计划变动成本从 [100, 90] 的均匀分布函数中随机产生①。为反映项目控制中额外临时资源的高成本性，设置任务赶工成本为任务计划变动成本的1.1倍。

（二）可变参数

为分析因素驱动相关性对缓冲控制决策的影响，将链相关比例CPD设置为三种水平（如0.3，0.5，0.7），分别反映低、中、高三种比例。将相关性参数 θ 设置为四种大小（如0.2，0.4，0.6，0.8），以反映风险因素对任务工期标准差影响的不同程度。在控制决策上，对赶工任务的工期预计减少量设置为计划工期的三种比例水平（如0.15，0.3，0.45）。最后，为分析不同项目规模对结果的影响，选择 PSPLIB 数据集中的三种项目规模（如30，60，120）进行实验。

在控制预算有限条件下，项目经理应采取更有效的控制决策来更好地实现项目完工目标。为了比较不同缓冲控制组合策略的结果，从控制过程有效性和完工结果优秀性两个方面提出了4个绩效评价指标。其中，控制过程绩效指标包括控制的时间效率、控制的成本效率和赶工有效性，控制结果绩效指标为项目按时完工比例。4个指标的具体含义如下。

第一，控制的时间效率（Time Efficiency of Project Control，TEPC）。即采取控制行为而产生的项目实际工期的减少量与总赶工时间的比值。其中，总赶工时间是指项目从开始到完成的所有任务赶工时间总和。这是从时间视角评价控制决策的有效性。

第二，控制的成本效率（Cost Efficiency of Project Control，CEPC）。即采取控制行为而产生的项目实际工期的减少量与总赶工成本的比值。这是从成本视角评价控制决策的有效性。

第三，赶工有效性（Crashing Effectiveness，CE）。即采取控制行为后项目延误的减少量与无控制行动时项目延误工期的比值。这反映的是控制行为对项目延误风险的改进程度。赶工有效性越高，表明控

---

① Song Jie, et al., "The Impact of a Limited Budget on the Corrective Actions Taking Process", *European Journal of Operational Research*, Vol. 286, No. 2, 2020, pp. 1070-1086.

制决策在降低项目进度风险上越有效。

第四，项目按时完工比例（Timely Project Completion Probability, TPCP）。即模拟完工期不超出计划完工期的比例，为模拟完工期超出计划完工期的次数与总模拟次数的比值。项目完工保证率越高，表明控制决策产生的结果越好。

二 实验结果分析

（一）四种策略的比较

四种响应策略在 Patterson 数据集 110 个项目实例下的实验统计结果用盒子图显示，如图 7-5 所示。首先，CS1 策略在三个控制过程指标上（如 TEPC 为 8.9%，CEPC 为 0.48%，CE 为 1.14%）都优于其他三个策略，在完工结果指标上稍优于其他三个策略。这表示考虑相关性进行缓冲监控阈值设置和控制预算分配的联合决策带来了更有效的控制过程和更佳的控制结果。这个结果符合实际项目执行情况，即为高风险任务设置更高的监控阈值后仍然触发了预警信号，那么为其分配更多的控制预算进行赶工是非常必要且有效的。其次，CS3 策略

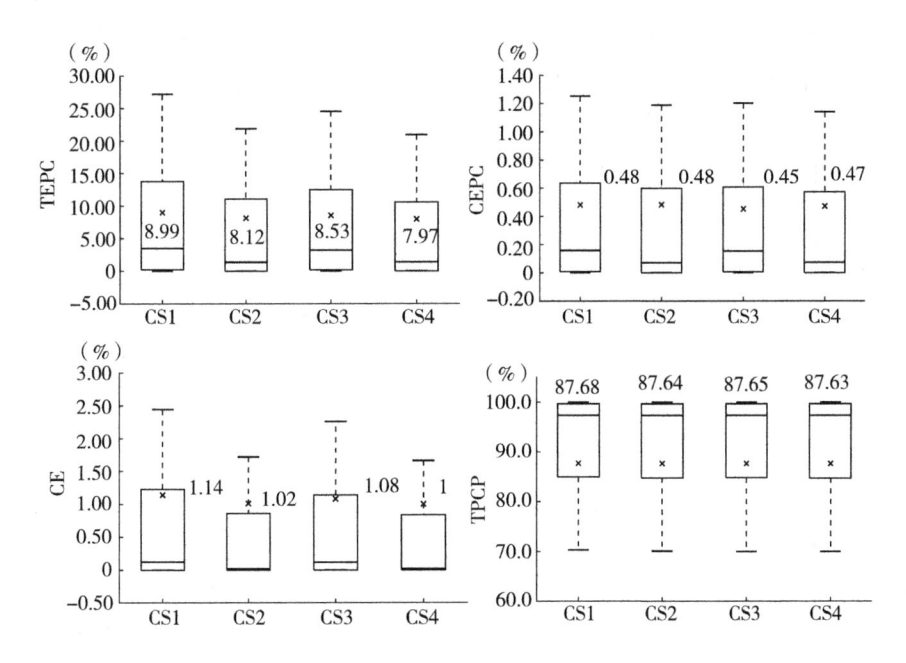

图 7-5 四种控制策略的实验结果

的控制过程绩效优于 CS4 策略，完工结果绩效稍优于 CS4 策略。虽然在 CEPC 指标上 CS3 策略的均值略低于 CS4，但 CS3 策略 CEPC 指标绩效的最大值和中位数都优于 CS4。这反映了在线性设置缓冲监控阈值下，考虑相关性的预算分配方式的控制过程绩效优于一般预算分配方式，完工结果绩效稍优于一般分配方式。最后，CS2 策略的 4 个指标稍优于 CS4。这表明在对有限预算采取一般分配方式下，考虑相关性的缓冲监控阈值设置方法的绩效稍优于线性设置方法。

（二）链相关比例的影响

不同链相关比例条件下四种响应策略的绩效结果如图 7-6 所示。随着链相关比例（Chain Proportion of Dependence，CPD）的增大，四种响应策略的三个控制过程指标绩效不断增加，而项目完工绩效不断减少。这表明当更多的任务受风险因素影响而相关时，采取缓冲控制决策产生了更好的控制过程绩效。在完工绩效上，本书第三章的结论是在不采取控制决策时更高的链相关比例会导致项目完工期均值和标准差的增大，采取控制决策（总控制预算固定下）的项目按时完工比例会随着 CPD 的增大而降低。因此，链相关比例对项目结果产生显著影响，具体表现为对控制过程绩效产生正面影响，对项目完工绩效产生负面影响。

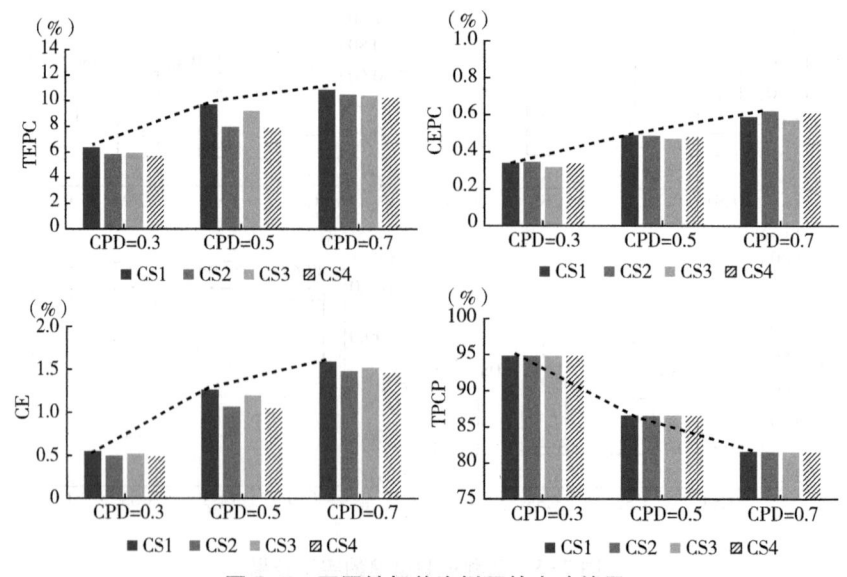

图 7-6 不同链相关比例下的实验结果

（三）相关性参数的影响

不同相关性参数影响下四种控制策略的绩效结果如图 7-7 所示，其中设置 CPD 固定为 0.5。随着相关性参数增加，四种控制策略的控制过程绩效不断增大。相关性参数变大意味着受风险因素作用下的任务工期标准差增加，那么更有可能超过监控阈值从而触发赶工行动，更多赶工行动会减少项目延误，提升控制决策的有效性。其中，当相关性参数较大时，CS1 策略在控制过程绩效上的优势更为明显。这也证明了当风险因素作用任务工期产生显著的相关性时，所提的缓冲控制方法（监控阈值设置和控制预算分配的联合决策）更为有效。此外，随着相关性参数增加，四种控制策略的项目完工结果绩效不断减少。并且四种控制策略的项目按时完工比例几乎一致。这表明采取控制决策是有效的，但总控制预算有限下基于不同决策方式采取的赶工行动，在最终项目完工绩效（项目按时完工比例）上无明显差异。最后，相关性参数设置为 0 时，代表风险因素对任务工期没有影响，四种控制策略的缓冲监控阈值设置和预算分配方式相同，都为线性设置法和一般分配方式，因而四种控制策略在四个绩效指标上是一致的。

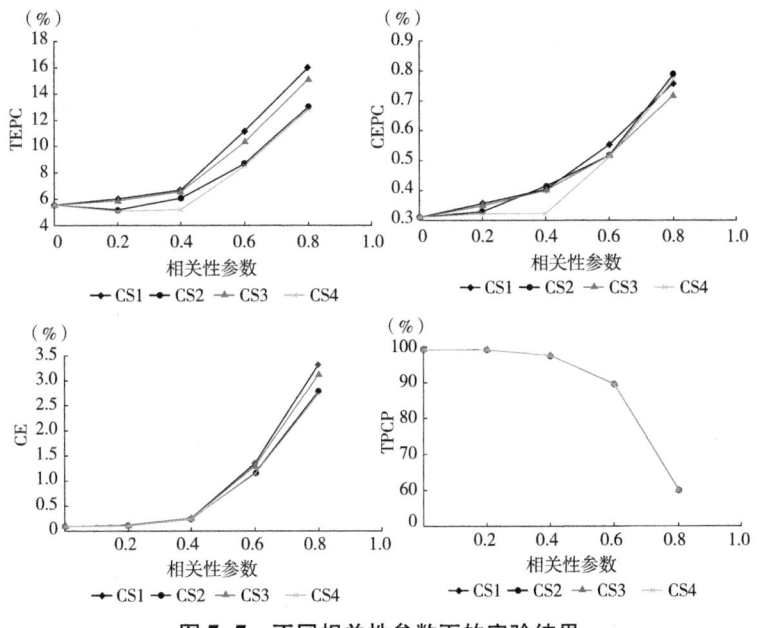

图 7-7 不同相关性参数下的实验结果

（四）赶工程度的影响

三种赶工程度下四种控制策略的绩效结果如图7-8所示。其中，风险因素作用下的相关性设置为中等水平，即链相关比例设为0.5，相关性参数设为0.6。结果显示，随着赶工程度的加剧，即任务工期缩减水平的提高，四种控制策略的绩效都变差。这表明在因素驱动相关性作用下，缓冲控制决策更适合采取较低的赶工程度。因为在总控制预算有限下，低赶工程度只需要较少的赶工成本，这样少量且频繁的赶工行为更有利于修复项目延误。但是，这种频繁的纠正行为并不会使项目按时完工比例有明显改进。这是因为虽然项目预计完工期减少，项目延误程度降低，但此时项目仍然属于无法按期完工的情况。因此，赶工程度对控制过程绩效产生显著影响，而对项目完工绩效（项目按时完工比例）影响较小。

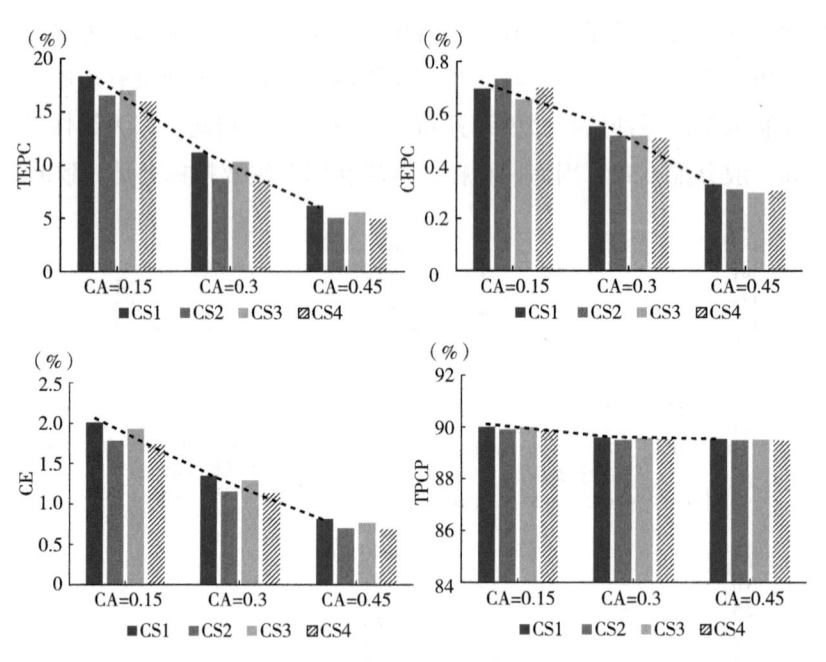

图7-8 不同赶工程度下的实验结果

（五）项目规模的影响

本节选用Patterson数据集以及PSPLIB数据集中的项目例子，从而在更大范围内测试相关性对缓冲控制决策的影响。Patterson数据集的 110 个项目被分为三种项目规模水平：较小规模（项目任务数≤22）、中等规模（27≤项目任务数≤35）、较大规模（项目任务数=51）。PSPLIB 数据集选择三种规模大小的项目：任务数为 30（480 个项目）、任务数为 60（480 个项目）、任务数为 120（600 个项目）。两个数据集中不同项目规模下 CS1 策略和 CS4 策略的绩效结果分别如表 7-3 和表 7-4 所示。其中，链相关比例设为 0.5，相关性参数设为 0.6。

如表 7-3 所示，CS1 策略的 4 个指标上的绩效随项目规模变大而增加，这表明 CS1 策略在较大的项目规模中更为有效。另外，在比较 CS1 策略和 CS4 策略的绩效差异中，通过计算 CS1 策略的改进程度指标 ΔD，其中 $\Delta D = (\text{Performance}_{CS1} - \text{Performance}_{CS4})/\text{Performance}_{CS4}$，结果发现 CS1 策略相对于 CS4 的优势随着项目规模变大而越发明显。表 7-4 的结果进一步表明，CS1 策略在更大项目规模下的绩效优势更显著。因此，将考虑相关性的缓冲控制方法应用到大型项目中，不仅能减少风险因素分析和评价中的计算工作量，还能取得更优的控制过程结果和项目完工结果。

表 7-3　不同项目规模下的实验结果（Patterson 数据集）

绩效指标	较小规模（项目任务数≤22）			中等规模（27≤项目任务数≤35）			较大规模（项目任务数=51）		
	CS1	CS4	ΔD	CS1	CS4	ΔD	CS1	CS4	ΔD
TEPC（%）	10.10	8.70	**16.40**	10.20	8.00	**27.50**	21.20	17.70	**19.80**
CEPC（%）	0.50	0.50	—	0.50	0.49	**2.04**	1.06	1.00	**6.00**
CE（%）	1.07	1.04	2.89	1.58	1.27	**24.41**	1.83	1.10	**66.36**
TPCP（%）	89.50	89.50	—	89.18	89.04	**0.16**	91.85	91.60	**0.27**

表 7-4　不同项目规模下的实验结果（PSPLIB 数据集）

绩效指标	30 个任务（480 个项目）			60 个任务（480 个项目）			120 个任务（600 个项目）		
	CS1	CS4	ΔD	CS1	CS4	ΔD	CS1	CS4	ΔD
TEPC（%）	13.30	12.80	**3.60**	15.60	14.90	**4.70**	12.30	11.60	**6.00**

续表

绩效指标	30 个任务（480 个项目）			60 个任务（480 个项目）			120 个任务（600 个项目）		
	CS1	CS4	ΔD	CS1	CS4	ΔD	CS1	CS4	ΔD
CEPC（%）	0.60	0.60	—	0.70	0.70	—	0.60	0.57	**5.26**
CE（%）	1.69	1.63	**3.68**	1.72	1.65	**4.24**	0.33	0.31	**6.45**
TPCP（%）	92.36	92.35	—	93.94	93.92	—	98.92	98.91	—

第六节 本章小结

在项目执行阶段遭受扰动冲击后，项目决策者需根据预警信号采取有效的进度风险响应策略，从而快速恢复项目进度，最终实现项目目标。动态缓冲管理方法制订了具有鲁棒性的项目进度风险应对计划，建立了动态的缓冲监控机制，是不确定性环境下管理项目进度风险的有效手段。然而，此方法在预警信号发出后的控制决策上没有考虑控制预算的有限性和分配方式，实际应用时存在局限性。在因素驱动型相关性影响下，任务受风险因素影响的程度不同，面临的进度风险存在差异。基于此，本章提出考虑任务相关性的项目进度风险响应方法，包括关键链计划中的相关性建模、考虑相关性的缓冲阈值设置、控制预算分配方式及赶工决策。然后，提出了项目进度风险响应的整体框架和四种响应策略。此外，通过大规模仿真实验比较四种策略的绩效。结果发现，考虑相关性的响应策略具有更优的控制过程绩效和完工结果绩效。链的相关比例和相关性参数对控制过程绩效产生正面影响，而对完工结果绩效产生负面影响。这种考虑相关性的响应策略在较大规模项目中获得了更佳的项目结果，其响应策略的有效性更为显著。

第八章

项目进度风险应对中的组织学习策略

所有项目进度风险应对策略的有效实施都离不开项目组织。韧性理论认为在扰动发生后不仅要在短期内恢复项目系统功能,还要求项目组织进行学习和转型,从而具备更好应对未来类似威胁的能力。组织学习是组织为了适应环境变化而不断积累知识、开发新技能。它从过去的表现中吸取经验,并重构自己以进行适应,从而有效增强对未来逆境的主动预测和准备。

第一节　项目组织学习概述

一　组织学习的含义与类型

（一）含义

组织学习是将从历史中得出的推断编码为指导行为的惯例的过程。在此过程中,个人在组织内创造、保留和转移知识,个人、群体、组织和跨组织层面内开展多种类的互动和分析。组织学习将学习成果植根于组织的结构、系统和文化之中。例如,培养具有创造性、自发性、同步性和实验性的组织文化。

组织可以通过支持知识的自由共享、创造共同的身份、降低获取知识的成本等方式促进学习,克服障碍。在一个学习社区中,组织成员具有相同身份，共享相同的实践对象，通过共同协商和反思，来追求持续改进的集体目标。这样，组织学习将各利益相关方联系起来，将不同来源获取的知识在整个组织内共享，从而创造新的潜在价值，如新的目标、政策、制度或其他新的个人或组织做法等。这种新价值可以有意或无意、即时或延迟地提升利益相关者的地位，加强组织凝聚力。

（二）类型

组织学习分为两种类型：路径突破式的探索性学习（Exploratory Learning）和路径依赖式的利用性学习（Exploitative Learning）。[1]

1. 路径突破式的探索性学习

它需要搜索、发现和实验，从而促进突破式创新所需的变化和新颖性。它是对新资源的探索和尝试，目的是获得新的知识、技能和技术。探索性学习的回报周期较长，并且是不确定性的。

2. 路径依赖式的利用性学习

它通过捕获细化、改进效率，从而减少差异并实现渐进式创新。它是对现有技能和经验的学习，目的是有效管理组织的现有资源和能力。在资源有限的情况下，路径依赖式利用性学习可以利用已知的流程和经验迅速获得回报，而这种回报是累积性的。鉴于利用性学习的成本和回报周期，组织可能更倾向利用性学习方式，从而增加组织获得知识的深度。

二 项目组织学习的主要内容

项目组织学习是将组织学习理论应用到项目领域中，即进一步探究项目中知识的创造和获取，以及随后将这种知识转移到"更广泛的"组织和其他项目中。鉴于项目间知识"可转移性"的特质，项目组织学习中存在一种"学习悖论"。一方面，项目具有临时性和流动性，因而适合激发和产生知识；另一方面，项目是一次性和不可持续性的，这会限制产生的知识被吸收到其他项目中。在这种情况下，项目组织中的各个成员成为知识转移的载体，项目实践中所产生的各

---

[1] March James,"Exploration and Exploitation in Organizational Learning", *Organization Science*, Vol. 2, No. 1, 1991, pp. 71–87.

种知识正是通过他们被吸纳到不同的项目中的。[1]

项目成员之间的知识和资源的学习与交流,可以使项目获得有利的绩效结果和协同效应。例如,Blazevic 和 Lievens[2] 指出项目学习能提高整个组织的知识使用效率,并认为项目学习对项目绩效具有杠杆效应。Akgün 等[3]运用群体和组织学习的社会认知理论,发现新产品开发项目中的组织学习对新产品项目的成功有积极影响。

项目组织正是通过探索性和利用性学习,共享、结合并利用知识,其核心知识主要涉及市场条件、产品与技术、项目管理等内容。而不同学习方式的侧重点也存在差异。

项目组织开展探索性学习内容包括:①获取超越当前市场和技术经验的新信息;②增加团队成员间的创造性思维和分享,提高项目团队可用知识的广度和深度;③寻找引导企业进入新市场和技术领域的知识,从而创造出更具创新性的产品并探索新出现的客户需求;④在项目实施中进行更多的实验,以便组织在高市场风险背景下具有更大的灵活性。[4]

项目组织开展利用性学习内容包括:①强调使用与现有项目经验相关的知识,即将现有知识与以往经验中获得的教训相结合,以减少项目成员在解决问题中的失误;②为实施项目寻找普遍行之有效的方法和解决方案;③在与企业以往经验相关、定义明确且范围有限的产品解决方案背景下搜索信息,以确保项目生产率;④保持对公司当前项目和市场经验的不断更新;⑤改进项目常用的方法和思维。

---

[1] Bakker M. Rene, et al., "Managing the Project Learning Paradox: A Set-theoretic Approach Toward Project Knowledge Transfer", *International Journal of Project Management*, Vol. 29, No. 5, 2011, pp. 494–503.

[2] Blazevic Vera and Lievens Annouk, "Learning During the New Financial Service Innovation Process: Antecedents and Performance effects", *Journal of Business and Research*, Vol. 57, No. 4, 2004, pp. 374–391.

[3] Akgün Ali, et al., "Learning Process in New Product Development Teams and Effects on Product Success: A Socio-cognitive Perspective", *Industrial Marketing Management*, Vol. 35, No. 2, 2006, pp. 210–224.

[4] Li Yong-Hui and Huang Yong-Hui, "Exploitative and Exploratory Learning in Transactive Memory Systems and Project Performance", *Information and Management*, Vol. 50, No. 6, 2013, pp. 304–313.

第二节　项目组织学习对韧性的驱动价值

随着项目的外部环境不断变化，项目实施面临较高风险，项目组织越发意识到韧性对其生存和发展的重要性。韧性代表一个组织系统通过适当调整其行动、系统和流程，有效预测和管理风险的能力，确保其核心职能在扰动后以及与动态环境的互动关系中得以履行。具有韧性能力的项目组织可以在不确定或不利的环境下发展壮大并持续保持竞争力。组织韧性理论强调，组织需要从过去的事件中学习，它代表了一种面向未来环境变化的战略姿态。组织学习通过揭示系统中的不足并汲取成功恢复的经验，不仅实现了项目组织程序的修改、行动范围的扩大、新关系的培养以及信心的增强，还提高了项目组织对未来危机的主动预测和准备。[1][2] 此外，韧性理论不仅要求遇到重大危机时生存下来，更强调重新发展。而组织学习中的利用性学习和探索性学习可以使组织进行一阶渐进式和二阶转型式变革，从而在根本上改变组织的核心属性。[3] 这种组织重塑，使具有韧性的组织能以更具战略性、更深入、更持久的方式应对各种危机，并产生创新以实现战略更新和绩效提升。因此，项目组织学习对韧性具有重要且有益的驱动价值。

在韧性管理阶段方面，针对扰动发生的前、中、后划分为的三个阶段，即计划和准备阶段、承受和吸收阶段、响应和恢复阶段，这三个阶段都存在学习活动。但由于学习与适应有关，第三个阶段的学习尤为重要。通过提高组织学习的效率，可以驱动项目韧性的建立和提

---

[1] Mithani Murad, "Adaptation in the Face of the New Normal", *Academy of Management Perspectives*, Vol. 34, No. 4, 2020, pp. 508-530.

[2] Behrens Doris, et al., "Why Resilience in Health Care Systems is more than Coping with Disasters: Implications for Health Care Policy", *Schmalenbach Journal of Business Research*, Vol. 74, 2022, pp. 465-495.

[3] Battisti Martina, et al., "Surviving or Thriving: The Role of Learning for the Resilient Performance of Small Firms", *Journal of Business Research*, Vol. 100, 2019, pp. 38-50.

升。驱动韧性的项目组织学习的关键要素包括：①对基于经验的学习的适当管理。②系统的学习方法。③组织的遗忘能力。④促进组织学习环境的形成。具体来说，一是经验式学习是组织如何获得和扩展知识以提高其能力的核心。二是有效的组织学习依赖一个系统来确保其连续性，以实现跨组织层次的知识转移及允许正式和非正式实践的组织过程。三是组织学习中适当的遗忘是必要的，以促进新的学习和采纳新的知识，从而确保进一步提升韧性。四是有效的学习需要一个支持性的环境，例如，不是完全控制和按部就班，而是以创新方式来解决开放式问题的积极环境。[1]

在韧性工程组织活动方面，项目组织建立韧性需重复四种活动以形成一个循环，包括预测、监控、响应和学习。这四种活动同等重要，而学习对其他三种活动产生影响。

第一，学习与响应的关系。如果以学习为出发点，那么可以说项目响应的价值取决于其学习能力。而面对变化和干扰，项目组织必须学习新的响应方法，并且，项目组织只能通过观察和评估响应的效率进一步学习。

第二，学习与监控的关系。从项目实践中学习，才能建立合适的监控指标体系。而通过实时观测监控所发出的各种预警信息，有助于提高学习的效率。

第三，学习与预测的关系。学习通过在组织内和组织间创造、保留和转移知识，有助于建立一个符合现实的预测模型，以及更好地理解未来可能发生的事情。

第三节　项目组织学习的基本过程

在促进组织学习的关键环境中，项目是知识形成和学习并产生创

---

[1] Evenseth L., et al., "Building Organizational Resilience Through Organizational Learning: A Systematic Review", *Frontiers in Communication*, 2022, No. 7, p. 837386.

新的重要平台。项目组织学习是在组织层面改变信念、态度或技能的学习过程，是项目团队实现战略目标的关键驱动因素。项目组织学习机制要求将业务和技术活动（如使用特定的建筑技术）、日常运作的功能活动（如采购）、项目管理活动（如调度）、战略活动（如支持战略规划）中获得的独特、相互影响和共同发展的各类知识结合起来。因此，项目执行的过程本身就是一个组织学习的过程，组织通过项目计划、定时互动和频繁沟通不断促进学习。

项目组织学习包括两个部分：项目内组织学习和项目间组织学习。项目内和项目间的组织学习是单个项目团队在更广泛的战略背景（如项目组织结构）下开展的集体过程。它涉及单个项目内部和之间的知识获取，以及新知识的创造、捕获和编码。[①] 因此，项目组织学习过程就是基于经验的知识获取、知识创造、知识捕获和编码，如表8-1所示。

表8-1　　　　　　　项目组织学习的一般过程

组织学习过程	详细内容	学习方式与工具
基于经验的知识获取	以经验为基础的学习，如从边干边学和边学边用中获得的知识，从而改变项目管理决策基础的行为方式	内部/外部会议和研讨 人与人之间的交流 非正式组织例行活动 向供应商或客户学习
知识创造	从一个或多个来源中提取、构建和组织知识的过程，如通过模仿、复制、感知和调整现有的常规做法，为未来的决策提供真知灼见	实践社区 头脑风暴会议 正式项目审查 客户/供应商反馈
知识捕获和编码	通过在项目期间或结束时引入编纂手册和程序来审议和创建一致表征的认知过程，在此过程中创建外部化的知识，以便组织其他部门（正在进行或未来要进行的项目团队）进一步获取和使用	经验教训数据库 会议记录 流程图 项目管理系统/工具

---

① De Tono Alberto and Pessot Elena, "Investigating Organizational Learning to Master Project Complexity: An Embedded Case Study", *Journal of Business Research*, Vol. 129, 2021, pp. 541-554.

第一，项目组织努力从他们自己的经验和其他来源中识别出对组织有用的各类知识，包括静态的显性知识和动态的经验性知识。这有助于发展组织交付复杂项目的能力，更好地实现更广的战略和运营目标，甚至开辟新的业务渠道。

第二，项目组织要对新创造的知识应进行编码，以便在更长的时间内向整个组织适当转移、传播和利用。

第三，项目组织选择新创造的知识保留到知识库中，并利用所创造的知识产生新的价值。即将其转化为经过调整的组织常规和新的经验教训，并嵌入未来的项目。

项目组织学习过程需要利用各种相关的工具和机制，以便利用在项目执行过程中形成的知识，并将其在整个项目组织中进行适当的传播。除利用现有知识指导行动外，项目组织还通过在社会建构的背景下开展具体工作，获得对新型项目的理解。比如，通过社会协调机制将基于经验的学习与现有知识的利用结合起来，使项目组织能够创造新的知识，从而在决策过程中形成感性认识并避免不安全感。通过学习工具和机制（如项目审计和经验教训数据库）对知识进行编纂和共享，可为未来项目中出现的不同问题提供见解和参考，从而提高组织韧性。[1]

第四节　项目扰动冲击下的组织学习策略

一　项目复杂性对组织学习的影响

项目环境中的组织学习面临着巨大挑战。一方面，项目的独特性、一次性和受限性以及项目团队之间的分散实践会阻碍新知识的编纂和向后续项目及整个组织的转移；另一方面，项目的多样性和不确定性会阻碍项目团队识别相关知识并正确获取知识的能力，从而限制

---

[1] Floricel Serghei, et al., "Complexity, Uncertainty-reduction Strategies, and Project Performance", *International Journal of Project Management*, Vol. 34, Vol. 7, 2016, pp. 1360-1383.

项目组织层面的协调，无法将多个团队的经验转化为可共享的经验。只要创造的知识在项目团队中是特殊的，那么项目分散化管理和日常学习机会减少的趋势就不可避免[1]。

组织结构的分散化和复杂化对知识绩效具有积极而重要的影响。当组织结构被分解为具有专门职能的不同单位，并在单位间进行不同程度的协调时，知识型组织既能保持稳定，又能应对各种变化情况。项目复杂程度的提高，需要探索新的知识和专业领域，可以增加组织持续学习的机会。为了应对项目复杂性，通过感知经验而形成的知识和机理成为横跨整个项目生命周期的核心部分。

复杂项目要求执行标准化项目流程和计划时间表，以应对可预测的和已知的风险，同时在条件发生变化时灵活调整计划和修改流程。项目复杂性有多个维度：多样性、相互依赖性、动态性和不确定性，不同维度对项目组织学习产生不同的影响。

第一，多样性的影响。项目多样性意味着产品或团队规模大、利益相关者的数量和种类多，这会导致项目组织要将基于经验学习获得的不同来源的知识和感性认知结构化，以便在整个项目生命周期的决策过程中提供真知灼见。项目组织也要克服各种不同约束条件，通过整合现有知识和新的洞见，并在创造全新内容和改进现有惯例之间进行平衡，组织交付复杂项目的能力得到提升。为了应对项目多样性，知识社区应运而生。在社区中，分散的项目团队通过紧密合作分享基于经验的知识并嵌入共同的组织环境，员工也通过培训提升了自身能力并获得了更好的职业发展。

第二，相互依赖性的影响。项目相互依赖性是指组织产品子系统间和项目利益相关者间存在大量交互和协同，以及与其他项目在技术和业务上存在高度关联。为此，项目组织会建立一些机制来创造新知识、利用已有知识，以及通过捕捉和编码共享知识。在超出任务执行所需的正常互动之外，更频繁的互动可以培养和建立其信任机制，如

---

[1] Bjorvatn Torbjorn and Wald Andreas, "Project Complexity and Team-level Absorptive Capacity as Drivers of Project Management Performance", *International Journal of Project Management*, Vol. 36, No. 6, 2018, pp. 876-888.

进行现场培训、支持其他利益相关者等。通过经验获得的知识也主要来自信任机制。组织间的互动可以促进组织学习并建立其共同的知识库,如正式的程序、工具和界面,从而提高了单个项目团队以及所有项目团队的整体绩效。

第三,动态性的影响。在高度动态和明确的截止日期情况下,项目组织可能会推迟系统化进程。这是因为系统化进程往往成本高且复杂性大,无法在共同的知识库中得到适当的存储。项目组织更多采取从实际工作中获取知识的方法,解决具体业务问题,加快项目交付速度。例如,采取集中会议形式来保障信息流动性,从而以灵活决策来应对项目动态变化。此外,高层管理者还要建立各种标准工作流程,并在社会协调机制的支持下在全部组织中推广并采用。

第四,不确定性的影响。高不确定性增加项目计划与控制的难度,项目组织要建立起利用现有经验进行决策的机制。为应对不同的不确定性环境,一方面,项目组织探究各种可能性的空间和备用方法,建立起非正式程序机制,例如,通过面对面的磋商来分享项目管理中的变化和可能出现的问题;另一方面,项目组织要克服文化隔阂,包括不同职能部门间的隔阂、项目各阶段间的隔阂以及不同利益相关者间的隔阂,从而避免或减少知识不对称和信息交流障碍。

二 项目扰动冲击下的组织学习

危机和灾难被认作组织学习的强大催化剂。虽然组织日常活动中都存在学习过程,但是各种突发和意外事件的发生,使组织失去了确定性,并促使组织重新评估自身的能力和局限性。[1] 组织对风险的响应一般在特定刺激后自动做出,然而重大突发事件会打破刺激与反应之间的联系,暴露出组织的脆弱性和当前应对能力的不足,否定现有的启发式方法和经验法,迫使组织对其进行批判性的

---

[1] Christianson Marlys, et al., "Learning through Rare Events: Significant Interruptions at the Baltimore and Ohio Railroad Museum", *Organization Science*, Vol. 20, No. 5, 2009, pp. 846-860.

重新思考和重组。① 当然，突发扰动也存在积极的作用，即有利于组织发现并纠正错误，认识到以前所忽视的事件之间的相互关系。

组织学习的结果是加强现有能力或发展新的能力。经历扰动后，项目组织根据学习目标的差异可开展两种类型的学习：基于扰动学习和超越扰动学习，两类学习的差异如表 8-2 所示②。

表 8-2　　　　　基于扰动学习和超越扰动学习的对比

学习类型	具体含义	学习结果	发生机制	时间取向	持续性
基于扰动学习	评估当前的扰动应对措施，开发新惯例	为未来类似威胁做更好的准备	认知过程	面向过去	中期（比对灾难的直接反应所需时间长）
超越扰动学习	在扰动发生后重新定义组织核心价值和身份	新的组织愿景和更好应对动态环境	认知过程和情感过程	面向未来	长期

（一）基于扰动学习策略

基于扰动学习是指组织在直接或间接经历危机、灾难、事故等产生负面影响的扰动事件之后，评估当前的应对措施并开发新的程序。学习的结果是促使组织为未来类似威胁做更好的准备，提升扰动应对能力，以减少经历未来中断的负面后果。③

基于扰动学习的发生机制是一个认知过程。即组织批判性地讨论和反思现有反应的不足和理解的偏差，如果类似的情况再次发生，哪些方面可以改进。在这一过程中，组织成员的认知努力被重新定向，

---

① Barnett Carole and Pratt Michael, "From Threat-rigidity to Flexibility-Toward a Learning Model of Autogenic Crisis in Organizations", *Journal of Organizational Change Management*, Vol. 13, No. 1, 2000, pp. 74-88.

② Nava Lucrezia, "Rise from Ashes: A Dynamic Framework of Organizational Learning and Resilience in Disaster Response", *Business and Society Review*, Vol. 127, No. 1, 2022, pp. 299-318.

③ Smith Denis and Elliott Dominic, "Exploring the Barriers to Learning from Crisis: Organizational Learning and Crisis", *Management Learning*, Vol. 38, No. 5, 2007, pp. 519-538.

以解释来自模糊和不确定性环境的线索，并以合理的解释找到持续行动的指南。① 基于扰动学习的认知来源既可以是面对扰动产生重大后果的直接经验，也可以是类似组织的替代经验，例如扰动过程相似的项目组织。

基于扰动学习的时间取向是面向过去，即组织通过对历史事件的反思提升自身的能力和改进当前惯例。其学习持续时间比对灾难的直接反应所需要的时间更长，其持久性取决于认知过程的质量和深度，以及对上述组织惯例的评估。

（二）超越扰动学习策略

超越扰动学习是指组织在扰动发生后深刻地重新定义其核心价值和身份，建立超越应对类似威胁的新的能力。当这种学习发生时，组织能够以一种比破坏前更彻底、更符合环境的方式重新组织起来，并能更好地探索新机遇。② 与基于扰动学习不同，此类型学习的结果不仅仅是加强现有的能力，而是在一个新的领域发展能力，从而得到一个更新的组织愿景和更大的应对动态环境中各种机会和威胁的能力。

超越扰动学习的发生机制是认知过程和情感过程相结合。与基于扰动学习不同，它不仅涉及认知过程（分析和调整组织常规以应对逆境），还在更深层次发生变化，产生情感驱动过程。一方面，正确管理扰动后影响组织成员的负面情绪，可以实现价值观和身份的调整，使组织与扰动后新获得的世界观更加兼容；另一方面，当组织成员分享和讨论灾难引发的负面情绪以及寻找相关的意义时，他们会内部讨论该组织在扰动后的使命，进而调整组织的价值观，以对新兴的社会需求更加敏感和更具响应性。因此，此学习过程使项目组织对环境和社会的需求发展出更高的敏感性，并提高其识别和探索环境威胁和机会的能力。③

---

① Maitlis Sally and Christianson Marlys, "Sensemaking in Organizations: Taking Stock and Moving Forward", *Academy of Management Annals*, Vol. 8, No. 1, 2014, pp. 57-125.

② Alexander Benjamin Nathan Baki, et al., "Organizational Posttraumatic Growth: Thriving after Adversity", *The Journal of Applied Behavioral Science*, Vol. 57, No. 1, 2020, pp. 30-56.

③ Rerup Claus, "Attentional Triangulation: Learning from Unexpected Rare Crises", *Organization Science*, Vol. 20, No. 5, 2009, pp. 876-893.

超越扰动学习的时间取向是面向未来，即组织通过改变自身的价值观、使命和身份，更好适应未来的动态环境。超越扰动学习是长期进行的，其学习持续时间比扰动后的恢复时间更长。

综上，根据不同学习类型的结果、机制和时间，构建扰动冲击下项目组织学习的影响过程，如图8-1所示。该过程以危机、灾难、事故等各类扰动为起点，揭示扰动后不同学习策略的学习过程以及如何对韧性产生正向影响。

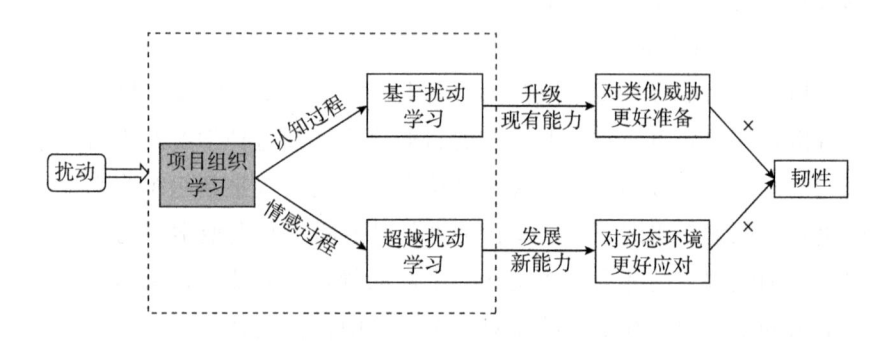

图8-1 扰动冲击下的项目组织学习影响过程

第五节 基于数字技术的项目组织学习及风险应对框架

一 数字技术驱动下的组织学习

5G、云计算、大数据、人工智能和量子计算等新一代数字技术，作为数字产业化和产业数字化的基础设施，将给产业升级带来更大的空间，是国家正大力加快实施的新基建的主要对象。新一代数字技术的应用通过为个人和组织提供无处不在的通信、传感和计算能力，正

第八章　项目进度风险应对中的组织学习策略

在模糊物理世界和数字世界之间的界限。[①] 数字技术，通过其分层的模块化架构，已经展示了其独特的能力，可以多种形式进行重组，并推动形成新的产品服务、新的生产体系和新的商业模式。

基于项目的组织在工作环境和管理实践的数字化转变中，不可避免地会影响组织学习过程。项目成员不仅可以嵌入传统的项目组织环境，而且可以很容易地连接外部资源网络，并以数字形式交换信息。在所有智能设备和互联网连接的情况下，几乎都可以普遍存在和个性化地访问多媒体内容。因此，由于数字产品或服务的功能支持，组织学习过程也在发生变化。组织学习过程的变化体现在与项目情景相关的具体学习行为模式上。一是对日常活动的反思，它是指员工巩固他们的知识，评估朝着目标取得的进展，确定需要改进或重新设计的工作程序，甚至修改现有的绩效水平的过程。二是知识共享，即员工讨论和接受关于他们工作的非正式反馈，并与同事交换想法，或获得社会支持和建议。三是创新行为，它发生于员工在工作中实验和适应新技术的过程中，并最终决定分享和推广至其他成员，以形成组织创新。

根据上述学习过程的分析，项目组织使用数字技术进一步增强学习绩效：加强组织认同；鼓励组织加强创新和创造力；在成员间、组织间建立意想不到的、有益的联系，并获得他们的知识和想法；促进成员分享良好的学习实践和工具方法；建立和维持学习社区，建立并扩大与外部的联系渠道；发展和获取组织记忆；让员工、客户和其他利益相关者了解企业发展；确定内部专业知识来源等。[②]

数字技术推动组织学习变革主要体现在三个方面。

第一，数字技术丰富学习资源。数字技术为项目组织学习提供了丰富的数字资源。数字资源是数字技术及应用的知识，以及其支持组

[①] Hanseth Ole and Lyytinen Kalle, "Design Theory for Dynamic Complexity in Information Infrastructures: The Case of Building Internet", *Journal of Information Technology*, Vol. 25, 2010, pp. 1–19.

[②] Serrat Olivier, "Building a Learning Organization", In: *Knowledge Solutions*, Singapore, Springer, 2017, p. 63.

织行动的相关经验和技能。数字资源在应对外部扰动方面发挥着不同的作用：在扰动前，数字技术将各种项目资源数字化并不断积累，以便扰动发生时提供多种应对方式，如采取数字孪生技术进行数字化的项目实践；在扰动中，数字资源提供灵活性，支持发展更可接受的数字化实践；在扰动后的恢复阶段，数字资源使新的数字选择可操作，以支持利用性学习和探索性学习的数字化工作。

第二，数字技术提供学习媒介和平台。数字技术通常成为学习的媒介和手段，从而促进新的技能和实践。将项目组织内容与外部都连接起来的数字平台和信息基础设施，可以为组织学习提供必要的数字产品和服务。这些数字化制品成为学习活动的媒介，并成为基于经验式学习的基础机制。在媒介连接的系统中，系统成员对通过正负反馈所形成的循环产生记忆能力，使学习结果的相关信息在网络中可以进行长期交换。此外，管理干预还可以通过触发和促进工作场所的非正式学习影响组织学习。这种由知识系统促进的非正式学习是组织适应、生存和成功的核心。由于战略执行能力与组织资源或信息技术资产的单项能力无关，而是与它们的组合所产生的新兴能力有关。因此，基于数字技术媒介而构造的学习系统通过促进项目沟通、监控和反馈，增强项目韧性。

第三，数字技术提供学习咨询和决策工具。数字技术中数据和算法的使用可以改善组织成员的学习活动和组织本身的发展潜力，作为咨询和决策工具来指导项目组织进行扰动后的转型和重构。项目组织正利用物联网设备和传感器、数据库和智能算法等数字技术进行各种实时分析和决策（如进度风险）。数字技术日益增强的分析能力使实体能够监测环境中的变化，并记录、存储和分析收集到的数据。数字技术的信息收集和分析能力越强，信息的特异性和专注性就越大。[①] 因此，项目可以更好地识别新的互动和策略，以应对突发的重大冲击。进而，

---

① Nambisan Satish, "Digital Entrepreneurship: Toward a Digital Technology Perspective of Entrepreneurship", *Entrepreneurship Theory and Practice*, Vol. 41, No. 6, pp. 1029-1055.

Boh 等[1]最新提出数字韧性的概念[2],即通过使用数字技术吸收重大冲击、适应干扰并向新的稳定状态转变而发展起来的能力。

二 数字技术驱动下项目进度风险应对框架

数字技术不仅推动项目组织学习发生深刻变化,而且对增强项目韧性有重要促进作用,进而为项目进度风险应对提出新要求。项目管理者可以借助数字技术的智能感知和数据分析能力,通过记录、存储、通信和分析收集到的项目和风险有关数据,监测项目环境和相关风险的变化。项目组织可以建立有效的风险预测系统,识别出绩效优秀的应对策略,从而提升项目应对扰动的韧性能力。基于此,提出数据驱动下的项目进度风险应对的理论框架,以指导项目进度风险应对实践。

(一)扰动前基于数据聚合的项目进度风险分析

在信息技术背景下项目建设的全过程中,产生了大量多源异构数据,从这些数据中全面抽取有价值的进度相关风险信息,并按照其影响与特征重要度进行分类和分析,是项目进度风险应对和有效管控的重要基础,能进一步加强扰动发生前的准备工作。一方面,根据项目在环境、结构、资源、关系等方面的特征信息,建立来自多元主体等多源数据信息的整合方法和融合模型,从任务层和组织层系统地识别进度风险来源、发生概率与后果,以及应对经验和手段;另一方面,考虑到数据的安全性与风险的关联价值,构造总承包商主导的项目进度风险数据集中管理模式,提出多元数据的开放分享方法和安全保障措施,满足各主体间风险信息实时交互需求,有利于数字环境下的项目组织学习。

在实施方案上,机器学习算法有利于最大限度地挖掘多源异构数据中的信息,进而识别和分析风险信息。首先,从任务延误报告等各种项目过程文件中收集大量非结构化数据,由于建设项目数据具有海

---

[1] Boh Waifong, et al., "Special Issue Introduction: Building Digital Resilience Against Major shocks", *MIS Quarterly*, Vol. 47, No. 1, 2023, pp. 343-360.

[2] Boh Waifong, et al., "Special Issue Introduction: Building Digital Resilience Against Major shocks", *MIS Quarterly*, Vol. 47, No. 1, 2023, pp. 343-360.

量多元且交叉异构的特征,在文本预处理的基础上建立卷积神经网络模型对其进行整理分析。其次,文本分类后需使用关联规则提取风险因素,提出改进 Apriori 算法设置任务延误特征字典并抽取风险因素,建立风险清单。再次,采取随机森林算法确定每个风险因素的结果与特征重要度,在排序基础上找出关键风险因素。最后,为有利于项目进度风险的协同管控,建立数据资源共享开放与反复调用的集中式管理机制,并采用基于生成对抗网络的数据脱敏方法,实现项目风险管理中数据开放的保密性和安全性。

(二)扰动中基于数据关联的项目进度风险研判与监控

在项目建设过程中,任务间的关系呈多属性、层次性、动态性和网络化等特征,不同的建设任务或组织间也相互联系与相互作用。在对风险信息分析的基础上,为提高监控的准确性和及时性,还需运用数字化手段挖掘风险数据的价值,分析风险因素对项目进度产生的影响,进而科学评估项目进度风险水平。不同风险因素的作用对象不同,可能是任务也可能是组织机构,构建模型将风险—组织—任务三个层面的信息关联集成,有利于全面反映项目状态和综合研判进度风险。此外,不同风险因素的作用效果也不同,风险影响下少数任务和组织的变动会在网络中引起一系列连锁反应,使项目可能出现整体延迟(所有层面上与其相关的任务均受影响而延迟)和部分延迟(某一层面上与其相关的任务受影响而延迟)两种情形,在基于组织学习结果建立预警评价指标和风险阈值的基础上,从时间维度对项目进度风险数据的变化进行更新,进而精准预测进度风险演化态势。

在实施方案上,根据风险事件通常不是孤立发生的,以及对影响任务延期的多风险因素利用事件聚类技术进行关联性分析,构建风险网络拓扑结构。首先,风险因素会同时或先后影响任务,受影响任务的工期倾向一起变化,且变坏可能性高于变好可能性,针对研制项目的复杂不确定性环境,拟使用多元统计学中的辅助因子法对任务工期相关性建模,分析风险影响任务进度的关联性。其次,任务进度风险在复杂的项目网络中会发生传导出现级联效应,通过多层异质网络的级联失效模型可量化节点传播能力与节点感染能力，设定故障阈值，从项目结构层面分析风险因素的影响。最后，基于制订具有鲁棒性的项目进度计划，在执行中根据已完工任务信息等过程数据，考虑风险关联性以及风险影响关联性，使用线性贝叶斯模型预测未开始任务的工期变量，从而最终动态评估项目进度风险水平与等级。

（三）扰动后基于数据决策的项目进度风险协同响应与控制

在风险分析和研判的基础上，综合实时风险数据信息以及项目进度风险研判结果，建立"感知—分析—决策—执行"的闭环控制机制，实现各主体共同应对项目建设过程中的各种不确定性，达到整体进度绩效最优。在控制决策的作用对象方面，在网络拓扑结构和资源流网络视角下，不同任务的变动对项目整体进度的影响存在差异，需要识别分析对项目进度目标灵敏度较高的关键任务集，并在风险发生后根据过程数据动态调整关键任务集。在控制决策的资源运作方面，于风险事件发生前对关键任务进行冗余配置是提高控制响应性和有效性的重要方式，任务冗余资源的分散式配置会增加各任务所属组织的成本负担，以及降低冗余资源使用效率，出现部分任务冗余过剩而其他任务冗余不足的问题，需要基于"风险共担"原理研究同层次任务冗余资源的集中配置方式；而在风险事件发生后需进一步根据过程数据和风险研判结果对预设的有限冗余资源进行分配方案优化设计。在控制决策的组织实施方面，需要从研制全流程与多层次视角明确组织联动关系，在此基础上综合关键任务集和冗余资源分配策略开展跨部门、跨层级、跨地区的信息沟通与协同行动，实现决策效率与效果最优。

在实施方案上，大量的风险实时信息以及对其影响的研判利于提升风险控制的精准性。首先，基于数据识别关键任务和配置冗余资源。一是基于数据识别关键任务，建立风险影响下任务组织管控能力对所执行任务时间的映射函数，通过仿真实验计算任务时间变动对项目完工期的灵敏度，识别高灵敏度活动为关键任务。二是基于数据为关键任务配置集中式冗余资源。从研制项目不确定分析中抽取网络结构特征、组织资源特征以及任务时间特征，使用全因素实验设计和蒙特卡罗模拟构造项目数据库，采用支持向量回归建立冗余资源配置模型，以挖掘项目特征与冗余资源配置位置与数量间的关系，优化项目网络鲁棒性。其次，根据风险发生及影响的实时数据重构项目数据库的风险环境，以质量鲁棒性（项目完工期）最优为目标，优化预设冗余的分配规则和动态调整策略。最后，在控制决策的组织实施协同方面，从研制项目全过程和任务多层次角度构造组织协同关系，从风险关联度和风险影响关联度方面优化组合实施方案，对比分析不同组合方案模拟结果，提出协同实施优化建议。

这种以"数据聚合—数据关联—数据决策"为主线的数据管理和以"风险分析—风险研判与监控—风险响应与控制"为主线的风险管控的双重协同管理过程，有助于进一步提升基建项目进度风险管理的韧性水平，实现进度管控的全局优化，以及项目组织学习经验的分享与组织适应性的重构。

第六节　本章小结

在各种扰动发生后，项目组织需立刻实施项目进度风险响应策略，从而在短期内恢复项目进度并实现按期完工。为更好地应对未来类似威胁，项目组织还要不断学习，即在项目内部和项目间进行基于经验的知识获取，以及创造、捕获和编码新知识，以便从过去的表现中吸取经验，并重构自己以进行适应。另外，项目的特性对学习也带来一些挑战。项目的临时性和流动性有利于激发和产生知识，但项目的一次性和不连续性会限制项目知识被吸收到其他项目。组织成员作为知识转移载体的功能进一步凸显，也在提升项目韧性中起到关键作用。基于此，本章探讨了项目进度风险应对中的项目组织学习策略。首先，分析了项目组织学习内容以及对项目韧性的驱动价值，发现了学习与韧性工程实施中的其他三种活动（预测、监控、响应）的互动关系；其次，明确了项目组织内部以及组织间开展学习的基本过程；再次，揭示了项目自身复杂性以及项目外部扰动对组织学习的影响机制，提出了项目组织经历扰动后的不同学习策略；最后，探讨了当前新一代数字技术的驱动价值，分析了数字技术推动组织学习变革的主要内容，提出了基于数字技术的项目进度风险应对框架。

第九章

研究总结与展望

第一节 研究总结

当前及未来很长时间内,中国各类新型基础设施项目和传统基础设施项目都需大力规划和建设。这些基建项目在实施不同阶段会受到众多不确定性因素干扰,面临较大的进度风险,按期交付存在极大挑战。在不确定性因素应对上,基建项目的大规模和一次性等特征,导致历史数据的参考价值大打折扣;基建项目的复杂特性致使其受不确定性因素的影响更为显著。即使制订了完备的项目进度风险应对计划,也无法有效应对项目建设中出现的各类突发事件和意外事件。在复杂不确定性环境下,重大基建项目进度风险的有效应对至关重要。

在分析不确定性因素上,现有项目进度风险管理方法以临时或正式的方式确定可能出现的各种情况,并根据风险事件的可能性、后果和资金的可用性,对基础设施项目制定保护措施。这是一种在应对不利事件时比较"刚性"的保护框架或者故障安全机制,在应对和控制风险上缺乏灵活性,难以从预防和保护计划之外的严重或灾难性事件中恢复过来。它未考虑恢复的时效性,缺乏对偶然不确定性(如突发事件)和认知不确定性(如未知事件)的深入分析,特别在解决高复杂性或高不确定性的问题方面效果不佳。

第九章 研究总结与展望

韧性管理是探讨一个系统在扰动发生之前、期间和之后如何运作的过程，在过程中增强计划与准备、吸收、恢复和适应不利事件的能力，强调帮助目标系统尽快、高效地恢复全部功能，注重目标系统的灵活性和适应性。在风险类型上，更关注"黑天鹅"事件。在风险响应与恢复上，更关注受扰动基础设施恢复全部功能所需的时间和所投入的资源。因此，为提升不确定性扰动下基建项目进度风险管理绩效，本书在韧性视域下提出了进度风险应对策略，并就不同阶段应对中的若干问题展开了详细研究。

第一，在扰动发生之前，制订具有韧性的项目进度风险应对计划。通过分析重大基础设施项目特征与进度管理问题，找出影响项目韧性的重要因素——系统内部元素的相互依赖性；提出了插入时间缓冲的项目进度风险应对计划；提出了考虑任务相关性的项目缓冲计算方法和配置策略，并通过项目实例验证了策略的有效性。

第二，在扰动发生之前，进一步提出多项目进度风险应对计划中的缓冲配置策略。与单项目管理相比，多项目管理面临更多的管理层级和不确定性因素，项目间争夺有限资源的情况也更加严峻，多项目具有更大的进度风险。为此，本书建立了具有韧性的多项目进度风险应对计划，即除配置单项目缓冲外，进一步在项目间配置能力约束缓冲，从而为负荷最重的资源提供缓冲冗余；在分析影响能力资源缓冲配置的三个因素基础上，提出了考虑此三个因素的集中式配置策略和分散式配置策略，并比较了两种策略绩效以及提出了各种适用条件。

第三，在扰动发生期间，建立基于动态缓冲管理的项目进度风险监控模型。监控模型能及时探测系统绩效和环境的变化情况，使系统能够在近期可能的威胁或进度严重滞后问题真正发生前就解决它们。在动态计算缓冲大小、设定监控点、调整监控阈值的基础上，提出了动态缓冲监控模型来监控项目进度风险；针对导致进度风险出现级联效应的任务相关性，提出了后续未开工活动工期不确定性的预测方法，从而动态评估项目进度风险水平；应用项目实例对所提监控模型进行验证，发现了模型能有效提升项目进度风险研判的反应能力。

第四,在扰动发生之后,项目进度出现偏差时,提出了考虑任务灵敏度的项目进度风险响应策略。不同任务对项目工期产生的潜在影响存在显著差异,识别并选择对项目进度目标灵敏度较高的关键任务实施响应措施,有助于缩短进度恢复时间。建立了考虑任务关联度的动态缓冲控制模型,提出了项目层—任务层相结合的项目进度风险响应策略,即在项目层基于缓冲管理监控项目进度风险水平,在任务层基于任务灵敏度选择合适的任务执行响应策略,并应用项目实例验证所提响应策略的有效性。

第五,在扰动发生之后,项目进度出现偏差时,考虑控制预算限制提出了项目进度风险响应与控制的优化策略。项目管理者在实施响应策略以控制进度时,需将有限的控制预算分配给特定的项目,以最大化控制绩效。构建了项目进度风险应对计划中的任务相关性模型,根据模型中的进度风险信息提出了控制行动阈值设置方式、控制预算分配方式和赶工决策;提出了项目进度风险响应的总体框架和四种组合实施策略;通过大规模仿真实验比较并总结了四种策略的绩效,提出了进行响应和控制优化的建议。

第六,针对扰动发生的不同阶段,揭示了项目进度风险应对中的组织学习策略。在扰动发生的之前、期间和之后,韧性视域下的风险应对分为计划和准备阶段、承受和吸收阶段、响应和恢复阶段。此三个阶段都需开展学习活动,第三阶段学习因与适应有关而尤为重要。分析了项目组织学习的主要内容及对韧性的驱动价值;在明确项目组织学习过程的基础上,揭示了项目复杂性对组织学习的影响,提出了扰动冲击下的不同学习策略;探讨了数字技术背景下的学习变革内容和项目进度风险应对框架。

本书的创新之处包括:①建立了基于韧性管理的项目进度风险应对理论体系,针对扰动发生的不同阶段,围绕风险计划、监控、响应以及学习等方面系统研究应对策略的制定。②考虑基础设施建设项目的任务相关性以及应急预算限制等项目特征和约束条件,制定了切实可行的进度风险应对策略,从而缩短项目进度恢复时间,降低项目进度恢复成本,提升项目进度管理绩效。

第九章 研究总结与展望

总之，本书深入研究了韧性视域下的项目进度风险应对策略，一方面，进一步发展与完善了不确定性环境下项目进度管理理论；另一方面，进一步丰富了工程项目韧性管理理论与方法。

第二节 研究展望

本书在韧性视域下探究基础设施建设项目的进度风险管理，本质上是解决好项目复杂性和外部各种突发和意外事件扰动所带来的影响，建立智慧的决策支持系统，利用各种现代技术与工具，有效实施项目进度风险应对与管理，完成项目工期目标，确保其战略价值的实现。

当前，重大基础设施建设项目由环境和目标变化等引发的复杂整体性问题涌现正日趋频繁。复杂整体性不仅表现为工作计划、组织架构、资源保障、现场控制及风险防范的等各方面的复杂性，还体现在管理过程中"工程复杂性（如工作计划）—系统复杂性（如组织和资源保障）—管理复杂性（现场和风险管控）"的潜在影响和整体性关联。这种复杂整体性问题往往具有深度的不确定性，难以预测。管理系统并不追求在一开始就建立一个尽可能完备严密的管理方案，而是要求增强快速反应的能力，及时根据项目的反馈及实施进展对管理方案进行快速的调整，甚至是整体性重构。这对项目进度风险的韧性管理提出了更高的要求。因此，在韧性视域下考虑项目整体复杂性特征开展项目进度风险的协同管理是亟待解决的现实问题。

随着数字技术逐步融入基础设施建设项目的各个环节，使项目管理在资源组织方式和全过程管理方式上发生变革。一方面，数字技术改变了原有产品的基本形态、新产品生产过程的方式和组织形态，之前局部静态的资源组织方式转变为跨生命周期、跨企业边界和跨业务层次的全球资源动态网络化组织方式；另一方面，管理决策正从关注传统流程变为以数据为中心，决策层控制的扁平化和智能化趋势明显，决策中各参与方的角色和信息流向更趋于多元和交互，呈现大数据驱动的全景式特点，这种全景化数据能够突破基于企业内部单一数据源的局限，驱动组织管控的全局优化。那么，利用数智技术解决项目整体复杂性所带来的问题，提高数字韧性（Digital Resilience）能力来应对扰动，从而提升项目进度风险管理水平将是下一步的研究方向。

参考文献

［美］杰弗里 K. 宾图：《项目管理》，鲁耀斌等译，机械工业出版社 2010 年版。

马海英主编：《项目风险管理》，华东理工大学出版社 2017 年版。

毕玮等：《城市基础设施系统韧性管理综述》，《中国安全科学学报》2021 年第 6 期。

别黎、崔南方：《关键链动态缓冲监控方法研究》，《中国管理科学》2010 年第 6 期。

别黎、崔南方：《关键链多项目管理中能力约束缓冲大小研究》，《计算机集成制造系统》2011 年第 7 期。

别黎等：《关键链多项目调度中分散式能力约束缓冲设置法》，《管理工程学报》2013 年第 2 期。

别黎等：《基于活动敏感性的动态缓冲监控方法研究》，《中国管理科学》2014 年第 10 期。

曹吉鸣等：《风险链视角下建设项目进度风险评估》，《同济大学学报》（自然科学版）2015 年第 3 期。

陈群等：《基于贝叶斯网络的地铁工程系统韧性评价》，《中国安全科学学报》2018 年第 11 期。

崔南方等：《基于智能算法的双目标鲁棒性项目调度》，《系统管理学报》2015 年第 3 期。

房玉东等：《安全韧性城市防灾减灾发展策略研究》，《中国工程科学》2023 年第 1 期。

何清华等：《基于贝叶斯网络的大型复杂工程项目群进度风险分析》，《软科学》2016 年第 4 期。

胡晨等：《基于工期分布和多资源约束的关键链缓冲区大小计算方法》，《系统管理学报》2015年第2期。

胡雪君等：《基于活动工期风险和资源约束风险的缓冲大小计算方法》，《控制与决策》2016年第8期。

黄浪等：《韧性理论在安全科学领域中的应用》，《中国安全科学学报》，2017年第3期。

蒋国萍、陈英武：《时间贝叶斯网络及其概率推理》，《管理科学学报》2007年第2期。

乐云等：《从复杂项目管理到复杂系统管理：北京大兴国际机场工程进度管理实践》，《管理世界》2022年第3期。

李俊亭等：《关键链多项目整体进度优化》，《计算机集成制造系统》2011年第8期。

李良宝：《工程项目施工进度网络计划的不确定性研究》，《管理世界》2007年第8期。

马国丰、尤建新：《关键链项目群进度管理的定量分析》，《系统工程理论与实践》2007年第9期。

彭武良、黄敏：《资源约束多项目调度问题研究现状与展望》，《系统工程学报》2022年第3期。

施骞等：《项目缓冲设置方法及其评价指标改进》，《系统工程理论与实践》2012年第8期。

孙锐娇等：《复杂大型铁路基础设施系统的韧性问题探讨与管理模型构建》，《工程建设》2022年12期。

田文迪、崔南方：《关键链项目管理中关键链和非关键链的识别》，《工业工程与管理》2009年第2期。

尉艳娟：《埃尔玛·库奇：增强韧性以应对不确定性》，《项目管理评论》2022第2期。

徐小峰等：《考虑多因素扰动的项目关键链缓冲区间设置及控制模型》，《系统工程理论与实践》2017年第6期。

杨青等：《基于设计结构矩阵（DSM）的复杂研发项目建模与优化研究进展》，《系统工程理论与实践》2016年第4期。

张静文等：《基于鲁棒性的关键链二次资源冲突消除策略》，《管理科学学报》2017年第3期。

张俊光等：《基于熵权法的关键链项目缓冲确定方法》，《管理评论》2017年第1期。

张俊光、李婧：《基于工序异质性的关键链项目缓冲监控》，《中国管理科学》2022年第6期。

张俊光、李凯：《基于项目资源细分的关键链进度监控方法研究》，《管理评论》2021年第6期。

张俊光、万丹：《关键链项目实时滚动监控方法研究》，《中国管理科学》2018年第4期。

张俊光、万丹：《基于缓冲账户差异配置的关键链项目动态集成监控》，《管理评论》2023年第1期。

张延禄、杨乃定：《项目复杂性内涵、特征、类型及测度方法的研究综述》，《管理评论》2013年第9期。

Afzal Farman, et al., "Cost-risk Contingency Framework for Managing Cost Overrun in Metropolitan Projects: Using Fuzzy-AHP and Simulation", *International Journal of Managing Projects in Business*, Vol. 13, No. 5, 2020.

Ahuaja Hira and Nandakumar, "Simulation Model to Forecast Project Completion Time", *Journal of Construction Engineering and Management*, Vol. 111, 1985.

Akgün Ali, et al., "Learning Process in New Product Development Teams and Effects on Product Success: A Socio-cognitive Perspective", *Industrial Marketing Management*, Vol. 35, No. 2, 2006.

Alexander Benjamin Nathan Baki, et al., "Organizational Posttraumatic Growth: Thriving after Adversity", *The Journal of Applied Behavioral Science*, Vol. 57, No. 1, 2020.

Ammar Ahmed, et al., "A Review of Techniques for Risk Management in Projects", *Benchmarking: An International Journal*, Vol. 14, No. 1, 2007.

Assaf Sadi and Al-Hejji Sadiq, "Causes of Delay in Large Construction Projects", *International Journal of Project Management*, Vol. 24, No. 4, 2006.

Bakker M. Rene, et al., "Managing the Project Learning Paradox: A Set-theoretic Approach Toward Project Knowledge Transfer", *International Journal of Project Management*, Vol. 29, No. 5, 2011.

Ballesteros-Pérez Pablo, "Modelling the Boundaries of Project Fast-tracking", *Automation in Construction*, Vol. 84, 2017.

Ballesteros-Pérez Pablo, et al., "Performance Comparison of Activity Sensitivity Metrics in Schedule Risk Analysis", *Automation in Construction*, Vol. 106, 2019.

Barnett Carole and Pratt Michael, "From Threat-rigidity to Flexibility-Toward a Learning Model of Autogenic Crisis in Organizations", *Journal of Organizational Change Management*, Vol. 13, No. 1, 2000.

Barraza Gabriel and Bueno Rafael, "Cost Contingency Management", *Journal of Management in Engineering*, Vol. 23, No. 3, 2007.

Battisti Martina, et al., "Surviving or Thriving: The Role of Learning for the Resilient Performance of Small Firms", *Journal of Business Research*, Vol. 100, 2019.

Behrens Doris, et al., "Why Resilience in Health Care Systems is more than Coping with Disasters: Implications for Health Care Policy", *Schmalenbach Journal of Business Research*, Vol. 74, 2022.

Bevilacqua M., et al., "Critical Chain and Risk Analysis Applied to High-risk Industry Maintenance: A Case Study", *International Journal of Project Management*, Vol. 27, No. 4, 2009.

Bie Li, et al., "Buffer Sizing Approach with Dependence Assumption between Activities in Critical Chain Scheduling", *International Journal of Production Research*, Vol. 50, No. 24, 2012.

Bjorvatn Torbjorn and Wald Andreas, "Project Complexity and Team-level Absorptive Capacity as Drivers of Project Management Performance", *International Journal of Project Management*, Vol. 36, No. 6, 2018.

参考文献

Blackstone H. Jone, et al. , "A Tutorial on Project Management from a Theory of Constraints Perspective", *International Journal of Product Research*, Vol. 47, No. 24, 2009.

Blazevic Vera and Lievens Annouk, "Learning During the New Financial Service Innovation Process: Antecedents and Performance effects", *Journal of Business and Research*, Vol. 57, No. 4, 2004.

Boh Waifong, et al. , "Special Issue Introduction: Building Digital Resilience Against Major shocks", *MIS Quarterly*, Vol. 47, No. 1, 2023.

Bowman Alan, "Developing Activity Duration Specification Limits for Effective Project Control", *European Journal of Operational Research*, Vol. 174, No. 2, 2006.

Bruneau Michel, et al. , "A Framework to Quantitatively Assess and Enhance the Seismic Resilience of Communities", *Earthquake Spectra*, Vol. 19, No. 4, 2003.

Chang Chen-Yu and Ko Jia-Wen, "New Approach to Estimating the Standard Deviations of Lognormal Cost Variables in the Monte Carlo Analysis of Construction Risks", *Journal of Construction Engineering and Management*, Vol. 143, No. 1, 2017.

Chen Long, et al. , "A Bayesian-driven Monte Carlo Approach for Managing Construction Schedule Risks of Infrastructures under Uncertainty", *Expert Systems with Applications*, Vol. 212, 2023.

Cho J. and Yum B. , "An Uncertainty Importance Measure of Activities in PERT Networks", *International Journal of Production Research*, Vol. 35, No. 10, 1997.

Cho Sungbin and Covaliu Zvi, "Sequential Estimation and Crashing in PERT Networks with Statistical Dependence", *International Journal of Industrial Engineering*, Vol. 10, No. 4, 2003.

Cho Sungbin, "A Linear Bayesian Stochastic Approximation to Update Project Duration Estimates", *European Journal of Operational Research*, Vol. 196, No. 2, 2009.

Cho Sungbin, "An Exploratory Project Expert System for Eliciting Correlation Coefficient and Sequential Updating of Duration Estimation", *Expert Systems with Applications*, Vol. 30, No. 4, 2006.

Choudhry M. Rafiq, et al., "Cost and Schedule Risk Analysis of Bridge Construction in Pakistan: Establishing Risk Guidelines", *Journal of Construction Engineering and Management*, Vol. 140, No. 7, 2014.

Christianson Marlys, et al., "Learning through Rare Events: Significant Interruptions at the Baltimore and Ohio Railroad Museum", *Organization Science*, Vol. 20, No. 5, 2009.

Cohen Izack, et al., "Multi-project Scheduling and Control: A Process-based Comparative Study of the Critical Chain Methodology and Some Alternatives", *Project Management Journal*, Vol. 35, No. 2, 2004.

Colin Jeroen and Vanhoucke Mario, "A Comparison of the Performance of Various Project Control Methods using Earned Value Management Systems", *Expert Systems with Applications*, Vol. 42, No. 6, 2015.

Cooke R. M. and Waij R., "Monte Carlo Sampling for Generalized Knowledge Dependence with Application to Human Reliability", *Risk Analysis*, Vol. 6, No. 3, 1986.

Curto D., et al., "Impact of Aleatoric, Stochastic and Epistemic Uncertainties on Project Cost Contingency Reserves", *International Journal of Production Economics*, Vol. 253, 2022.

Dawood Nashwan, "Estimating Project and Activity Duration: A Risk Management Approach using Network Analysis", *Construction Management and Economics*, Vol. 16, No. 1, 1998.

De Tono Alberto and Pessot Elena, "Investigating Organizational Learning to Master Project Complexity: An Embedded Case Study", *Journal of Business Research*, Vol. 129, 2021.

Diab F. Mohamd, et al., "Modeling the Construction Risk Ratings to Estimate the Contingency in Highway Projects", *Journal of Construction Engineering and Management*, Vol. 143, No. 8, 2017.

DiMase Daniel, et al., "Systems Engineering Framework for Cyber Physical Security and Resilience", *Environment Systems and Decisions*, Vol. 35, No. 2, 2015.

Duffey M. R. and Van Dorp J. Rene, "Risk Analysis for Large Engineering Project: Modeling Cost Uncertainty for Ship Production Activities", *Journal of Engineering Valuation and Cost Analysis*, Vol. 2, No. 4, 1998.

Elmaghraby S. E., et al., "On the Sensitivity of Project Variability to Activity Mean Duration", *International Journal of Production Economics*, Vol. 62, No. 3, 1999.

Evenseth L., et al., "Building Organizational Resilience Through Organizational Learning: A Systematic Review", *Frontiers in Communication*, 2022, No. 7.

Eybpoosh Matineh, et al., "Identification of Risk Paths in International Construction Projects using Structural Equation Modeling", *Journal of Construction Engineering and Management*, Vol. 137, No. 12, 2011.

Floricel Serghei, et al., "Complexity, Uncertainty-reduction Strategies, and Project Performance", *International Journal of Project Management*, Vol. 34, Vol. 7, 2016.

Garvey P. R., et al., *Probability Methods for Cost Uncertainty Analysis: A Systems Engineering Perspective*, CRC Press, 2016.

Goldratt Eliyahu, *Critical Chain*, New York: The North River Press, 1997.

Gondia Ahmed, et al., "Dynamic Networks for Resilience-driven Management of Infrastructure Projects", *Automation in Construction*, Vol. 136, 2022.

Guan Xin, et al., "An Analytical Model for Budget Allocation in Risk Prevention and Risk Protection", *Computers & Industrial Engineering*, Vol. 161, 2021.

Guo L., et al., "Risk Analysis in Construction Networks using a Modified Stochastic Assignment Model", *Civil Engineering and Environmen-*

tal Systems, Vol. 18, No. 3, 2001.

Hammad Mohanned, et al., "Allocation and Management of Cost Contingency in Projects", *Journal of Management in Engineering*, Vol. 32, No. 6, 2016.

Han Sangwon, et al., "A System Dynamics Model for Assessing the Impacts of Design Errors in Construction Projects", *Mathematical and Computer Modelling*, Vol. 57, No. 9-10, 2013.

Hanseth Ole and Lyytinen Kalle, "Design Theory for Dynamic Complexity in Information Infrastructures: The Case of Building Internet", *Journal of Information Technology*, Vol. 25, 2010.

Herroelen Willy and Leus Roel, "On the Merits and Pitfalls of Critical Chain Scheduling", *Journal of Operations Management*, Vol. 19, No. 5, 2001.

Herroelen Willy and Leus Roel, "Project Scheduling under Uncertainty-Survey and Research Potentials", *European Journal of Operational Research*, Vol. 165, No. 2, 2005.

Herroelen Willy and Leus Roel, "Project Scheduling under Uncertainty: Survey and Research Potentials", *European Journal of Operational Research*, Vol. 165, No. 2, 2005.

Holling C. S., "Resilience and Stability of Ecological Systems", *Annual Review of Ecology and Systematics*, Vol. 4, 1973.

Hollnagel Erik, et al., *Resilience Engineering: Concepts and Precepts*, Aldershot, UK: Ashgate, 2006.

Hoseini Erfan, et al., "Cost Contingency and Cost Evolvement of Construction Projects in the Preconstruction Phase", *Journal of Construction Engineering and Management*, Vol. 146, No. 6, 2020.

Hu Xuejun, et al., "Effective Expediting to Improve Project Due Date and Cost Performance through Buffer Management", *International Journal of Production Research*, Vol. 53, No. 5, 2015.

Hu Xuejun, et al., "Incorporation of Activity Sensitivity Measures into Buffer Management to Manage Project Schedule Risk", *European Journal of Operational Research*, Vol. 249, No. 2, 2016.

Jenzarli A., "Report of PERT Belief Networks", The University of Tampa Report 535, 1994.

Kim Byung-Cheol, "Dependence Modeling for Large-scale Project Cost and Time Risk Assessment: Additive Risk Factor Approaches", *IEEE Transactions on Engineering and Management*, Vol. 70, No. 2, 2023.

Kim Byung-Cheol, "Multi-factor Dependence Modeling with Specified Marginals and Structured Association in Large-scale Project Risk Assessment", *European Journal of Operational Research*, Vol. 296, No. 2, 2022.

Kolisch Rainer and Sprecher Arno, "PSPLIB-A Project Scheduling Problem Library", *European Journal of Operational Research*, Vol. 96, 1996.

Kuo T. C., et al., "Due-date Performance Improvement using TOC's Aggregated Time Buffer Method at a Wafer Fabrication Factory", *Expert Systems with Applications*, Vol. 36, No. 2, 2009.

Lam Terence and Siwingwa Njavwa, "Risk Management and Contingency Sum of Construction Projects", *Journal of Financial Management of Property and Construction*, Vol. 22, No. 3, 2017.

Larsen Jesper Kranker, et al., "Factors Affecting Schedule Delay, Cost Overrun, and Quality Level in Public Construction Projects", *Journal of Management in Engineering*, Vol. 32, No. 1, 2016.

Lauria Eitel and Duchessi Peter, "A Methodology for Developing Bayesian Networks: An Application to Information Technology (IT) Implementation", *European Journal of Operational Research*, Vol. 179, No. 1, 2007.

Leach Larry, *Critical Chain Project Management* (2nd edition), London: Artech House Inc, 2005.

Lee Eunchang, et al., "Large Engineering Project Risk Management using a Bayesian Belief Network", *Expert System with Applications*,

Vol. 36, No. 3, 2009.

Lhee Sang, et al., "Prediction of Financial Contingency for Asphalt Resurfacing Projects using Artificial Neural Networks", *Journal of Construction Engineering and Management*, Vol. 138, No. 1, 2012.

Li Clyde Zhengdao, et al., "Schedule Risks in Prefabrication Housing Production in Hong Kong: a Social Network Analysis", *Journal of Cleaner Production*, Vol. 134, 2016.

Linkov Igor and Trump Benjammin, *The Science and Practice of Resilience*, Springer International Publications, 2019.

Linkov Igor, et al., "Measurable Resilience for Actionable Policy", *Environmental Science and Technology*, Vol. 47, No. 18, 2013.

Linkov Igor, et al., "Risk and Resilience must be Independently Managed", *Nature*, Vol. 555, No. 7694, 2018.

Liu Junying, et al., "Improving Risk Assessment in Financial Feasibility of International Engineering Projects: a Risk Driver Perspective", *International Journal of Project Management*, Vol. 35, No. 2, 2017.

Liu Junying, et al., "Risk Paths in International Construction Projects: Case Study from Chinese Contractors", *Journal of Construction Engineering and Management*, Vol. 142, No. 6, 2016.

Li Yong-Hui and Huang Yong-Hui, "Exploitative and Exploratory Learning in Transactive Memory Systems and Project Performance", *Information and Management*, Vol. 50, No. 6, 2013.

Long D. Luong and Ohsato Ario, "Fuzzy Critical Chain Method for Project Scheduling under Resource Constraints and Uncertainty", *International Journal of Project Management*, Vol. 26, No. 6, 2008.

Lova Antonio, et al., "A Multicriteria Heuristic Method to Improve Resource Allocation in Multi-project Scheduling", *European Journal of Operational Research*, Vol. 127, No. 2, 2000.

Luu Van Truong, et al., "Quantifying Schedule Risk in Construction Projects using Bayesian Belief Networks", *International Journal of Project*

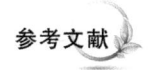

Management, Vol. 27, No. 1, 2009.

Madadi M. and Iranmanesh H., "A Management Oriented Approach to Reduce a Project Duration and its Risk (variability)", *European Journal of Operational Research*, Vol. 219, No. 3, 2012.

Maitlis Sally and Christianson Marlys, "Sensemaking in Organizations: Taking Stock and Moving Forward", *Academy of Management Annals*, Vol. 8, No. 1, 2014.

March James, "Exploration and Exploitation in Organizational Learning", *Organization Science*, Vol. 2, No. 1, 1991.

Martens Annelies and Vanhoucke Mario, "A Buffer Control Method for Top-down Project Control", *European Journal of Operational Research*, Vol. 262, No. 1, 2017.

Martens Annelies and Vanhoucke Mario, "An Empirical Validation of the Performance of Project Control Tolerance Limits", *Automation in Construction*, Vol. 89, 2018.

Martens Annelies and Vanhoucke Mario, "The Impact of Applying Effort to Reduce Activity Variability on the Project Time and Cost Performance", *European Journal of Operational Research*, Vol. 277, No. 2, 2019.

Maylor Harvey, et al., "Managerial Complexity in Project-Based Operations: A Grounded Model and Its Implications for Practice", *Project Management Journal*, Vol. 39, No. 1, 2008.

Mithani Murad, "Adaptation in the Face of the New Normal", *Academy of Management Perspectives*, Vol. 34, No. 4, 2020.

Mo Junwen, et al., "State of the Art of Correlation-based Models of Project Scheduling Networks", *IEEE Transaction on Engineering Management*, Vol. 55, No. 2, 2008.

Mok Ka Yan, et al., "Investigating Key Challenges in Major Public Engineering Projects by a Network-theory based Analysis of Stakeholder Concerns: A Case Study", *International Journal of Project Management*, Vol. 35, No. 1, 2017.

Nambisan Satish, "Digital Entrepreneurship: Toward a Digital Technology Perspective of Entrepreneurship", *Entrepreneurship Theory and Practice*, Vol. 41, No. 6.

Nasir Daud, et al., "Evaluating Risk in Construction-Schedule Model ERIC-S: Construction Schedule Risk Model", *Journal of Construction and Engineering Management*, Vol. 129, No. 5, 2003.

Nava Lucrezia, "Rise from Ashes: A Dynamic Framework of Organizational Learning and Resilience in Disaster Response", *Business and Society Review*, Vol. 127, No. 1, 2022, pp. 299-318

Newbold C. Robert, *Project Management in the Fast Lane-Applying the Theory of Constraints*, Boca Raton: The St Lucie Press, 1998.

Okmen Onder and Oztas Ahmet, "Construction Project Network Evaluation with Correlated Schedule Risk Analysis Model", *Journal of Construction Engineering and Management*, Vol. 134, No. 1, 2008.

Oztas Ahmet and Okmen Oender, "Judgmental Risk Analysis Process Development in Construction Projects", *Building and Environment*, Vol. 40, No. 9, 2005.

Park J. et al., "Integrating Risk and Resilience Approaches to Catastrophe Management in Engineering Systems", *Risk Analysis*, Vol. 33, No. 3, 2013.

Patriarca Riccardo, et al., "Resilience Engineering: Current Status of the Research and Future Challenges", *Safety Science*, Vol. 102, 2018.

Patriarca R. et al., "Resilience Engineering: Current Status of the Research and Future Challenges", *Safety Science*, Vol. 102, 2018.

Patterson J. H., "A Comparison of Exact Procedures for Solving the Multiple Constrained Resource, Project Scheduling Problem", *Management Science*, Vol. 30, 1984.

Project Management Institute, *Beyond Agility: Flex to the Future*, Pulse of the Profession, March 24, 2021.

Rerup Claus, "Attentional Triangulation: Learning from Unexpected

Rare Crises", *Organization Science*, Vol. 20, No. 5, 2009.

Schonberger R. J., "Why Projects are 'Always' Late: A Rationale Based on Manual Simulation of a PERT/CPM Network", *Interfaces*, Vol. 11, No. 5, 1981.

Serrat Olivier, "Building a Learning Organization", In: *Knowledge Solutions*, Singapore, Springer, 2017.

Shahtaheri Maryam, et al., "Applying very Large Scale Integration Reliability Theory for Understanding the Impacts of Type II Risks on Megaprojects", *Journal of Management in Engineering*, Vol. 33, No. 4, 2017.

Shi Zihai, et al., *Structural Resilience in Sewer Reconstruction: From Theory to Practice*, Butterworth-Heinemann_ RM, 2017.

Sikula R. Nicole, et al., "Risk Management is not Enough: A Conceptual Model for Resilience and Adaptation-based Vulnerability Assessments", *Environment Systems and Decisions*, Vol. 35, No. 2, 2015.

Smith Denis and Elliott Dominic, "Exploring the Barriers to Learning from Crisis: Organizational Learning and Crisis", *Management Learning*, Vol. 38, No. 5, 2007.

Song Jie, et al., "The Impact of a Limited Budget on the Corrective Actions Taking Process", *European Journal of Operational Research*, Vol. 286, No. 2, 2020.

Song Jie, et al., "Using Earned Value Management and Schedule Risk Analysis with Resource Constraints for Project Control", *European Journal of Operational Research*, Vol. 297, No. 2, 2022.

Touran A. and Wiser E. D., "Monte Carlo Technique with Correlated Random Variables", *Journal of Construction Engineering and Management*, Vol. 118, No. 2, 1992.

Trietsch D., "The Effect of Systemic Errors on Optimal Project Buffers", *International Journal of Project Management*, Vol. 23, No. 4, 2005.

Tukel I. Oya et al., "An Investigation of Buffer Sizing Techniques in Critical Chain Scheduling", *European Journal of Operational Research*,

Vol. 172, No. 2, 2006.

Umble M. and Umble E., "Utilizing Buffer Management to Improve Performance in a Healthcare Environment", *European Journal of Operational Research*, Vol. 174, No. 2, 2006.

Van de Vonder, et al., "The Use of Buffers in Project Management: The Trade-off between Stability and Makespan", *International Journal of Production Economics*, Vol. 97, No. 2, 2005.

Van Dorp J. Rene and Duffey M. R., "Statistical Dependence in Risk Analysis for Project Networks using Monte Carlo Methods", *International Journal of Production Economics*, Vol. 58, No. 1, 1999.

Van Dorp J. Rene, "A Dependent Project Evaluation and Review Technique: A Bayesian Network Approach", *European Journal of Operational Research*, Vol. 280, No. 2, 2020.

Van Dorp J. Rene, "Statistical Dependence through Common Risk Factors: With Applications in Uncertainty Analysis", *European Journal of Operational Research*, Vol. 161, No. 1, 2005.

Van Dorp Rene and Duffey M. R., "Statistical Dependence in Risk Analysis for Project Networks using Monte Carlo Methods", *International Journal of Production Economics*, Vol. 58, No. 1, 1999.

Vanhoucke Mario, "On the Dynamic Use of Project Performance and Schedule Risk Information during Project Tracking", *Omega-International Journal of Management Science*, Vol. 39, No. 4, 2011.

Vanhoucke Mario, "Using Activity Sensitivity and Network Topology Information to Monitor Project Time Performance", *Omega-International Journal of Management Science*, Vol. 38, No. 5, 2010.

Vanhoucke Mario, *Integrated Project Management Sourcebook: A Technical Guide to Project Scheduling Risk and Control*, Switzerland: Springer International Publishing, 2016.

Van Slyke M. Richard, "Monte Carlo Methods and the PERT Problem", *Operations Research*, Vol. 11, No. 5, 1963.

Vidal Ludovic-Alexandre and Marle Franck, "Understanding Project Complexity: Implications on Project Management", *Kybernetes: The International Journal of Systems & Cybernetics*, Vol. 37, No. 8, 2008.

Wang Jiayuan and Yuan Hongping, "System Dynamics Approach for Investigating the Risk Effects on Schedule Delay in Infrastructure Projects", *Journal of Management in Engineering*, Vol. 33, No. 1, 2016.

Wang Juite, "Constraint-based Schedule Repair for Product Development Projects with Time-limited Constraints", *International Journal of Production Economics*, Vol. 95, No. 3, 2005.

Wang Wei-Chih and Demsetz A. Laura, "Model for Evaluating Networks under Correlated Uncertainty - NETCOR", *Journal of Construction Engineering and Management*, Vol. 126, No. 6, 2000.

Werner Christoph, et al., "Expert Judgment for Dependence in Probabilistic Modeling: A Systematic Literature Review and Future Research Directions", *European Journal of Operational Research*, Vol. 258, No. 3, 2017.

Williams T. Mervyn, "Criticality in Stochastic Networks", *Journal of the Operational Research Society*, Vol. 43, No. 4, 1992.

Williams T. Mervyn, "The Need for New Paradigms for Complex Projects", *International Journal of Project Management*, Vol. 17, No. 5, 1999.

Williams T. M., "The Contribution of Mathematical Modeling to the Practice of Project Management", *IMA Journal of Management Mathematics*, Vol. 14, No. 1, 2003.

Wood D. Matthew, et al., "Quantifying and Mapping Resilience within Large Organizations", *Omega*, Vol. 87, No. 1, 2019.

Woolery J. C. and Crandall K. C., "Stochastic Network Model for Planning Scheduling", *ASCE Journal of Construction Engineering and Management*, Vol. 109, No. 3, 1983.

Xiao Lei, et al., "Controlling the Schedule Risk in Green Building Projects: Buffer Management Framework with Activity Dependence", *Jour-

nal of Cleaner Production, Vol. 278, 2021.

Xu Xiaoxiao, et al., "Schedule Risk Analysis of Infrastructure Projects: A Hybrid Dynamic Approach", *Automation in Construction*, Vol. 95, No. 11, 2018.

Yang Rebecca and Zou Patrick, "Stakeholder-associated Risks and their Interactions in Complex Green Building Projects: A Social Network Model", *Building and Environment*, Vol. 73, 2014.

Yeo K. T. and Ning J. H., "Managing Uncertainty in Major Equipment Procurement in Engineering Projects", *European Journal of Operational Research*, Vol. 171, No. 1, 2006.

Zhang Junguang and Wang Meihua, "Differential Buffer Monitoring for Critical Chain Projects based on Comprehensive Activity Reliability", *Journal of the Operational Research Society*, Vol. 74, No. 9, 2022.

Zhang Junguang, et al., "Dynamic Monitoring and Control of a Critical Chain Project based on Phase Buffer Allocation", *Journal of the Operational Research Society*, Vol. 69, No. 12, 2018.

Zhang Junguang, et al., "Project Buffer Sizing of a Critical Chain based on Comprehensive Resource Tightness", *European Journal of Operational Research*, Vol. 248, No. 1, 2016.

Zhao Yan, et al., "A Two-stage Approach for the Critical Chain Project Rescheduling", *Annals of Operations Research*, Vol. 285, No. 1, 2020.

Zhong Denghua and Zhang Jianshe, "New Method for Calculating Path Float in Program Evaluation and Review Technique (PERT)", *Journal of Construction Engineering and Management*, Vol. 129, No. 5, 2003.

Zohrehvandi Shakib, et al., "A Heuristic Buffer Sizing Algorithm for Implementing a Renewable Energy Project", *Automation in Construction*, Vol. 117, No. 9, 2020.